Erika Pluhar

Der Fisch lernt fliegen

Unterwegs durch die Jahre

Hoffmann und Campe

Die Deutsche Bibliothek - CIP-Kurztitelaufnahme
Pluhar, Erika: Der Fisch lernt fliegen:
unterwegs durch die Jahre/Erika Pluhar.
– 1. Aufl. – Hamburg: Hoffmann und Campe, 2000
ISBN 3-455-05955-4

Copyright © 2000 by Erika Pluhar
Deutsche Ausgabe
Copyright © 2000 by Hoffmann und Campe Verlag, Hamburg
Schutzumschlaggestaltung: Angela Dobrick, Foto: Evelin Frerk
Satz: Utesch GmbH, Hamburg
Druck und Bindung: Graphischer Großbetrieb Pößneck
Printed in Germany

Der Fisch lernt fliegen

Vor ein paar Tagen war ich mit Vatis
Chef im Peer Gynt. Es war sehr schön, aber
es ist so fürchterlich schwer, sich zu benehmen. Ich habe mir die ganze Zeit vorher
überlegt, was ich mit diesem Herrn reden
soll und mir ist erst recht nichts eingefallen.
In jeder Pause habe ich krampfhaft überdacht, was ich sagen soll, — es war sehr
anstrengend. Ich bin dann noch einmal
mit der Bärbl auf Stehplatz gegangen, und
obwohl ich müde war, habe ich wenigstens
nicht andauernd auf die Unterhaltung bedacht sein müssen. Konversation ist wirklich
schwer! Nicht wahr, wenn Du im Oktober

so gern, wie es aussschaut.
Ich gehe jetzt immer sehr oft Radfahren. Zwar
habe ich kein eigenes Rad, aber meine Freundin, die Bärbl, hat 2, und so fahren wir
immer zu ihren Großeltern, die an der Donau
ein liebes Haus haben. Die Bärbl ist sehr
lieb, sie will auch Schauspielerin werden,
denn ihre Mutti   bei der Bühne.
außerdem   sie auch   Sinfonien und
liest auch viel. Wir verstehen uns sehr gut.—
Nun,   dort gehen wir immer in die
Donau baden oder wir steigen auf den
Nußbaum und lesen Textbücher. Einmal
waren wir so versunken, die Marina

(Etwa 1952)

Vor ein paar Tagen war ich mit Vatis Chef in Peer Gynt. Es war sehr schön, aber es ist so fürchterlich schwer, sich zu benehmen. Ich habe mir die ganze Zeit vorher überlegt, was ich mit diesem Herrn reden soll und mir ist erst recht nichts eingefallen. In jeder Pause hab ich krampfhaft überdacht, was ich sagen soll, – es war <u>sehr</u> anstrengend. Ich bin dann noch einmal mit der Bärbl auf Stehplatz gegangen, und obwohl ich müde war, habe ich wenigstens nicht andauernd auf die Unterhaltung bedacht sein müssen. Konversation ist wirklich schwer! Nicht wahr, wenn Du im Oktober …

… so gern, wie sie ausschaut.
Ich gehe jetzt immer sehr oft Radfahren. Zwar habe ich kein eigenes Radl, aber meine Freundin, die Bärbl, hat 2, und so fahren wir immer zu ihren Großeltern, die an der Donau ein liebes Haus haben. Die Bärbl ist sehr lieb, sie will auch Schauspielerin werden, denn ihre Mutti war bei der Bühne. Außerdem hat sie Stirnfransen und liest auch viel. Wir verstehen uns sehr gut. – Nun, und dort gehen wir immer in die Donau baden oder wir steigen auf den Nußbaum und lesen Textbücher. Einmal waren wir so versunken, die Maria Stuart …

(Fragmente eines Briefes, wohl an die ältere Schwester gerichtet.)

(Etwa 1953/54)

… Garten. Wir sind im Regen auf der Flußwiese gelegen und haben ein Ballett einstudiert. Sicher schaut es dumm aus, aber es ist schwer, alle Bewegungen zugleich zu vollführen, und auch wirklich gleich! Jedenfalls haben wir uns sehr geplagt, der Regen ist uns über die Badehauben gerieselt. Die haben wir nämlich aufgehabt… Und abends ist es wieder schön geworden, da sind wir am Damm nach Hause gegangen. Ein richtig wilder, aber lauer Sturm hätte uns beinahe umgeworfen. Und über dem Berg war ein ganz dunkelrot bis goldenes Abendrot. Ich sehe es noch vor mir! Auf einem armdicken, hochen, umgestürzten Baumstamm sind wir gestanden und immer wieder schreiend in den Wind gesprungen. Und den ganzen Weg über spielten wir Theater. Barbara und ich waren ein Ehepaar und flohen vor einem Schneesturm in Alaska. Natürlich ist das unwahrscheinlich, aber uns hat es richtiggehend erschöpft. Die wenigen Radfahrer müssen sich nicht schwer gewundert haben, als da plötzlich zwei entsetzensvoll wankende Menschen des Weges kamen, die sich gegenseitig stützten und verzweifelt nach hinten starrten.

Beim Nachhausefahren mit den Rädern ist unser Gespräch natürlich wieder zu dem alten Gegenstand hingeschweift – zu dem Späteren, zu all dem, was uns erwartet. Das Leben ist ein Rätsel und will aufgelöst werden. Und das Schrecklichste muß sein, mit einem verschlossenen Rätselbuch zu sterben. Ich möchte nicht jung sterben …

Wir sprechen oft davon, wie unser Dasein enden wird. Ob uns ein volles, reiches, wechselvolles Leben erwartet oder eine leere inhaltlose Eintönigkeit. Gottseidank können wir jetzt noch geborgen und ruhig in die Schule gehen, sie birgt einen wie unter einem schützenden Mantel, der nur ab und zu einen schwachen Strahl des wirklichen Lebens einläßt. Denn ich bin mir mit meinen Wünschen und überhaupt mit allem gänzlich im Unklaren und lasse alles der Zeit. Die Zeit ist tief und weich und bringt alles Gewirre langsam und sicher in eine klare Gestalt. Ich hoffe es aus ganzer Seele …

Man glaubt, das Leben ist nur eine Folge von Begebenheiten, die es erweitern und bestimmen. Aber wieviele Minuten und Stunden im Dasein eines _jeden_ Menschen sind nutzlos und vertan, nur da, um herumgelebt zu werden. Und könnten doch so gefüllt und prall von Leben, von dem richtigen Leben sein, das nur im Theater lebt. Das macht doch das Theater und die Bücher so schön, daß man in ihnen _leben_ kann.

(Aus einem Brief an die ältere Schwester und deren Mann.)

Dienstag. 11. 10. 1955

Liebe Schwester, lieber Schwager!

Die Zeit vergeht und vergeht so schön munter und ich hab euch schon so lang nicht mehr geschrieben. Aber wißt's ich kann nicht anders, weil ich so viel zu tun hab. Immer das gleiche, was man sagt. Aber es stimmt.

Die Bäume sind alle schon ganz bunt. Wenn ich zu der einen Nachhilfeschülerin am Bruckhaufen geh, muß ich immer über die alt Donau, bei so einem Steinbrückerl, und da ist fast jedesmal ein neuer, anderer Herbst. Gestern im Nebel war es sehr traurig, aber auch schön. Und da ist gerade ein Passagierflugzeug gegen den Kahlenberg gekracht, verbrannt und 7 Leute sind tot.

Dieses Wochenende war ich beim Vati in Linz, es war sehr nett und der Vati hat mich verwöhnt und dauernd angepappelt. Wir waren im Theater und vorher speisen, und alle

9

Kellner haben zu mir gnädige Frau gesagt und geglaubt, ich bin dem Vati seine Liebste. Wie wir am Sonntag nach St. Florian gefahren sind, hat der Schaffner gesagt, Ja ja, mit der Rückfahrkarte könnens 3 Tage ausbleiben und schwelgen. Ich hab so lachen müssen und der Vati war ganz rot.

Schön war es nach dem Theater in einem ungarischen Restaurant, das war wirklich lieb und wir haben Fleisch am Rost gegessen, und viele Salzmandeln und dann haben wir roten Wein getrunken, mir schmeckt roter Wein am Besten, weil er am Hübschesten ausschaut. In St. Florian war es auch sehr schön, es ist das feinste, geschmackvollste Stift, das ich je gesehen hab und die Herbstfarben und dann die herrliche Orgel. Ich kann den Bruckner gut verstehen. Beim Zurückfahren war auch alles so schön herbstbunt und die Sonne ist ganz rot untergegangen. Ich war in einem gepolsterten Coupee und hab mich gefreut.

Jetzt muß ich aufhören und dem Ernsti Englischunterricht geben, er kommt gleich.

Bärbel hab ich schon lang nicht mehr gesehen – das heißt seit letzten Donnerstag, da waren wir in dem Englisch-Conversations-Kurs, es war recht lustig. Heut hab ich zwar gedacht, es ist was mit einem Konzert, aber nix rührt sich. Ha, der Ernsti …

14. X. 55
ABENDS.
Ich muß leise sein, weil sie drinnen schlafen.

Ich bin ein Philosoph geworden, wißt ihr, ich weiß etwas, und wenn man das weiß, braucht man keine Angst haben. Eigentlich hat das irgendjemand im Turnen gesagt, beim Liegestütz. »Man kann mehr ertragen, als man glaubt.« Wenn man das glaubt, kann man alles ertragen, nicht wahr? Man kann so viel Schmerz ertragen und so viel Glück. Besonders das Glück erträgt man so leicht.

Wißt ihr, sie ist noch ganz lang, diese Philosophie, ich hab sie mir schon sehr gut erzählt, auf der Steinbrücke über die Alte Donau.

1. Juli *(wohl 1956)*

Liebe Gitti, lieber Roland!

Es ist heute Sonntag. Und ich bin den zweiten Tag alleine zu Hause. Gestern früh hab ich Mutti an die Bahn gebracht, der Vati ist in Linz dazugestiegen. Heute oder morgen früh fahrt die Bärbel nach Salzburg, um von dort wegzufliegen. Sie muß mir noch genau heute sagen, wann sie einen Sprung vorbei kommt. Die Wohnung ist zusammengeräumt und blitzesauber und leer und kalt, und ich geh drin herum und tu nichts und werde ganz wahnsinnig. O wenn die Woche schon vorbei wäre, ich habe nicht gedacht, es würde so arg sein. Ich schreib Euch jetzt, damit ich mit jemandem reden kann. Im Radio spielt die Orgel und im Hof lacht wer und aus den Küchenfenstern kommt Töpfeklappern und Bratengeruch. Die Inge hat mich für Nachmittag eingeladen, sicher auf Muttis Betreiben, sie muß zu Hause arbeiten. Ich wollte erst nicht gehen. Aber wenn die Bärbel heute fahrt, tu ichs doch. Sonst hab ich nix um hinzugehen, außer zur Omama, und zu Hause, glaub ich, halt ichs nicht aus. Der Maxi schleckt sich ab und schaut mich auch sehr traurig und verlassen an. Manchmal geh ich zu ihm und tu weinen. Die Zeit vergeht sehr langsam, jetzt ists erst 11 Uhr. Es ist komisch. Früher hab ich immer so schrecklich viele Menschen gehabt, um mich und für mich. Jetzt habe ich niemanden. Ich weiß nicht, wie und wodurch es so gekommen ist. Drum hänge ich in letzter Zeit unwahrscheinlich an der Mutti, auch wenns ihr vielleicht garnicht so vorkommt. Am liebsten würde ich immer mit ihr auf den Markt gehen und kochen und in der Küche helfen, oder sie in die Stadt begleiten. Ich glaube, ihr versteht das nicht. Ihr wißt überhaupt nicht, daß ich eine ganz vollkommen andere Erika geworden bin, äußerlich und innerlich. Ich wollte es immer sehr vor euch verborgen halten. Aber jetzt bin ich so allein und ich will doch jemanden haben. Euch hab ich in letzter Zeit nicht mehr gehabt, eure Briefe waren Briefe an jemanden anderen, nicht an mich, und ich habe das freiwillig so beruhen lassen. Ich habe gehofft, es könnte so was Vorübergehendes sein, irgendein Tiefpunkt, wie man sie öfter hat. Vielleicht geht es auch wirklich vorüber und es ist dumm, daß ich euch verwirre mit Unerklärlichem, das ihr nie verstehen oder begreifen könnt, in jeder Beziehung.

Aber ich bin sehr unglücklich. Obwohl alles so in Ordnung ist, wie noch nie – gerade jetzt. Das Zeugnis gut, Ferien, die Sache mit dem Karsten* so herrlich vorbeigegangen, in einem Jahr Matura, 17 Jahre alt, 3 schöne Atterseer Wochen vor sich. Jeder – ihr auch – wird glauben, ich habe einen Klampsch.** Oft habe ich auch sehr Angst, es ist ein Klampsch.

*(Ein nicht abgeschickter Brief an ihre Schwester und deren damaligen Mann, die in New York lebten. Sie litt in dieser Zeit an einer schweren Anorexie. – *Julius Karsten war ein alter Burgmime, der ihr Schauspielunterricht erteilen wollte. – **Einen »Klampsch« hat im Wienerischen jemand, der verrückt ist.)*

Sehr geehrte Fr. Dr. Alth!
Ich hoffe, daß Sie über diesen Brief nicht ungehalten sein werden. Aber ich habe ein sehr schweres Herz, weil ich das Gefühl habe, irgendwie versagt zu haben. Denn diese direkte Begegnung mit Ihnen und mit dem Burgtheater war für mich so viel wie der erste Schritt auf einem langen, langen Weg. Ich habe es als einen Prüfstein für mich selbst aufgefaßt – ob ich im Stande sein werde, nicht nur zu wollen! Ich weiß, daß es mir immer schwerfallen wird, zäh an dargebotenen Gelegenheiten festzuhalten. Nicht aus Bequemlichkeit, sondern aus Feigheit, und wegen schrecklich vieler Skrupel, die ich ständig habe. Gerade weil ich das weiß, wollte ich mir diesmal das Gegenteil beweisen.
Aber es ist mir nicht gelungen. Alles hat sich wieder aufgelöst, und ich habe das Gefühl, daß es meine Schuld war. Meine Energie hat nicht ausgereicht. Und gerade, weil es doch etwas betrifft, das ich sehnlicher wünsche und anstrebe als alles auf der Welt, tut mir dieser Gedanke weh. Ich weiß nicht, ob Sie das verstehen können.

(Frau Dr. Minna Alth war Dramaturgin am Wiener Burgtheater und wollte die Gymnasiastin, mit deren Eltern sie bekannt war, an ihrer Arbeit teilhaben lassen.)

26. IX. 57

Liebe Gittili + Roland!
Morgen hab ich Aufnahmsprüfung. Und ein geschwollenes Gesicht + Zahnweh, weil sich ein Weisheitszahn hervorbohrt. Das ist ein riesendrum Pech. Jetzt sitz ich im Nebenzimmer

von der Frau Alth im Burgtheater und picke Kritiken auf. Vorhin war ich noch einmal beim Volters* und hab ihm alles noch einmal vorgesprochen. Jessas, mein Kiefer klopft + tut so weh – so ist das Leben, so tückisch, gerade jetzt.

Heute Nacht bin ich aufgewacht vom Zähnewehtun + hab zu heulen angefangen wie ein Schloßhund + ein Kreuz über alles gemacht. Tageslicht macht alles immer bissel leichter.

Ach Gott, die Unglücke häufen sich. Jetzt hab ich 50 Schilling verloren. Lauter so Zeugs. Das ist wirklich komisch. Mein Gott, wär ich froh, es wäre morgen um die Zeit – da leg ich mich ins Bett + zieh die Tuchent über die Ohren – egal wie's wird. Jetzt ist früher Nachmittag, ich sitz neben der Bestrahlungslampe, die Börgi liegt am Diwan – krank, Grippe!!! – und schaut Zeitschriften an. Mein Mund riecht + schmeckt nach ausgepinselt. Mutti liegt drinnen ein bissel im Bett, will schlafen und ärgert sich sicher über meine 50 Schilling, obwohl sie's nicht zeigt. Es ist grau und regnerisch draußen, trüb + endlos traurig. Ich glaub, manchmal muß man sich einen ganz festen Ruck geben und sagen: Ich steh's durch. Sonst könnt man ganz teppert werden. Also – hiemit geb ich mir diesen Ruck + ihr seid's meine Zeugen.

(Eduard Volters war ein bekannter Schauspieler und Direktionsmitglied am Burgtheater. Er hatte sich bereit erklärt, ihr Vorsprechmaterial zur Aufnahmeprüfung ins Max-Reinhardt-Seminar zu kontrollieren.)*

Hallo, Hallo – ich bin <u>durchgekommen!</u>

Das war was, sag ich euch. 2 Tage lang hat das Ganze gedauert. Erst waren über 100 Kandidaten, in der engern Wahl so bei 30, und ungefähr 10 sind übriggeblieben. Und darunter befindet sich die blede, klane Erika Pluhar aus Floridsdorf. Ich kann's noch fast garnicht glauben. Nervenschmalz hat mir das ganz schön gekostet – immer das lange Warten + dann Vorlesen der Durchgekommenen – bis der dann endlich »Erika Pluhar« sagt, ist man schon keines Gefühls mehr fähig. Zu Haus haben's mich empfangen wie den Napoleon nach einer siegreichen Schlacht, Wein + Blumen + Küsse usw. Die Mutti hat zu telephonieren angefangen wie wild – obwohl ich das garnicht mag. Aber ich kann sie mit bestem Willen nicht daran hindern.

Jetzt fängt also eine sehr neue + spannende Zeit an – ich hab so viel Wollen und Freude daran, zu arbeiten wie ein Berserker. Denn ein bissel fang ich jetzt auch an mich selbst zu glauben an – natürlich ist das jetzt im Freudenüberschwang gesagt – aber ich hab so in Augenblicken ein Gefühl, als könnt ich über alle Hindernisse springen wie ein Hürdenpferd.

Dabei bin ich heut müd, ganz müd. Ich hab nämlich die ganze Nacht fast nix schlafen können – komisch, vorher hab ich jede Nacht geschnarcht wie ein Ratz – und jetzt nachher hat's mich direkt gebeutelt im Bett, dauernd ist ein Gedankensschwall durch mein Hirn gezogen, und geschwitzt hab ich, und mein Zahn hat zeitweise weh getan – jö, war ich froh, wie's endlich Morgen war. Und so bin ich also heute grantig, bissig + unausgeschlafen.

Lieb Gittlein, ich danke viele Male für deinen Brief. Ich will alle Fragen beantworten – erst mal was ich vorgesprochen hab: Also am 1. Tag ein Stück Maria Stuart und ein Stück

Portia aus dem Kaufmann von Venedig. Am 2. Tag hab ich nur einen halben Monolog der Hl. Johanna von Shaw gesagt, dann haben's schon »danke, das genügt« gesagt. Ich hab nachher 3 Stunden lang in einer Garderobe sitzend + harrend + Füße baumelnd Zeit gehabt, darüber nachzudenken, ob das war, weil's so mies oder so gut war. Schrecklich war das, nachher war ich halbert tot. Dabei haben alle anderen gesagt »Sie sind so ruhig«, weil's selber gestöhnt + gewimmert + sämtliche Götter angerufen haben. Mich hats aber so in der Stille fast zernagt.

7. III. *(1958)*

Es ist Seminars-Morgen, ich sitze wieder beim Singen. Heute Nacht hab ich bei einem Mädchen übernachtet, das war sehr lieb. Wir haben toll abendgegessen + Wein getrunken und an unserem Märchen gearbeitet. Wir wollen nämlich ein Märchen inszenieren, es macht uns ungeheuren Spaß – Bühnenbild + Musik + Tanzen, und alles zu überlegen. Vielleicht bringen wir's bis ins Schloßtheater – toi, toi, toi – hoffentlich!!!!!
Das Mädchen heißt Heidi* und ist aus Villach. Klein, lieb und sonnig + sehr begabt. Ich mag sie wirklich gut leiden. Im Sommer fahr ich höchstwahrscheinlich zu ihr, wir machen Bergtouren und stoppen nach Tarvis Schuhe + Wein kaufen. –
Gestern hab ich einen wunder-wunder-wunderbaren Film gesehen, »Die 12 Geschworenen« mit Henry Fonda. Ich war noch selten von einem Film so begeistert. In jeder Hinsicht nämlich. Habt ihr ihn gesehen? –
Morgen vormittag geh ich mit dem Karl in eine Chagall-Ausstellung. Ich mag Chagall sehr gerne.
Ich hab den Karl sehr lieb. Und das ist bestimmt nicht äußer-

lich oder eingebildet. Es kommt so eigenartig ganz tief aus mir heraus. Es ist die schönste Erfahrung meines Lebens geworden, die mir je widerfahren ist. Das – und das Gefühl, etwas auf Menschen auszustrahlen – und diese 2 Erfahrungen werden das große Problem meines Lebens werden, ich weiß genau. Aber ich habe keine Angst. Ich habe den Mut, zu vereinen. Und wenns nicht geht, wird die Entscheidung von selbst zu mir kommen – man muß nur auf sich selbst hören, glaub ich – in sich hinein. –
Viel Liebes von Eurer Erika.

(* Heidelinde Weis.)

(1959)
Liebe Gitti, lieber Roland, danke für die lieben Glückwünsche, aber es ist garnicht so umwerfend, wie für euch das alles vielleicht klingt. An und für sich wärs ja viel geschickter von mir, an ein kleines Theater zu gehen und dort viel zu spielen, als an der Burg zu sein und vielleicht dauernd spazierenzugehen.
Aber ich werde mir das Spazierengehen schon schön machen. Schließlich habe ich wenigstens ein bissl Geld und viel Zeit, ich werde vieles lernen und anschaun und probieren. Und dann seid ja auch ihr schon da und wir werdens sehr lustig haben manchmal und schön, nicht wahr?
Ich habe am Samstag die Vorversetzungsprüfung gemacht und hätte jetzt eigentlich Semesterferien. Aber wir haben dauernd Proben für »Was ihr wollt«, nur kommt leider der Gielen so selten, die Nicoletti ist krank, also herrschen jetzt ganz triste Zustände bei den Proben. In fast einer Woche ist Premiere und nix geht weiter.

Na ja, irgendwas wird schon werden. Aber daran sieht man wieder, wie hilflos Schauspieler ohne Regisseur sind. Es stimmt ja doch, daß sie nur teilweise etwas vollkommen Eigenes leisten. Oder besser – fast nichts.

Aber andererseits ist es so wichtig, was sie tun – – –

Das sind halt so Seminarprobleme, die in stundenlangen Gesprächen herumgewälzt werden und wo nie was rausschaut. Ich hab mir schon so ziemlich abgewöhnt, darüber zu reden. So werd ich euch auch nicht viel darüber schreiben, nicht wahr?

Ich freu mich schon unsagbar auf den Frühling, er läßt sich jetzt schon ab und zu ahnen, daran, wie die Erde riecht oder die Sonne auf Baumstämmen liegt. Am Sonntag hab ich eine ganz lange Wanderung donauaufwärts gemacht, mit einem aus dem Seminar, der hat zwei wunderschöne Boxer. Und der Maxi immer klein und frech zwischen den zwei Viechern, das war so lustig.

Etwas Neues ist in mir ganz groß geworden: das ist eine immer tiefere Liebe zu Wien. Ich könnte stundenlang herumgehen und nur schauen. Und da hab ich in letzter Zeit entdeckt, wie wenig ich eigentlich wirklich kenne – so ganz richtig und wirklich. Und ich habe mir selbst versprochen, daß sich das im nächsten Jahr ändern soll. Ich will ganz Wien aufstöbern und entdecken. Wollt ihr da dann mit mir mittun? Ich glaube, ihr werdet das gerne, nicht wahr?

Jetzt ist Abend. Ich hab den ganzen Tag im Schloßtheater geprobt – das Theater müßt ihr euch unbedingt ansehen, wenn ihr da seid. Es ist das hübscheste Barocktheater, das ihr euch vorstellen könnt. Klein, ganz golden, und alles Holz. Ich hab so gerne leere und dunkle Zuschauerräume. Und dann die Hinterbühne, wenn vorne gespielt wird.

Im Theater selbst zu probieren ist gleich was anderes als im Lehrsaal.

Außerdem war heute der schönste Vorfrühlingstag – blau und feucht. Schönbrunn hat so hell und frisch ausgesehn.

Ich bin müde und geh jetzt schlafen. Ich wollt euch nur einmal wieder Grüß Gott sagen und euch gute Tage und viel Freude wünschen. Auf Wiedersehen, liebe Zwei – ganz bald!

Erika

(Im zweiten Jahr des Max-Reinhardt-Schauspielseminars wurde sie an das Wiener Burgtheater engagiert.)

1956, als Gymnasiastin.

Die Schauspielschülerin: der Traum vom Theater.

Sommer 1958, nach einem Jahr Schauspielschule.

Der berühmte ältere Kollege Albin Skoda hatte sie auf dem Dach des Burgtheaters fotografiert und ihr das Foto mit Widmung geschenkt.

Im Sommer 1963 spielte sie die Hauptrolle in Tirso de Molinas »Don Gil von den grünen Hosen« bei Freilichtspielen in Klosterneuburg.

1965 als Amalia in Schillers »Die Räuber«, Burgtheater, Regie Leopold Lindtberg. Diese Rolle brachte ihr den ersten durchschlagenden Erfolg und etablierte sie als junge Burgschauspielerin. Auf dem Foto mit Boy Gobert als Franz Moor.

1974 als Maria Stuart in Schillers gleichnamigem Drama, mit Annemarie Düringer als Elisabeth. Regie Erwin Axer.

1977 als Hedda in Ibsens »Hedda Gabler«, Regie Peter Palitzsch. Auf dem Foto mit Frank Hoffmann als Assessor Brack.

1978 als Helene Altenwyl in Hofmannsthals »Der Schwierige«, mit Michael Heltau als Kari Bühl. Regie Rudolf Steinböck.

1979 als Warwara Michailowna in Gorkis »Sommergäste«, Regie Achim Benning.

Ebenfalls 1979 hatte Musils »Die Schwärmer« Premiere gehabt. Erwin Axer führte Regie, sie spielte die Regine. Während der Aufführungsserie kam es zu einem sommerlichen »Schwärmer-Fest« im Garten ihres Hauses. Um die mit Schmetterlingen verzierte Demel-Torte gruppierte man sich »hochfliegend« – und Inge Morath, zu dieser Zeit Gast in Wien, fotografierte. – Hinten von links nach rechts: der Dackel Seppi – der Schauspieler Wolfgang Gasser – Ewa Starowieiska, Bühnen- und Kostümbildnerin des Stückes und Lebensgefährtin Erwin Axers – die Schauspielerin Paola Loew – Alice Schwarzer, ebenfalls zu Besuch in Wien – der Schauspieler Karl-Heinz Hackl – die Regieassistentin Margit Scheiner – und der polnische Regisseur Erwin Axer. Davor ihre Tochter Anna und sie selbst.

Gruppenfoto anläßlich der Ausstellung »Antworten. Gespräche mit Wiener Künstlern«, die vom 21. Mai bis zum 29. Juni 1980 in der Wiener Secession gezeigt wurde. Von links nach rechts, stehend: André Heller (Poet) – sie selbst (Schauspielerin) – Wolfgang Hutter (Maler) – Otto M. Zykan (Komponist) – hockend: Alfred Hrdlicka (Bildhauer) und Gustav Peichl (Architekt) – Peter Turrini (Schriftsteller) per Hintergrundfoto anwesend.

1982 als Ljubow Andrejewna in Tschechows »Der Kirschgarten«, Regie Achim Benning. Auf dem Foto mit Attila Hörbiger (in einer seiner letzten Rollen als alter Diener Firs).

Meine Biographie

Ich bin 1939 – also genau zu Kriegsbeginn – in Wien geboren. Von den Eindrücken dieses großen Krieges abgesehen, die mich so früh und vehement in mein erstes Verstehen hinein trafen, verlief meine Kindheit gut. Wir zogen nach Kriegsende in einen Wiener Arbeiterbezirk, genannt Floridsdorf. Diese Mischung aus Ländlichkeit und Industrie – also Felder, Fabriken, Schuttabladeplätze, Schrebergärten, alles traulich nebeneinander – ist der kindlichen Phantasie sehr zuträglich. Außerdem ging ich gern zur Schule. Und meine Eltern gaben mir auf unaufwendige Weise ein Gefühl der Geborgenheit. Ich spielte, lernte, lebte mit Begeisterung.

»Problematisch« wurde ich später, als etwa Sechzehnjährige, nach einer ersten mißglückten Liebesgeschichte – und zwar in Form einer kompakten Anorexie (genannt »Magersucht«). Ich hörte auf zu essen und magerte schrecklich ab, meinen Eltern kamen die Tränen, wenn sie mich anschauten.

~~Jetzt noch und immer wieder~~ Ich danke ~~ich~~ es den beiden unverheirateten Schwestern, die am Attersee im Salzkammergut einen Kleinbauernbetrieb führten und bei denen wir uns ferienhalber einquartiert hatten, daß sie es fertigbrachten, mich auf eine – mir erst im nachhinein erkennbare – nahezu geniale, tiefenpsychologische Art und Weise um diese gefährliche Klippe ~~herumzuschiffen~~ **herum zu manövrieren**.

Daß ich Schauspielerin werden wollte, stand für mich von allem Anbeginn an fest. (Genau erinnere ich mich ~~eines~~ **fol-**

genden Eindrucks: Meine Großmutter hatte mich in den Rathauspark, gegenüber dem Burgtheater, geführt, ich sollte dort ein wenig mit anderen Kindern spielen. Ich aber schaute zu dem großen Theater hinüber, das seine Kriegsschäden mühsam mit aneinandergenagelten Brettern zusammenhielt. »Dort werde ich einmal spielen«, dachte ich mit der Kühnheit ~~m~~eines kindlichen Wissens, ich schickte diesen Wunsch auf Reisen, und als er sich nach vielen Jahren erfüllte, erschien es mir überhaupt nicht außergewöhnlich.**)**

Nach der ~~bestandenen~~ Matura bestand ich ~~auch~~ die Aufnahmeprüfung ins Max-Reinhardt-Seminar. Dort blieb ich zwei Jahre, dann wurde ich ans Wiener Burgtheater engagiert. Und seit 22 Jahren, bis heute, bin ich ~~dort~~ **da** festes Mitglied. Die ersten Jahre spielte ich brav den Spielplan rauf und runter, alles, was man mir vorsetzte, ich »übte«. Dann, kurz vor meinem dreißigsten Lebensjahr, begannen sich Fernsehen, Presse, eine breitere Öffentlichkeit für mich zu interessieren, ich wurde unversehens zur blonden »femme fatale«, ein »Markenzeichen«, das ich in den letzten Jahren mit großer Mühe wieder abgeschüttelt habe.

Hinter diesen so folgerichtig und klar klingenden Angaben verbergen sich ~~aber~~ **allerdings** Zeiten größter Verwirrung und größter Unsicherheit. Ich heiratete, brachte meine Tochter Anna zur Welt, gab mich zeitweise gänzlich auf, lebte so, wie »man« es von mir wollte. Nach der Scheidung versuchte ich einen ersten Anlauf in die Selbständigkeit hinein – die aber nach meiner zweiten Eheschließung mit André Heller noch eine gute Weile auf mich warten mußte. Ganz langsam nur brachte ich mich selbst unter einen eigenen Hut – unter dem ich jetzt einigermaßen nach meinen Bedürfnissen lebe. André Heller war es auch, ~~der mich zum Singen gebracht hat~~ **durch den ich zum Singen kam**. Und aus einem amorphen

»es halt tun« wurde allmählich etwas Eigenständiges, **Leidenschaftliches**. ~~»Narben« war die erste Platte, auf der ich eigene Texte singe, und zwar ausschließlich.~~

Ich wagte es, mit Liedern auf die Bühne zu gehen. ~~Seit ich es tue, nenne~~ **Von Anbeginn nannte** ich diese Abende UNTERWEGS. Und ich habe vor, bei dieser Benennung zu bleiben, solange ich mit Liedern unterwegs sein werde.

E. P.

(Diese Biographie schrieb sie 1981, aus Anlaß ihrer ersten Konzerttourneen, die noch von Heller mitgemanagt wurden. Sie hat seine Streichungen, Einklammerungen und – hier fettgedruckten – Korrekturen für dieses Buch im Text belassen. Denn danach ließ sie solches nie mehr »väterlich« korrigieren und wurde tatsächlich selbständig. – Den Konzerttourneetitel UNTERWEGS behielt sie nicht bei.)

Zu den Konzertabenden UNTERWEGS

Ich singe in meinem Programm Lieder von Biermann und Heller, Wiener Lieder und zum ersten Mal auch von mir selbst getextete Lieder. Dazwischen lese ich einige Notizen aus meinen Tagebüchern – Erfahrungen und Gedankengänge, Beobachtungen und Aussagen, die notwendig aus meinem Leben entstanden sind. Weil ich an die Kraft des Individuums glaube. Und glaube, daß nur aus dieser Kraft eine Gemeinsamkeit und soziale Struktur entstehen kann. Das Sichverkriechen in Trends, Institutionen und Ideologien, ohne daß man zuvor die eigene Haltung zur Welt, zu Gott und zum Mitmenschen überprüft und sich bewußt gemacht hat, erachte ich als eine der gefährlichsten Eigenschaften des Menschen. Das macht ihn manipulierbar.

Das Nachaußengehenmüssen des Schauspielerberufes wurde für mich zur Herausforderung, mich wahrhaft zu äußern. Mit allen Unebenheiten, zwiespältig, Veränderungen unterworfen – wie es das Menschliche eben beinhaltet.
Wenn wir alle aufhören, uns einander zu öffnen – es mehr und mehr als nahezu obszön empfunden wird, etwas anderes als Kunstfertigkeit entgegenzunehmen – wir also unser Menschsein auch nur noch als Konsumartikel ertragen, schön etikettiert, überschaubar in Schubladen hineinvergewaltigt – dann, muß ich gestehen, hört für mich menschliches Leben auf. Das ist für mich die Vision einer schrecklichen Verkrustung.
Deshalb: immer wieder den Mut finden (und heutzutage braucht das bereits Mut), zu weinen, zu schreien, zu lachen. Sich öffnen. Ohne Rücksicht auf Verluste.

Erika Pluhar, 13. II. 1981 / Wien

Handschriftlicher Entwurf ihres ersten eigenen Liedtextes »Frau, lauf weg«.
In der Theatergarderobe auf die Rückseite des Wochenspielplans gekritzelt.

35

Die Angst vor dem Verlust ist es
nicht vor dem Verlorenen
Die Angst vor dem Sterben ist es
nicht vor dem Tod
Der Schnitt schmerzt
die Wunde ist zu ertragen
wird Narbe
unverlierbar
ein Schriftzug

(Handschriftlicher Text auf dem Cover ihrer ersten Langspiel-
platte mit ausschließlich eigenen Liedtexten, die NARBEN hieß
und 1981 bei Teldec-Telefunken-Decca erschien.)

Als ich einmal als Kind
aufrecht unter Apfelbäumen stand
horchend
und es nach Brennesseln roch
und der Krieg zu Ende war
die Soldaten alle Forellen im Bach
totgeschossen hatten
und meine Mutter
in ihrem Zimmer weinte
da empfand ich zum ersten Mal
daß Wunden geschlagen werden
und besann mich des feinen Geflechts
lebendiger Narben
auf dem Gesicht meiner Mutter

(Diese Zeilen standen, ebenfalls handschriftlich, auf dem Einband
der Textbroschüre, die der Langspielplatte NARBEN beigelegt
war.)

(1981?)

Liebe Alexandra Grote –
Erst jetzt setz ich mich dazu, Dir zu antworten, aber Dein
Brief hat »keine Eile« signalisiert.
Also – auf Anhieb und überhaupt würde ich Euch gerne ein
Titellied schreiben (– musikalisch kann ich ja immer nur
Entwürfe liefern, ich bin ja leider keine Musikantin!).
Die Thematik lesbischer Frauen verstehe ich, aber sie ist mir
sehr ferne, da ich sie nicht er-lebe.
Wichtig wäre also, daß Ihr mir Euer Drehbuch schickt. Daran
könnte ich sehen – oder fühlen –, ob ich etwas dazu schreiben
kann. Daß Ihr den Film machen wollt, finde ich prima.
Ja – »Fastnachtsende«-Zeiten* sind lang her, aber ich glaube
mich an Dein Gesicht erinnern zu können.
Bis bald.

Erika

(1967/68 spielte sie im Akademietheater unter der Regie von
Otomar Krejca in diesem Stück des tschechischen Bühnenautors
Josef Topol.)*

(1981)

Liebe Alexandra –
Eigentlich hab ich ein schlechtes Gewissen, weil ich so lang
geschwiegen hab. Aber bei mir war viel Seltsames, Neues los,
und die Zeit ist zwischen all dem davon.
Das Drehbuch hab ich gelesen. Das kann ein sehr schöner,
eindringlicher Film werden, und wichtig ist, daß er wird.
Nur muß ich Dir absagen.

Überhaupt nicht wegen der Problematik – für mich ist es ein Film über zwischenmenschliche Abhängigkeit, Auslieferung, Gewalt und das Freiwerden davon – also den schmerzlichen Prozeß der Selbstfindung, der ohne Willen zur Einsamkeit nicht stattfinden kann – ein mir vertrautes und einsichtiges Thema, obwohl nicht mit Frauen gelebt.

Aber ich bin drauf gekommen, daß ich kein »gefordertes« Lied schreiben kann – oder zumindest zur Zeit nicht. Vielleicht auch, weil ich müde und ausgebrannt bin, nach sehr viel ent-äußernder Arbeit. Ich weiß es nicht genau. Jedenfalls schaff ich's nicht, und ich hoffe, Du bist mir nicht böse deshalb. Ich sitze da in meinem Garten und glotze in die Sonne und bin leer.

Für den Film wünsch ich Dir alles Glück, alle Kraft, und hoffe trotzdem, daß wir noch mal miteinander »handeln« werden und Du meine Absage verstehst. Ich grüße Dich. E.

Liebe Angela –

Das Manuskript ist an Rowohlt abgeschickt.

Ich schlafe schlecht seither, weiß überhaupt nicht mehr, ob es gut und richtig war, so mein Leben aufzublättern, oder ob ich mir selbst den Kopf abgeschlagen habe.

Wenn Du Zeit hast und Dir Entsprechendes einfällt, dann schreibe mir etwas Beruhigendes, Stärkendes.

Ich bräuchte es.

Ich hab ehrlich Angst.

Sei umarmt –

Erika

(1981 erschien bei Rowohlt in der Reihe »neue frau« eine authentische Auswahl aus ihren Tagebüchern, auch »Aus Tagebüchern«

genannt. Angela Praesent, die Erfinderin und damalige Heraus-
geberin dieser Reihe, hatte das Buch auch lektoriert, und ihr galt
dieser Brief. Das Rowohlt-Taschenbuch verkauft sich bis heute.)

An Prof. O. F. Beer
1080 Wien
Lederergasse 27

Sehr geehrter O. F. Beer.
In der Premiere der deutschsprachigen Erstaufführung von
Max Frischs »Triptychon« im Wiener Akademietheater saß
ich eine Reihe hinter Ihnen. Sie wußten wohl, daß dieses
Stück etwas mit dem Tod zu tun hat, deshalb saßen sie ebenso da und benahmen sich ebenso, wie die verlogene Trauer-
gesellschaft es auf der Bühne tat. Ich lachte. (Wie einige
andere verständige Zuseher – dieses Lachen wäre von Autor
und Regisseur ein sehr erwünschtes gewesen, hätte bewiesen,
daß das Gemeinte, Decouvrierende verstanden worden
ist.)
Sie drehten sich zu mir um und zischten laut und empört den
einprägsamen Satz »So eine Gans!« zu mir her.
Das könnte mir an sich wurscht sein. Aber Ihre Reaktion be-
wies mir auf erschreckende Weise, wie wenig Sie von dem verstehen, worüber Sie »befinden«. Daß gerade Sie es sind, der
auf dem an und für sich ernstzunehmenden Weg über die
Süddeutsche Zeitung unser Wiener Theatergeschehen im
deutschen Sprachraum kommentiert, ist doppelt schmerz-
haft. Wie kann ein Mensch, der aus falscher Pietät jede
Intuition verliert, also nicht mehr wahr-haft Eindrücke entgegennehmen kann – wie kann so ein Mensch Theater
beurteilen?

Wir befinden uns in einer Zeit der Erstarrungen. Aber das Theater bewegt sich und lebt.
Wie soll ein Stein eine Blume empfinden können.

Erika Pluhar

(Im Frühjahr 1981 schrieb sie diesen undatierten Briefentwurf.)

Meine Lieben –

Am 6. November findet in der Wiener Stadthalle ein großes Friedensfest statt, »Künstler für den Frieden«. Ich selbst war in Dortmund und Bochum bereits dabei und beide Male von dem völlig ehrgeizlosen, nicht an Privatprofilierung interessierten Einsatz verschiedenster Künstler sehr beeindruckt.

Nun wäre es mir eine ungeheure Freude, wenn das Burgtheater sich in möglichst großer Formation zusammenfinden könnte, um gemeinsam ein Lied zu singen. Ein Burgtheaterchor also, am 6. November in der Stadthalle.

Ich hab nach dem chilenischen Lied »El pueblo unido jamas sera vencido« einen Text geschrieben, den ich beilege. Meine Musiker würden uns begleiten. Das Ganze hat nur Sinn, wenn wir <u>viele</u> sein könnten.

Es ist ein alter Traum von mir, einmal in unserem riesigen, unüberschaubaren Theaterkoloß etwas wie Gemeinsamkeit zu realisieren. Und nicht nur innerhalb des Theaters, sondern damit auch nach außen zu gehen.

Diese Veranstaltung hat keinen parteipolitischen Aufdruck, ist in keiner Weise »einseitig«, wie die Medien es so gerne kommentieren – das zeigt schon die Vielfalt der teilnehmenden Künstler.

Es geht darum, aufzuzeigen.

Daß Menschen auf dieser Welt menschlich leben wollen.

Daß diese Welt von Menschen überhaupt bewohnbar bleiben
darf.
Ich werde ja sehen, wie viele von Euch bereit sein würden,
mitzumachen?!
32 11 84 meine Telephonnummer.

Erika

Hymne auf das Unerreichbare

Der Tag ist nah, der unsre Kräfte braucht
Der Tag ist nah, der uns in Liebe taucht
Der Tag ist nah, an dem wir uns verstehn
Der Tag ist nah, an dem wir Seit an Seite gehn
in unsrem Kampf, der die Gewalt verwehrt
in unsrem Kampf, den uns die Not gelehrt
Der Tag ist nah, der die Entscheidung bringt
Der Tag ist nah, an dem die Tat gelingt
Der Tag ist nah, wir hören seinen Ruf
Der Tag ist nah, den uns die Zeit der Trägheit schuf
    Jetzt sind wir wach, wir wissen, daß es gilt
    Jetzt sind wir wach, zum Menschsein auch gewillt
    In Freiheit zu leben
    heißt andern Freiheit geben

Der Tag ist nah, nach dem wir uns gesehnt
Der Tag ist nah, ein Himmel, der sich dehnt
Der Tag ist nah, an dem die Hoffnung siegt
Der Tag ist nah, der ohne Schatten auf uns liegt
als reines Licht, das uns die Wahrheit zeigt
als reines Licht, vor dem die Lüge schweigt
Der Tag ist nah, den du erkennen mußt
Der Tag ist nah, er wohnt in deiner Brust

Der Tag ist nah, versäumen wir ihn nicht
Der Tag ist nah, der unsre Nacht aus Haß zerbricht
  Jetzt sind wir wach, wir wissen, daß es gilt
  Jetzt sind wir wach, zum Menschsein auch gewillt
  In Freiheit zu leben
  heißt andern Freiheit geben

(Ein offener Brief an das Burgtheaterensemble, dem der Text der »Hymne« beigelegt war. Sie schrieb beides im Oktober 1982. Nicht nur Burgtheaterkollegen wandten sich mit zynischer Ironie gegen ihr Vorhaben. Auch der chilenische »Freiheitskämpfer« lehnte die Freigabe seiner Komposition für den deutschen Text ab. Antonio V. D'Almeida komponierte eine neue Hymne, die dann doch von einem etwas schütteren Burgtheaterchor bei diesem Friedensfest gesungen wurde.)

(13. März 1983)

Ich bin nicht gesund, leider. Deshalb bin ich nicht hier.
Aber über Folgendes wollte ich sprechen: Amerikanische Astronauten konstatierten – durch Photos belegbar –, daß die Erde, vom Kosmos aus gesehen, sich verändert hat – sie ist nicht mehr blau. Sie ist <u>grau</u> geworden, schmutzig.
Diese Nachricht an irgendeinem Tag, nebenbei, im Radio.
Und dann zum Beispiel die unabänderliche Kronenzeitung mit einer riesig fettgedruckten Titelzeile: »Baby halberstickt in Mülltonne gefunden« – aber keinerlei Erwähnung, nie!, daß <u>die Menschheit</u> dabei ist, in <u>ihrem Müll</u> zu ersticken. Das bedürfte mehr als einer Titelzeile! Das müßte als Aufschrei über die Welt ziehen! All diese sinnlos ausgegebenen Wahlkampfgelder für sinnlos interpretierte Demokratiegedanken

sollten einzig und allein dafür genutzt werden: Information zu diesem Schrei zu liefern! Die Menschen würden schreien, wenn sie wirklich <u>wüßten</u>!

Sie werden blind gehalten und in Detailfragen verstrickt – ein Dschungel an Details, der jeden Ausblick verhindert. Eine große dunkle Ahnung hat sich wohl breitgemacht – aber sie ist voll Passivität, amorpher Angst, vom Wunsch erfüllt, die Augen zu schließen.

Was wir bräuchten, wäre ein Hochgerissenwerden, ein Aufbäumen aus dem Druck der Gleichgültigkeit – eine weltweite, öffentliche Wahrnehmung, deren Deutlichkeit unverwischbar sichtbar bleiben müßte – als <u>persönliche</u> <u>und akute</u> Bedrohung jedes einzelnen Menschen.

Das Leben siegt
auch wenn der Mensch
es nicht mehr achten will
sich zum Kadaver degradiert
sein Leben lebend schon verliert

Das Leben siegt
auch wenn der Mensch
die Welt verdirbt und schlägt
ihr schönes Angesicht verletzt
und langsam ihren Leib zerfetzt

Das Leben siegt
auch wenn die Welt
die uns beherbergt, stirbt
wenn Berge, Wüsten, Laub und Flüsse
Tier und Mensch und alle Sehnsucht
sich in Himmeln aufgelöst –

Das Leben siegt
und nur, die das auch ahnen
sind nicht tot
kämpfen um Leben, das uns wirklich meint
wenn dieser Kampf auch sinnlos scheint.

DAS LEBEN siegt.

(Lied von heute – und schweren Herzens)

(Nicht gehaltene, aber in der Zeitschrift »Basta« veröffentlichte Ansprache anläßlich einer ökologischen Kundgebung. Das Lied wurde später Bestandteil ihres damaligen Konzertprogramms.)

Etwa 1983, bei einem der damaligen Friedenskonzerte.

ÜBER LEBEN

Im Herbst 1970 kam ich zum ersten Mal nach Lissabon. Nur zwei oder drei Tage, während der Dreharbeiten zu dem Fernsehfilm »Die Nacht von Lissabon« (nach dem Buch von Remarque, der etwa um diese Zeit im Tessin starb). An einem Abend besuchte ich mit Martin Benrath, Vadim Glowna und unserer Kostümbildnerin Inge Ege-Grützner ein Lokal, dessen Wände üppig von blauen Kacheln bedeckt waren (jetzt kenne ich Lissabon ziemlich gut, aber ich habe dieses Lokal nie wieder gefunden); wir aßen herrlich, tranken sehr viel und hörten FADO. Seither ist diese Musikform für mich existent und bedeutsam. Nie habe ich sie als etwas Exotisches, Fremdartiges empfunden. Eher als verwandt. Der Emotionalität des Wienerischen nahe.

Über zehn Jahre vergingen.

Meine Beziehung zur portugiesischen Musik fand ihre Fortsetzung, als an einem regnerischen Nachmittag im März 1981 der Pianist und Komponist (und zu diesem Zeitpunkt noch Kulturattaché an der portugiesischen Botschaft in Wien) Antonio V. D'Almeida an meiner Gartentüre läutete, den – mir mittlerweile als sein ständiger Begleiter bekannten – Stock mit Silberknauf in der Hand. Er war gekommen, um zwei Kompositionen zu besprechen, die er für meine »Narben«-Platte machen wollte. Seine unprätentiöse Bereitschaft und Intensität in der Zusammenarbeit, der uns einigende Blick auf die Welt und ihr Geschehen – und vor allem auch die Einhelligkeit unseres Gelächters ließen uns schnell Freunde werden.

Im Sommer 81 drehten wir in Lissabon eine sehr persönliche Dokumentation über Fado. Ich begegnete dem Sänger Carlos do Carmo und dem Gitarristen Carlos Paredes. Beide tief beeindruckende, leidenschaftliche Künstler, die ihre Haltung zur Welt mit ihrer Kunst zu vereinen wissen.

Bis Dezember schrieb ich dann die Texte zu dreizehn portugiesischen Kompositionen. Ein Tun, das sich für mich so selbstverständlich ergab, als würde ich in dieser Musik atmen. Vom 15. bis 20. Dezember nahmen wir die Platte ÜBER LEBEN im Angel-Studio, Rua d'Fuas Roupinho, in Lissabon auf. Es ist mir sehr wichtig, diese Lieder in Lissabon und mit portugiesischen Musikern gesungen zu haben. Zwei Länder und Mentalitäten reichten sich musikalisch die Hände – eine Gemeinsamkeit, wie man sie leider in unserer aus Isolationen geschneiderten Welt so selten erlebt.

(Der Entwurf eines Textes für die Broschüre im Inneren des Covers. Die Langspielplatte ÜBER LEBEN erschien 1982.)

Notizen zu TRIO-Conférencen

Wie bei jedem Menschen liegen in unserer Kindheit die Wurzeln, der Entwurf zu unserer Persönlichkeit – und spätestens seit der Psychoanalyse wissen wir, wie sehr sie uns formt – im Negativen, im Positiven – natürlich geht jede Form der Kreativität diesen Wurzeln, diesen Ursprüngen nach – auch aus Neugier am Entstehen – da wir primär aus unserer Kindheit resultieren, durchforschen wir sie gerne nachträglich.

Ich bin ein Verfechter der Utopie – sie signalisiert einen Weg. Ihr nachzugehen, ohne das Ziel je zu erreichen – auf unsere sehr direkt gewünschte irdische Weise – braucht natürlich Kraft. Ich glaube, man findet sie wohl am besten in einem unerschütterlichen Trotzdem – daß auch die augenscheinliche Sinnlosigkeit Sinn enthält.

Klavier + Gitarre. Eine seltene Zusammenfügung von Instrumenten – ein sehr starkes und ein sehr zartes Instrument – einen Dialog finden, der kammermusikalisch sein muß – ein Gespräch zwischen drei Personen, wenn der Gesang hinzukommt. Unser Trio ist also wirklich etwas Neues, eine Art Experiment.

Im Gegensatz zu der »kleinen Liebe« im vorigen Lied gibt es aber gottlob die große, freie, sinnliche Liebe zwischen Menschen – ich meine, daß sie nur frei sein kann, wenn sie sinnlich ist. Sinn hat –
In diesem »Sinn« – (Sinn, sinn-lich?) habe ich den Text zu einem Fado geschrieben, den Antonio komponiert hat –

Krieg entsteht aus der Gier nach Macht. Sich eines Landes oder eines Menschen zu bemächtigen ist von gleicher negativer Kraft. Der Gegenpol zur Macht ist die Liebe. Nicht die kitschige, mißverständliche, aufgeplusterte Liebe unserer Ausnahmezustände – nein, die Liebe als wirksame Kraft, als Aktion.

Die meisten Menschen, scheint es, »leben am Leben vorbei«. Das ist so ein gängiger Ausdruck. Noch schlimmer erscheint mir, daß sie am Tod vorbeileben, statt ihn in ihr Leben aufzunehmen. Das Wahrnehmen und Erkennen des Todes ist eine Voraussetzung des Lebens. Wie die Geburt.
Geburt und Tod sind Partner.
Nicht Leben und Tod.
Denn das Leben lebt ewig.

Für die Verwirklichung seines Liebens + Kämpfens zu sterben, das muß gottlob nicht unbedingt sein –
aber schlimmer scheinen mir die vielen Toten unter uns, die mit einer nicht zu besiegenden Menschenfeindlichkeit sich selbst …

In letzter Zeit haben mich Menschen wieder und wieder zu dem Thema »Preisgabe«, »sich preisgeben« befragt – innere Wahrheiten, Kämpfe, Schmerzen, Empfindungen öffentlich zu machen – offen zu zeigen.
Ich glaube, wir sollten aufhören, uns unserer Preisgaben zu schämen. Sie sind so notwendig in einer Zeit menschlicher Erstarrungen. In der wir hinter einem Panzer aus schrecklicher Sachlichkeit verkümmern. Mehr und mehr schämen sollten wir uns unserer Zurückhaltung, unseres Schweigens wider besseres Wissen und unserer Verschlossenheit. Das erzeugt Isolation und Manipulierbarkeit. – Sicher, wir brauchen Vernunft. Aber auch alle unsere Emotionen.

Daß wir einen Körper haben, der uns ein Leben lang beinhaltet – das wurde mir umso wesentlicher, je mehr ich mit dem Tod konfrontiert wurde. Unsere Körperlichkeit und unser Sterben wurden für mich zu einer Einheit.
Und ich habe das Gefühl, daß die Mode, die Schönheitschirurgie, die absolut seelenlose Form der Schulmedizin in uns von vornherein Kadaver sehen. Gegenstände. Weil sie leugnen, daß unser Wesen unseren Körper formt, belebt oder krank macht.
Auch deshalb fällt es uns so schwer, sinnlich zu genießen.
Bei Büchner gibt es einen Satz, den ich sehr mag: »Wer am meisten genießt, betet am meisten.«

Aber die Einsamkeit, von der ich eben gesungen habe – die möchte ich nicht mit Ver-einsamung oder Isolation verwechselt sehen. Mit ihr meine ich diese unvermeidliche, von niemand anderem – auch dem liebsten und geliebtesten Menschen nicht – einem abzunehmende Auseinandersetzung mit sich selbst.

<u>Diese</u> Einsamkeit aber ist auch Voraussetzung für Gemeinsamkeit (nicht umsonst enthält das eine Wort das andere) – und <u>so</u> gemeinsam sind wir stark.

Es gibt so viele Klüfte, die man gewaltsam zwischen uns aufreißen will. MAN: das sind die Medien, der Kommerz, Werbung, Geld, <u>die Macht</u>. Die Macht braucht uns uneinig – dann sind wir willfährig, unsicher, kraftlos.

Eine dieser Klüfte, die mich besonders schmerzt, ist die zwischen den Generationen. Das Ghetto Jugend und das Ghetto Alter. »Senioren« – und dynamische Menschen, die »IN« sind. Abstrus. Dagegen sollten wir uns gemeinsam zur Wehr setzen.

Da gibt es unser sinnliches Beisammensein – Tanzen, Essen, Lieben –, das wir ganz sicher nie außer Acht lassen sollten. Das wohltätige Sich-Auflösen eben in der Gemeinsamkeit.

Aber unser schreckliches Weitertaumeln in eine absehbare weltweite Katastrophe – angetrieben von einer ebenso weltweiten Politik der Un-menschlichkeit – das kann nur unterbrochen werden, wenn wir unsere Stimme erheben. Jeder von uns. Jeder mit seiner individuellen Verantwortung.

Die menschliche Geschichte hat uns an einen Punkt gebracht, der uns entweder zerstören wird oder den wir als Chance zu nützen verstehen. Die Übergeordnetheit unserer Bedrohung müßte uns die Kraft dazu geben, kleinparteiliches Denken zu überwinden. Ein ungeheuer hoffnungsvolles Beispiel dafür ist für mich der Krefelder Appell. Zweieinhalb Millionen Unterschriften – das können nicht nur Chaoten, Kommunisten und arbeitsscheues Gesindel sein, das geht sich zahlenmäßig überhaupt nicht aus – nein, das sind Menschen, die überleben wollen.

Menschen, die in der Friedensbewegung – im Pazifismus – eine Gefährdung sehen, sind für mich pervers. Sicher – jede »Bewegung«, wenn sie aus Menschen sich erhebt, ist auch mit menschlichen Schwächen behaftet. Aber lieber die menschliche Unzulänglichkeit im Einsatz für ein Weiterexistieren des Menschen an sich – als ein widerstandsloses Sich-Ausliefern an den Wahnsinn der Mächtigen, die bereit sind, auf Kosten der Menschheit, auf Kosten ihres Ausgelöschtwerdens dieses schreckliche Gerippe MACHT zu bewahren.

(Auf irgendwelchen Zetteln notierte sie in den ersten Jahren die verbindenden Worte für ihre TRIO-Konzerte, einige davon sind erhalten geblieben. Später ging sie mehr und mehr dazu über, ihre Conférencen nur noch im Kopf vorzuformulieren oder »aus dem Hut« zu erfinden. Und glaubte nicht mehr, die Welt damit verändern zu können … Aber mit D'Almeida und Marinoff konnte sie diese Lockerheit in Hunderten von Konzerten erlernen. DAS TRIO bestand viele Jahre, bis zum Tod Peter Marinoffs 1991.)

Wien, am 18. Mai 1983

Liebe Vivi –

Jederzeit kann ich begreifen, daß Du unsere Zusammenarbeit beenden willst – beendet hast. Dein Verstummen fasse ich nicht. Ehrlich gesagt, es schmerzt mich. Wäre es Dir möglich, mir ein paar Zeilen zu schreiben, die den Sachverhalt klären? Ich halte zu viel von Dir, um jetzt dieses Schweigen hinnehmen zu können. Ich glaube, das sind wir uns schuldig: Offenheit.

Ich grüße Dich sehr.

Erika

(Die in Berlin lebende Vivi Eikelberg wurde kurz ihre Musikmanagerin. Und zwar genau um die Zeit der großen Friedenskonzerte in Dortmund und Bochum herum. Frau Eikelberg ließ die Organisation der großen Friedenskonzerte über das eigene Reisebüro laufen. Nach dem Ausklingen der »friedensbewegten« Phase war sie an ihren weiteren musikalischen Unternehmungen »managend« nicht mehr interessiert, die Zusammenarbeit endete abrupt.)

Wien, am 28. August 1983

Liebe »Künstler für den Frieden« –

Ihr habt mich, ohne je mit mir darüber gesprochen zu haben, von der Initiatorenliste gestrichen – an sich ein seltsamer Vorgang. Man war entweder Initiator oder nicht. So was kann eigentlich nicht rückgängig gemacht werden.

Aber gut.

Ihr habt mich zu der neuerlichen großen Friedensveranstaltung nicht mehr eingeladen.

Auch gut.

Ich nehme beides zur Kenntnis und verstehe Euch auch bis zu einem gewissen Grad. Ich habe mich sicher zu wenig organisatorisch an Eurer Organisation beteiligt.

Aber genau das ist auch der Punkt, weshalb ich Euch schreiben muß – ich tue es nicht aus persönlicher Kränkung und hoffe, daß Ihr mir das glaubt.

Es ist so, daß ich mehr und mehr an der Reinheit und Unmanipulierbarkeit der Aktion »Künstler für den Frieden« zu zweifeln beginne. Gerade jetzt, als quasi Außenstehende, kann ich das vielleicht ein bißchen besser abschätzen. Ich glaube, Ihr müßt aufpassen.

Ich habe den Eindruck, daß Ihr mehr und mehr ein System bedient, gegen das wir uns ja eigentlich zur Wehr setzen wollten. Ich habe bereits Spuren von Rassismus und Intoleranz, einer hochmütigen »Wir sind wir«-Haltung bei Euch entdeckt.

Paßt auf, daß aus Liedermachern keine MACHER werden, paßt auf, daß Ihr nicht Gefahr lauft, persönliche Machtpotentiale aufzubauen. Hütet Euch vor der MACHT. Künstler müssen machtlos bleiben, um gegen die Macht zu kämpfen. Künstler können und müssen sich vereinigen, aber sie dürfen keinem VEREIN angehören. Etablierte, durchorganisierte Vereine sind der Tod jeder Idee. Das mündet in die Parteilichkeit. Und Parteipolitik zerstört den politischen Überblick.

Künstler sind außerdem ein gefährdetes Völkchen, das wissen wir alle. Mittlerweile ist es so geworden, daß jeder Künstler, der auf sich hält, an ein bißchen Friedensengagement nicht vorüberkommt. Die Sache wird modisch. Und die MODE ist der Feind des Menschlichen und eine perfekte Methode, Wirkung zu vereiteln.

Ich bitte Euch.

Ich bitte Euch, laßt diese Bewegung, die so glühend, so kämpferisch und liebend, so spontan und individuell begonnen hat – laßt sie Euch nicht vermarkten und zer-organisieren.

Jede Bewegung noch, die rein und menschlich begründet begonnen hat, wurde letztlich machtorientiert – hat sich selbst mit Hilfe von Privatinteressen und Bürokratie erstickt. Schon der oberflächlichste geschichtliche Rückblick beweist das.

Ihr müßt Euch dieser Gefahr bewußt bleiben, sie macht auch vor Euch nicht Halt.

Nehmt mir diese Worte nicht als besserwisserische Belehrung übel – ich kann mein Unbehagen und meine Besorgnis nicht anders formulieren, fühle mich aber zutiefst verpflichtet, Euch davon Kenntnis zu geben.

Erika

Wien, am 26. Oktober 1983

Lieber Herr Unterrichtsminister Dr. Zilk!

Unabhängig von allen Appellen, die Sie vielleicht aus dem Ensemble des Burgtheaters erreicht haben oder erreichen werden, möchte ich Ihnen persönlich – auch auf die Gefahr hin, daß das für Sie so gut wie nichts bedeutet – meine Überzeugung zur Designierung des nächsten Burgtheaterdirektors darlegen.

Ich fühle mich dazu auch in gewisser Weise berechtigt.

Seit nahezu fünfundzwanzig Jahren bin ich Mitglied dieses Hauses, kann aber – glaube ich – von mir selbst behaupten, dennoch und unermüdlich an lebendigem und Neuerungen aufgeschlossenem Theater interessiert geblieben zu sein. Die zum Teil verderblichen konservativen Kräfte, die das Burgtheater nun einmal beherbergt, konnten mich nicht korrumpieren. Ich habe so manche Direktionsära miterlebt.

Außerdem bin ich Protagonistin und trage Verantwortung.

Ich halte mich also für befugt, Ihnen so etwas wie einen »dringlichen Rat« zu geben – in der festen Annahme, daß Sie mir das nicht übelnehmen.

Lassen Sie Achim Benning am Burgtheater weiterarbeiten.

Er hat – obwohl er in dieser Stadt ein Objekt blöder und inkompetenter Beschimpfungen geworden ist – nichtsdestoweniger (oder gerade deshalb!) einem starren, tödlichen Theaterbetrieb, dessen Zeuge ich war, so viel an Neuerung, Lebhaftigkeit, kreativen Möglichkeiten injiziert, als das bei diesem Monster an bürokratischen Verhinderungstendenzen überhaupt möglich ist.

Er hat dieses Theater in positiver Weise beunruhigt und aufgescheucht. Deshalb auch die vielen Feinde innerhalb dieser »hehren« Mauern. Er hat es geschafft, einen Großteil an Indolenz und elitärem Denken wirkungslos zu machen. Er hat es sicher nicht geschafft, eine Erfolgsproduktion an die andere zu reihen. Aber das würde keinem anderen Direktor <u>nicht</u> passieren.

Ich kenne die Tücken und Schwerfälligkeiten des Burgtheaters (– daß ich es trotzdem liebe, auf eine fast vertrackte Weise, steht auf einem anderen Blatt –). Dieser Riesenapparat ist theatertechnisch kaum zu bewältigen. Die künstlerischen Fragen hochzuhalten bedarf einer fast übermenschlichen Anstrengung.

Achim Benning tut das. Er ist sicher ohne Appeal für die Öffentlichkeit, das ist mir klar. Aber er tut es mit allem Einsatz und – vor allem – mit Kompetenz.

Ich bitte Sie inständig, lassen Sie das Burgtheater auf den positiven Veränderungen, die er in die Wege geleitet hat, weiter aufbauen – in Ruhe und ohne die zwangsweise nötigen Profilierungstaten eines Direktionswechsels. Dieser seiner Unförmigkeit wegen so leicht erschütterbare Theaterorganismus

Mit Achim Benning nach der Premiere von Gorkis »Kinder der Sonne«. Sie fiel in den Herbst 1988, nachdem seine Direktionszeit an der Burg eben zu Ende gegangen war, und bereits in die Ära Peymann.

muß in gleichmäßigem Training gehalten werden. Und erst seit Achim Benning erlebe ich dort so etwas wie eine sich entwickelnde »Kondition«.

Ich bitte Sie auch, mir zu glauben, daß alles, was ich Ihnen schreibe, nichts mit dem Umstand zu tun hat, daß ich Achim seit der Schauspielschulzeit kenne und ihn persönlich sehr schätze. Das wäre mir nicht Grund genug. Alles, was ich Ihnen schreibe, entspringt meinen Erfahrungswerten und Befürchtungen bezüglich dieses Theaters, an dem ich nun schon so lange Zeit arbeite.

Verstehen Sie mich recht – ich habe keine »a priori«-Einwände gegen irgendeinen neuen Direktor.

Ich bin aber überzeugt, daß eine Verlängerung der jetzigen Direktionsprinzipien die Chance weiterer Verbesserungen an diesem Riesentheaterapparat beinhalten würde.

So viele Leute glauben, es wäre ein leichtes, das Burgtheater umzukrempeln. Sie kennen es von außen und haben <u>keine Ahnung</u>. Ich sehe es seit vielen Jahren aufmerksam und ziemlich maßgeblich beteiligt von innen. Und ich wage zu behaupten, daß ich eine Ahnung habe.

Es wäre die schönste, kühnste (ja!) und nützlichste Tat, die Sie setzen könnten: Achim Benning <u>trotzdem</u> als Direktor zu belassen.

Ich bitte Sie darum.

Und ich bin sicher, Sie können abschätzen, daß es in meinem Fall nicht um irgendeinen persönlichen Vorteil geht.

Ich grüße Sie sehr herzlich –

Ihre
Erika Pluhar

(Diesen persönlichen Brief schickte sie dann an Dr. Helmut Zilk ab. Er hat ihm tatsächlich »so gut wie nichts bedeutet«, es kam zu keiner Reaktion.)

(1983/84?)

Lieber Herr Müller –
Sie sind durch Ihre lieben Zeilen plötzlich wieder bei und in mir aufgetaucht. Als der einzige menschliche Mensch in diesem Schallplattenwirrsal. Deshalb wende ich mich jetzt an Sie.
Ich habe also versucht, mich alleine der Schallplattenbranche zu stellen, nachdem meine »Manager« mich um Kopf und Kragen gemanagt haben. Aber ich sehe ganz deutlich, daß <u>ich das auch nicht kann</u>, mir fehlen elementare Voraussetzungen dafür – ich benehme mich wie ein Fisch, der fliegen will.
Herr Arming von der Polygram ist ein höflicher liebenswürdiger Mensch, im Gespräch allem aufgeschlossen – aber er tut nichts. Er hat mich zum Schleuderpreis bekommen und ist entsprechend desinteressiert an jedem Einsatz. Außerdem glaubt er nicht an eine Verkaufbarkeit meiner Platten, so, wie ich sie jetzt mache. Gut. Ich bin da nicht seiner Meinung.
Herr Müller – meine Frage: Hat es Sinn für mich, bei der von mir oft verlassenen Teldec nochmals anzuklopfen, oder nicht?
Wie gesagt, ich will im Grunde nichts anderes als das Vorhandensein meiner Platten in den Geschäften der BRD, wenn jemand sie kaufen <u>will</u>, und die Möglichkeit, meine Platten auf meinen Deutschland-Tourneen selbst zu verkaufen – ich möchte nur vertrieben sein (– was für ein Wort, fällt mir gerade auf!), sonst nix.
Wie Sie sehen, bin ich dabei, am Nullpunkt wieder anzufangen. Aber das beinhaltet eine vorausgegangene Erneuerung und Verwirklichung, über die ich sehr froh bin.
Was ich suche, sind neue Weggefährten.

Ihre E. P.

*(Der Fisch lernte fliegen und fand neue Weggefährten. Sie produ-
ziert und verkauft ihre Platten seit Jahren und mit Erfolg selbst –
und wird auch »vertrieben«.)*

Wien, am 14. Jan. 1984

Karin –

Deine kleine Attacke anläßlich meines »Blinddarms« konnte
ich nicht lesen – zu dieser Zeit war ich damit beschäftigt,
mich mehrmals hintereinander operieren zu lassen. Leider
haben empörte Freunde mich nicht damit verschont, mir ihre
Empörung mitzuteilen. Denn es tat mir weh. Daß <u>Du</u> – mit
der ich mich vor Zeiten freundschaftlich verbunden wähnte –
zu einem Zeitpunkt gegen mich losgezogen bist, in dem es
mir wirklich dreckig ging – und vor allem, ohne genau zu re-
cherchieren (für mich die größte Sünde eines Journalisten).
Noch bitterer ist der Gedanke, daß Du, wenn ich an meinem
kaputten Bauch hops gegangen wäre – was immerhin im Bereich des Möglichen war –, mit größter Wahrscheinlichkeit
einen stilvollen Nachruf geschrieben hättest.
Gut. Diese kleine persönliche Verwundung zählt aber nichts,
verglichen mit dem Ausmaß Deiner derzeitigen Krieg-
führung. Sie hat mich nur dazu motiviert, Dir endlich einmal
das zu schreiben, was ich schon längere Zeit unterdrückt habe.
Was ist mit Dir geschehen, Karin?
Du warst einmal die unbestechlichste, mutigste, respektabel-
ste Vertreterin Deiner Zunft.
Und jetzt bestehst Du nur noch aus billigster Polemik.
Ich frage mich, wieviel Dreck nötig war, Dich so zu korrumpieren. Ständig widersprichst Du Deinen eigenen Aussagen
von früher, bist Handlangerin eines kulturpolitischen Klimas
geworden, das Du früher bekämpft hast – oder hättest.

58

Wer – was – wieviel Angst war nötig, Dich in diese Selbstverstümmelung zu drängen?

Oder bist Du Dir dessen vielleicht nicht einmal bewußt? – Nein, das kann ich nicht glauben. Dazu bist Du zu klug. Und gerade vor Deinem Wissen und Verstehen des Menschlichen hatte ich immer besondere Hochachtung. Den Zerfall Deiner menschlichen Integrität zu beobachten war mit die traurigste vieler trauriger Beobachtungen, die man zur Zeit machen muß.

Ich will Dich mit diesen Zeilen nicht treffen. Höchstens betroffen machen, falls das noch möglich ist. Dies ist kein »offener Brief«, keine öffentliche Denunziation – nur Du und ich kennen seinen Inhalt. Wenn Du ihn als Zumutung empfindest, wird Dich niemand daran hindern, ihn sofort zu vernichten. Oder mich aus dem Hinterhalt Deiner trefflichen Zeitung »abzuschießen«.

Trotzdem – sei versichert, daß ich Dir nur aus Sympathie geschrieben habe, einem Gefühl von Trauer und Fassungslosigkeit, das nur entsteht, wenn größtes Zutrauen enttäuscht wird. Wenn man einen der wenigen <u>Menschen</u> verliert.

Sollte dieser Brief Dich nicht daran hindern, meine Gesprächsbereitschaft in Anspruch zu nehmen, wäre es unerwartet und schön.

Erika

(Die Kritikerin Karin Katrein hatte einen Blinddarmdurchbruch mit einer Alters- und Erfolgskrise verwechselt, wohl der Ansicht, das müsse so sein, wenn »der Wind sich dreht«. Sie selbst drehte sich kräftig mit und vergaß alte Freundschaften.)

TRIO
oder Die Geschichte einer Fügung

Es war einmal eine Schauspielerin, die auch Lieder sang. Sie sang allerlei – altbekannte Lieder oder solche, die verschiedene Herren eigens für sie geschrieben hatten. Aber mit der Zeit stellte sich heraus, daß allzu viele Menschen diese gesungenen Worte so auslegten, als hätte sie, die Schauspielerin, sie selbst erdacht.

Darüber begann sie nachzudenken, mehr und mehr.

Und es gefiel ihr nicht.

Und eines Tages fing sie an, sich ihre eigenen Worte aus dem eigenen Kopf und aus dem eigenen Herzen zu holen und ihre Lieder selbst zu schreiben. Nun gab es natürlich Leute, die das nicht gerne sahen. Musiker, Poeten und Manager zum Beispiel. Schließlich hatten sie zuvor mit Hilfe dieser Schauspielerin Geld verdient, indem sie ihre eigenen Gedanken und Vorstellungen in sie hineinstopften. Die Gedanken und Vorstellungen der Schauspielerin selbst interessierten sie demzufolge sehr wenig.

Und das bekam die gute Frau zu spüren.

Aber da sie eine zähe und ausdauernde Veranlagung besaß, blieb die Schauspielerin unermüdlich und hielt Ausschau nach neuen Menschen. Gleichzeitig wuchs in ihr die Sehnsucht nach einer neuen Musik, in die sie die Worte ihrer Lieder betten könnte. Die alte Musik erschien ihr täglich abgedroschener und lebloser.

So ging sie langsam vor sich hin und überlegte.

Da lief ihr eines Tages ein Portugiese über den Weg.

Er war Komponist und Pianist. Sein Name lautete Antonio Victorino D'Almeida. Er hatte noch nie mit Hilfe singender Schauspielerinnen sein Geld verdient. Auch war er kein Lie-

60

Mit Peter Marinoff und Antonio V. D'Almeida, etwa 1983. Foto Christine de Grancy.

der-Macher. Er war nur ein wirklicher Musiker, der sehr viel von Musik verstand. Und bei ihm fand die Schauspielerin die Musik, die lebendige Musik, nach der sie gesucht hatte.

Er sagte zu ihr: »Wenn du singst, bist du eine Sängerin. Wenn du schreibst, bist du eine Schreiberin.«

Da freute sich die Schauspielerin, denn sie war es nicht gewohnt, daß jemand sie als das nahm, was sie zu geben suchte.

Der Portugiese und die Schauspielerin setzten sich also einträchtig an den Wegrand und überlegten. Da kam ihnen unvermutet und mit heiterer Miene ein Mann entgegen, der eine Gitarre bei sich trug. Sein Name lautete Peter Marinoff, und er kam aus Bulgarien. Sie baten den Gitarristen, sich zu ihnen zu setzen. Und der machte keine Umstände, packte sofort sein Instrument aus und begann zu spielen.

Da lachte der Portugiese, holte mit Schwung sein Klavier aus der Reisetasche, und die beiden spielten gemeinsam. Und sie freuten sich aneinander.

Da griff die Schauspielerin nach ihrer Stimme und nach ihren Worten und sang dazu.

Und nun freuten sie sich alle drei.

»Das ist es«, beschlossen sie nach einer Weile. »Da es sich so gefügt hat, daß wir einander über den Weg gelaufen sind, bleiben wir jetzt auch beisammen.«

Und sie nannten sich TRIO und zogen gemeinsam, spielend und singend und einander respektierend, auf ihrem Wege weiter.

(Dieses kleine Märchen schrieb sie für die Textbroschüre der Langspielplatte »DAS TRIO. Pluhar, D'Almeida, Marinoff«, die 1984 bei Amadeo erschien.)

Christine de Grancy
LEBENSZEICHEN

Ein sehr schöner Titel, eine sehr schöne Überschrift, die Christine ihrer Ausstellung gegeben hat. Und außerhalb der beständigen Lebenszeichen unserer Freundschaft kann man das vielleicht als Motiv für's Hiersein bezeichnen: daß es so verschiedenartige Formen gibt, in seinem Leben Zeichen zu setzen, Lebenszeichen zu geben, Lebenszeichen wahrzunehmen und zu entschlüsseln.

Christine tut dies auf optischem Weg. Ihr fein-fühliges Auge nimmt wahr und zeigt. Gibt Zeichen wieder, setzt Zeichen, zeigt uns die Zeichen.

Peter und ich werden ein paar Lieder spielen und singen und

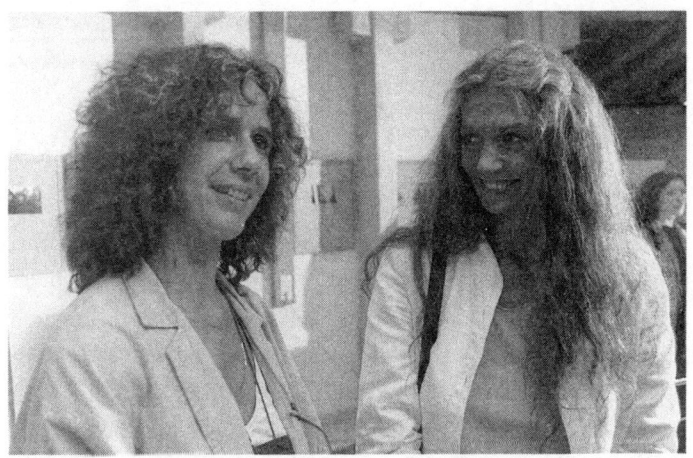

Mit Christine de Grancy bei deren Ausstellung »Lebenszeichen«, 1984 im ORF-Landesstudio Salzburg.

damit unser Lebenszeichen geben, aber heute gänzlich zu Christines Ehre und Freude. Ich werde sie außerdem in ein Gespräch zu verwickeln versuchen. Privat gelingt uns das jederzeit – wie es heute, hier, unter euch gelingen wird, wer'ma seh'n.

Ein lapidarer Beginn: Wie bist du zur Photographie gekommen?
Aus dem Leben erzählen – kleine Biographie
Sinn der Photographie (»Wohin gehen die Tage«)
Über das Theater. Über das Reisen (POLISARIO)

(Eine vorbereitende Notiz zur Eröffnung der Photoausstellung von Christine de Grancy im Salzburger ORF-Landesstudio am 30. Juni 1984 im Rahmen der Salzburger Festspiele. »Ein Abend mit Erika Pluhar, Peter Marinoff und der Photographin«.)

Wien, am 20. November 1984

An das »Forum«,
Museumstr. 5
1070 Wien

»100 Worte Sozialismus«

Aus der Buchstabenfolge -ISMUS überträgt sich mir eine tiefe
Skepsis. Gab und gibt es doch kaum einen Begriff, der durch
dieses Anhängsel nicht gleichzeitig seine Gefährdung miter-
halten hätte. -ISMUS bedeutet Schublade, Etikett. Und jedes
Etikett ist Mißverständnis, wage ich zu behaupten.
Mit dieser Skepsis also beladen, gestatte ich mir keinerlei
Definition. Verharre ich lieber bei dem Wort SOZIAL, das –
noch unetikettiert – als lebendige Aufforderung zu mir
spricht, mich selbstverantwortlich innerhalb der menschlichen Gesellschaft zu bewegen – als Rädchen oder Sand im
Getriebe, je nachdem.

(1984)

Es wäre fälschlich anzunehmen, ein Bemühen könnte zu
Ende bemüht, ein Kämpfen zu Ende gekämpft, ein Wissen
zu Ende gewußt, ein Tun zu Ende getan sein.
Deshalb befürworte ich BEWEGUNG.
Das Konrad-Lorenz-Volksbegehren ist wirksamster Ausdruck parteiunabhängiger und lebendiger menschlicher Vernunft in unserem Lande. Mit dieser Überzeugung unter-
schreibe ich es.

*(Eine öffentliche Befürwortung des Konrad-Lorenz-Volksbegeh-
rens, bei dem es um den Erhalt der Hainburger Auen ging. Es
wurde zu einer großen Volksbewegung, die das geplante Kraftwerk
schließlich verhinderte.)*

Fassungslos stehen wir – das heißt das Umfeld <u>aller</u> Menschen, die mein Leben berühren, zum Teil also schlichte und
gläubige Staatsbürger – der Vorgangsweise unserer Regierung
im Falle Hainburg gegenüber. Sehr geehrter Herr Bundeskanzler – wenn dieser offensichtliche Riß im demokratischen
Gefüge unseres Staates nicht geschlossen wird und weite
Kreise der Bevölkerung dadurch schmerzlich brüskiert werden, muß unser Vertrauen zur derzeitigen Regierung sich ins
Gegenteil verwandeln. Dieser heutige Tag, der 19. Dezember
1984, wirft einen schrecklichen Schatten über unser Land.
Nehmen Sie ihn von uns, im Namen einer lebbaren Zukunft
des Menschen und im Namen unserer Demokratie, die im
Sterben liegt.

Erika Pluhar

*(Ein persönliches Telegramm an den damaligen Bundeskanzler
Kreisky. In den Hainburger Auen ging man mit Gewalt gegen
Protestierende vor.)*

Lieber Herr Hochhuth –

Sie sind ein furchtloser und herrlich aufmüpfiger Zeitgenosse, dazu ein liebenswerter Mensch, dem ich sehr zugetan bin. Deshalb tut es mir in der Seele weh, Sie zu enttäuschen. Das mag der Grund gewesen sein, daß ich mich bei unserem nächtlichen Telephongespräch vielleicht mißverständlich ausgedrückt habe.

Also benutze ich jetzt das uns beiden so vertraute Papier, um schwarz auf weiß meine Überzeugung und meinen unumstößlichen Entschluß mitzuteilen: Ich kann Ihre Judith in keiner Form spielen – ob eingestrichen oder genau nach dem Buche.

Sicher kann man einwenden: Warum weiß sie das erst jetzt? Ich weiß es erst jetzt.

Ich wollte unbedingt an die Möglichkeit einer Realisation glauben, aus Gefühlen der Sympathie und Solidarität. Aber je näher mich die Beschäftigung damit an das Stück herangeführt hat, umso größer wurde mein Unbehagen (und das hat nichts – ich betone: _nichts_ – mit den Mängeln einer Fassung zu tun, das liegt am Stück selbst).

Der Konflikt _an sich_ erscheint mir nicht herausgearbeitet, deshalb können auch Naturalismen ihn nicht greifbarer machen. Diese Frauensperson, diese Judith, kann ich nicht vertreten, da sie nur handelt, in sehr prekärer Weise handelt, ohne durch das Stück zu dieser Handlungsweise geführt zu werden. Und die Motivationen Ihrer Kommentare sind im Stück leider nicht enthalten!

Um es nochmals und ein für alle Mal und ausdrücklich zu sagen: Ich werde »Judith« nicht spielen.

Ich hätte mich gerne an Ihrer Seite in ein Wagnis begeben. Aber man kann nur wagen, wenn der eigene Entschluß einer tiefen Sicherheit entspringt. Und die ist mir im Falle »Judith« nicht gegeben.

Trotzdem habe ich eine leise Hoffnung, daß Sie mir meine Entscheidung und die Offenheit, mit der ich versucht habe, sie zu begründen, nicht für alle Zeit übelnehmen werden. Daß wir doch Freunde bleiben können. Ich wäre sehr glücklich darüber – Ihre

(Das Stück kam am Burgtheater nicht zustande, und sie hat Rolf Hochhuth, mit dem sie sich davor tatsächlich sehr gut verstand, persönlich nicht mehr wiedergesehen.)

Theater ist immer heute. Theater hat weder Vergangenheit noch Zukunft für die, die des Abends auf den Bühnen ein anderes Leben riskieren und dieses Risiko mit einem auf seine Plätze gezwungenen Publikum teilen. Jede Erweiterung dessen in theatergeschichtliche, theaterkritische, theaterpolitische Verbal- und Professionshaltungen schafft eine neue, eigenständige, sich selbst genügende Welt, in der der tätige Schauspieler oftmals – seltsam deplaziert – von Empfindungen des Ausgeschlossenseins und der Irrealität heimgesucht wird. Theater <u>leben</u> und <u>über</u> Theater <u>befinden</u> – das sind wohl die »zwei Seiten einer Medaille«, die aber – letztlich gemeinsam – das ewige Heute des Theaters erschaffen.

Erika Pluhar
im April 1985

(Die Zeitschrift »Theater heute« wurde fünfundzwanzig Jahre alt und bat um eine kurze Antwort auf die Frage: Was fällt Ihnen ein zum Theater heute und zu »Theater heute«?)

Wenn ich mir die nicht endenwollende Scheinempörung um einen versteinerten alten Mann wie Herrn Waldheim anschaue! Er ist ein Monument der gleichen kritiklosen Anpassung, die sehr viele von denen beherzigen, die sich jetzt im Entsetzen über diesen Bundespräsidenten überschlagen. Selbst die Weltöffentlichkeit scheint keine anderen Sorgen zu haben. Wo bleibt die gleiche wütende Erregung vor der Tatsache des sich vergrößernden Ozonlochs, der sterbenden Regenurwälder, des an Wahnsinn grenzenden Fleischkonsums usw. usw.?

Der Blick in die Vergangenheit ist sicher wichtig. Aber er sollte uns belehren fürs Gegenwärtige. Ich beobachte immer wieder, wie sehr auch die Empörung sich vermarkten läßt. Und das gelingt natürlich nur, wenn diese Empörung keine der neuen faschistoiden Tendenzen und Mechanismen antastet. Kritik an unserer heutigen Manipulation kann nicht vermarktet werden, weil sie nicht stattfindet. Die Zensur unserer Zeit ist das Schweigen der Medien. Es muß gar nichts mehr verboten werden. Was die Medien nicht aufgreifen, geschieht nicht.

(Statement während des Wirbels um die Causa Kurt Waldheim, als dessen NS-Vergangenheit ruchbar wurde, man ihn aber dennoch im Mai 1986 zum österreichischen Bundespräsidenten wählte und jeden »öffentlichen« Menschen um seine Meinung dazu befragte.)

Fußgängerzone
Idee zu einer Revue

Ich beginne mit der Beschreibung des Bühnenbildes, weil es in diesem Fall die Basis des Geschehens darstellt. Mit welchen Mitteln auch immer müßte sehr authentisch ein erweiterter Platz innerhalb einer städtischen Fußgängerzone auf die Bühne gebracht werden. Alle typischen Embleme dieser Zonen müßten vorhanden sein. Läden, in ihrer grausigen Farbigkeit. Ausschüttungen von Schuhen und Kleidung, die auf das zubetonierte Straßenareal herausquellen. Betonkübel mit wesenloser Bepflanzung. Dürre Bäume in Gitterkäfigen. Die »Boutique«, aus der lärmende Rockmusik dringt. Kaufhausauslagen, darin Schaufensterpuppen mit brutal abweisenden Gesichtern, in zynischer Gewandung alle Arten heutiger Uniformiertheit vorweisend (den »ausgeflippten« Irrsinn, den Collegestil mit Nazi-Haarschnitt, Kolonialismus, Prostituiertenkleidung in Leder oder Unterwäsche, Militarismus, Luxuswahn, usw.) Ein »McDonald's«-Restaurant (hier vielleicht lieber »Mic Dunald« genannt, um Scherereien zu vermeiden). Eine Spielhölle (ein Etablissement voller Spielautomaten). Einige Bänke. Behälter für den Müll. Der Eingang zu einem Kino (vielleicht BAMBI 12345 genannt) mit Anzeigen der laufenden Filme. Titel wären auszuwählen, die der heutigen Kinolandschaft von »sex and crime« entsprechen.
In der Mitte des Platzes (der Bühne) ein riesiger Phallus aus Metall, aus dem, als beständige pornographische Ausschüttung, Wasser rieselt. Eine Art heutiger Brunnen (die Vorlage ist in der Fußgängerzone von Dortmund zu besichtigen und eines der heimlichen Wahrzeichen unserer Zeit).
Vom Verlauf der Handlung aufzugreifende Spielorte sind also:

Der phallische Brunnen
Die Spielhölle
Die Boutique
Der Schuhladen
Mic Dunald
Kaufhausanlagen
Das Kino
Einen immer wieder einsetzbaren Teil des Bühnenbildes
sollte ein CHOR menschlicher Lebewesen bilden, der in
gleichförmiger Bewegung »dahinzuströmen« in der Lage sein
sollte. Der Chor müßte Augenmasken tragen, die der Phy-
siognomie des jeweiligen Gesichtes angepaßt sind, aber allen
Gesichtern einen einheitlich gierigen, starren und leblosen
Blick verleihen.

SOLISTEN innerhalb der Fußgängerzone:
Der Boutiquen-Verkäufer (ein junger, modisch gekleideter
Mann, der sich somnambul nur noch im Rhythmus der Rock-
Musik bewegt)
Die »Mic Dunald«-Verkäuferin (ein verwahrlostes, erschöpf-
tes Mädchen in der kessen Tracht solcher Restaurants)
Der Bettler (ein alter Mann, der auf dem Straßenpflaster
hockt und ein Pappendeckelschild hält, auf dem »Ich habe
Hunger« steht)
Die Knastfrau (eine junge Frau, ebenfalls auf der Straße
hockend, an einen großen, dürren Hund gelehnt. Auch sie trägt
ein Schild: »Ich war im Knast. Ich weiß nicht mehr weiter.«)
Der delirierende Betrunkene (er spielt mit einer Coca-Cola-
Flasche Fußball und hält einsame Monologe)
Der Rollschuhfahrer (ein Jüngling mit Kopfhörern, der – wie
aus einer anderen Welt entsandt – lächelnd und entrückt in
Abständen vorbeisaust)

70

Die Frau aus der Kinokasse (eine dicke, stoische Person)
Einige unaufhörliche Spieler in der Spielhölle
Schaufensterpuppen (zum Beispiel das Punkgirl, die Frau im
Safari-Look, der Mann in Leder, die Nobelnutte, das Luxus-
weib, der Geschäftsmann, der Collegeboy, das Collegegirl, der
Schifahrer, die Aerobic-Frau, der Mann im Military-Look
usw.)

In dieser Welt unserer modischen Eskalationen und vielfältigen Entmenschlichungen, die jede Fußgängerzone darstellt
(und die auf der Bühne kraß, wenn möglich in apokalyptisch
anmutenden Dimensionen gezeichnet werden müßte), gerät
nun eine Gruppe von Straßenmusikanten. Sie sollten dunkel
bzw. nicht bunt gekleidet sein, ihre Silhouetten schon müßten wie Fremdkörper wirken, die von einer würdevollen und
einfachen Menschlichkeit berichten. Sie tragen keine Augenmasken.

Bezüglich ihrer Anzahl möchte ich mich noch nicht festlegen,
es läge an der Art und Zusammenstellung der möglichen
Darsteller. Vorschläge: Rudolf Jusits, Peter Marinoff, Erika
Pluhar, Etta Scollo, Ellie Wright.

Aus der Gegenüberstellung bzw. Konfrontation dieser Musi-
kantengruppe (die, um es etwas banal auszudrücken, den
menschlichen Menschen repräsentieren sollte) mit der Ent-
menschlichung durch Kommerz, Mode, Rock usw., die den
Bereich der Fußgängerzone prägen, sollte sich das Geschehen
dieser Revue entfalten. Das Ziel einer solchen Aufführung
müßte es sein, einen neuen, uns schonungslos manipulieren-
den Faschismus deutlich zu machen, den der heutige Mensch
widerstandslos inhaliert, weil er ihn unter dieser Maske nicht
vermutet.

Man sollte mit den beteiligten Schauspielern, Sängern, Tänzern, Musikern die Geschichte erarbeiten. Auch die Dialoge und Musiknummern sollten in einer gemeinsamen Arbeit gefunden werden. Das wäre jedenfalls meine Idealvorstellung in Hinsicht auf dieses Projekt. Das Erarbeiten dürfte nicht unter Zeitdruck stehen – ohne daß es in spielerische Zeitvergeudung oder Selbstbefriedigung ausartet. Wie schwer es ist, dafür die geeigneten Mitarbeiter und den entsprechenden Rahmen zu finden, ist mir klar.

Ich möchte noch hinzufügen, daß Humor, Schwung, eine möglichst mitreißende Musikalität in dem Ganzen nicht zu kurz kommen darf. Nicht der erhobene Zeigefinger, sondern eine energievolle, mutvolle Betroffenheit müßte diese Arbeit beflügeln.

Die FUSSGÄNGERZONE also als Sinnbild eines neuen, ganz andersartigen Konzentrations-Platzes (die Analogie zum »Lager« mag sich, bei aller Differenzierung, durchaus aufdrängen), dessen besondere Gefährlichkeit darin liegt, daß er eine falsche und auf andere Weise mörderische Freiheit suggeriert. Diese zu entlarven und Widerstand dagegen zu provozieren wäre schönster Sinn einer solchen »Revue«.

(Sie wurde tourend mit diversen Fußgängerzonen diverser Städte konfrontiert. Am 5. Dezember 1985 notierte sie in Stuttgart – sie spielte im dortigen Theater bei einem Gastspiel des Wiener Burgtheaters Lars Norens »Die Dämonen« – im Hotel Ketterer, das in einer Fußgängerzone gelegen war, den ersten Entwurf zu dieser »Revue« in ihr Tagebuch. – Den entsprechenden Rahmen, das entsprechende Interesse fand sie nicht. Als die Idee zum Projekt gedieh, konnte es trotz einiger Bemühung nie und nirgends verwirklicht werden.)

Notizen zum Burgtheater

Ich bin seit fast einem Vierteljahrhundert Schauspielerin an diesem Theater. Aber erst in jüngerer Zeit hat es sich für mich in ein THEATER verwandelt. Ich habe viele Jahre damit zugebracht, einen seltsamen bombastischen Betrieb zu beobachten, in dem Dünkel und Eitelkeit regierten und Ansätze lebendigen Theaters erwürgen wollten. Als ich jung war, wurden zentrale Rollen jugendlichen Alters selten mit jungen Schauspielern besetzt. Jungen Schauspielern wurde oftmals untersagt, die Probenarbeit der Älteren zu beobachten. Ich getraute mich kaum, die von arrivierten Schauspielern bevölkerte Kantine zu betreten (damals noch nicht wissend, daß ich dadurch kaum etwas versäumte – daß die Welt des Theaters sich nirgendwo oberflächlicher und nichtssagender äußert als in Theaterkantinen), aber wie auch immer, die abschätzenden, mißtrauischen, jeden Kontakt verhindernden Blicke der um einen speziellen Tisch gedrängten Altschauspieler ließen mir stets das Blut in den Adern gefrieren. Wenn ich jetzt die Selbstverständlichkeit, das gänzliche Integriertsein junger Kollegen beobachte, ist das für mich ein wesentlicher Punkt der Veränderung, die dieses Theater in den letzten Jahren erfahren hat.

In meinen Anfängen gab es die zarte gütige Noblesse eines Rudolf Steinboeck. Oder den Leopold Lindberg – unlängst so plötzlich von uns gegangen. Er hat mit Sicherheit meine ersten schauspielerischen Gehversuche geprägt. Die Begegnung mit dem bereits sehr alten Fritz Kortner hingegen (ich »durfte« die Desdemona in seiner Othello-Inszenierung spielen) hat in mir nur eine Überzeugung heranwachsen lassen: daß ich in einer Atmosphäre von Haß und Boshaftigkeit nicht arbeiten möchte und kann, und wäre es auch mit dem genialsten Menschen. Daß für mich Theaterarbeit – bei allen Kontroversen, die sich notwendigerweise dabei ergeben – ein liebendes Miteinander darstellen muß. Zumindest die Weile der gemeinsamen Arbeit lang. Gerade die flüchtige und intensive Zusammenfügung von Menschen im Hinblick auf etwas zu Erschaffendes – das ist und bleibt, glaube ich, eine meiner stärksten Motivationen zum Schauspielerberuf. Deshalb konnte ich dem »Gegeneinanderspielen«, wie es bei einer gewissen, hoffentlich aussterbenden Spezies von Schauspielern üblich war, nie etwas anderes als Verständnislosigkeit entgegenbringen. Ich hatte nach meinem Eintritt in das Burgtheater reichlich Möglichkeiten, solche Unarten zu beobachten. Der Kampf der Schauspieler gegeneinander bestimmte – mehr oder wenig humoristisch – auch weite Teile ihrer Konversation. Ich mochte das nie leiden, auch im Anekdotischen nicht.

Aber meine Sehnsucht nach einer Theaterarbeit, die in gemeinsamer Suche, im Integriertsein jedes Mitwirkenden, im Mit-Denken, im »Miteinander« sich ausdrücken möge, blieb durch viele Jahre unerfüllt. Ich spielte alles mögliche, kleine, größere und große Rollen. Mit mehr oder weniger Erfolg.

Aber eigentlich kann ich mein Erwachen aus der »amorphen Schauspielerei« (so bezeichne ich es bei mir selbst, dieses einigermaßen begabte und komödiantische »halt Spielen«, form- und inhaltslos, ohne persönliches Bewußtsein) genau datieren. Es geschah, als Peter Hall am Akademietheater Harold Pinters »Old Times« inszenierte und ich mit Annemarie Düringer und Maximilian Schell in dem Dreipersonenstück besetzt wurde. Da ergab sich für mich eigentlich zum ersten Mal eine ganz intensive Konfrontation und Zusammenfügung mit Stück, Regisseur und Partnern. Zum ersten Mal verstand ich, was »er-arbeiten« bedeutet, was es heißt, das Erarbeitete nicht wieder fallenzulassen im Sog der Repertoire-vorstellungen, es auch gegen Widerstände des Publikums hochzuhalten und zu verteidigen.

Und in diesem Sinn, meine ich, hat auch ein Prozeß der Publikumserziehung stattgefunden. »Old Times«, eine letztlich geschmackvoll-amüsante Vorstellung, die es dem Publikum überhaupt nicht sonderlich schwer machte, rief dessenungeachtet oftmals tiefe Ratlosigkeit, ja Ablehnung hervor. Einige Jahre später, als ich wieder Pinter spielte – »Heimkehr«, Regie Peter Palitzsch, eine wesentlich unbequemere, die Zuschauer viel eher herausfordernde Aufführung –, gab es bereits Aufmerksamkeit und Interesse auch bei <u>den</u> Publikumsschichten, die um Verständnis ringen mußten. Also nicht mehr diese A-priori-Ablehnung, die geradezu rassistische Abwehr sogenannten »modernen« Theaters.

In der langen Zeit meiner Mitgliedschaft aber gab es ein Jahr, das mich in größte Panik stürzte und mir das Gefühl gab, ich müsse die Burg verlassen. Und zwar war es die Saison 1975/76, in der man das zweihundertjährige Bestehen des Burgtheaters »feierte«. Es wurden alle verfügbaren, also eine ungeheure Anzahl von Aufführungen in den Spielplan aufgenommen. Für mich bedeutete das zum Beispiel eine Rolle wie die der »Maria Stuart« im Abstand von einigen Wochen, ja Monaten immer wieder einmal zu spielen, ohne Probe, »aus dem Stand«. Es war das eine Forderung, die mich meinen Beruf als Alptraum empfinden ließ, als etwas, womit ich eigentlich nichts zu tun haben wollte.

In diese meine verschreckte, unglückliche Beziehung zum Burgtheater, die aufzulösen ich auf dem besten Wege war, fiel rettend die Designierung Achim Bennings zum neuen Direktor. Er verstand es, meine Angst wieder zu glätten. Und es folgten Jahre, die wesentlich und konstruktiv das weiterführten, was Gerhard Klingenberg begonnen hatte. Sie holten das Burgtheater aus seiner museal-dünkelhaften Versponnenheit endgültig heraus – soweit lebendige und atmende Funktion bei einem so monströsen und unbeweglichen Apparat, solch einem Riesenorganismus, wie es dieses Theater nun einmal ist, eben möglich ist.

Für mich ergaben sich Theaterarbeiten, die ich als Schritte zur Bewußtwerdung betrachte, die aber analog auch mein Verhältnis zu dem mich beherbergenden Theater veränderten. Die »Hedda Gabler« unter Palitzsch – »Die Schwärmer« unter Erwin Axer, beide im Akademietheater.*

Als nahezu triumphal empfand ich die Realisation von Gorkis »Sommergäste« (Regie Benning) auf der großen Bühne des Burgtheaters. Hatte ich doch schon so oft, in so vielen Rollen, die Größe dieses Hauses mit einer vergeblichen Liebe empfunden. Niemals schien es mir möglich, den Abgrund zum Publikum zu überwinden, der sich dort mit einer schrecklichen Selbstverständlichkeit aufzutun pflegte. Und nun plötzlich das befreiende Empfinden von Menschennähe und Wechselwirkung (für mich bestimmende Kriterien für ein geglücktes Theatergeschehen) – und außerdem ein völliges Nutzen, Ausnützen dieses faszinierenden Bühnenraumes. Ein Theaterbetrieb in der Größenordnung des Burgtheaters, mit all seinen bürokratischen Verfahrenheiten, den vielfältigen Interessensstrukturen seiner unzähligen Mitglieder – wo Schauspieler, künstlerisches PERSONAL genannt, es schwer haben, trotz des monströsen Treibens weiterhin in dem zu gestaltenden Abend das einzig Wichtige zu sehen. Ist doch die gesamte Atmosphäre getränkt von beamteter Sicherheit, betriebsrätlichem Biedersinn und ängstlicher Lethargie.

So einen Betrieb außerhalb seiner Staatstheaterfunktion zu einem wirklich ersten Theater werden zu lassen, das ist Achim

Benning gelungen. Und es ist ihm gelungen, ohne sich im bündlerischen Sumpf des Wiener Kulturlebens die Hände schmutzig zu machen; er ist rauh und klar an der Arbeit gewesen, hat unerbittlich seine Integrität bewahrt. Er kennt dieses Theater bis in die letzten, bösesten, skurrilsten Schlupfwinkel hinein und liebt es trotzdem.

Und ohne ein kräftiges TROTZDEM scheint es mir unmöglich, sich mit dem Burgtheater verbunden zu fühlen. Möge man es weiterhin wahrhaft, ohne Eigensucht oder Mißbrauch, als das einschätzen, was es ist: ein Theaterkoloß, mit allen Unarten des Kolossalen behaftet, aber in seiner Fülle auch zum Feinsten, Schönsten und Lebendigsten fähig.

(* Das kleinere der beiden Häuser des Burgtheaters. – Achim Benning bat sie, für eine von ihm initiierte Burgtheaterpublikation ihre Gedanken dazu schriftlich zu formulieren. Aus diesem ersten Entwurf entstand ihr späterer Beitrag. Das Buch erschien 1986.)

Lieber Herr Minister,
lieber Achim,
liebe Anwesende.
Ich bin also aufgefordert worden, im Namen meiner – jetzt – »Kammerschauspieler«-Kollegen und –Kolleginnen ein paar Worte zu sagen. Soweit es um einfache Dankesworte geht, kann ich das sehr gut im Namen aller tun: Dank also für den uns verliehenen Titel und die damit wohl verbundene Auszeichnung.

Aber jetzt einige Sätze, die ich persönlich dazu sagen möchte – wobei ich aber hoffe, trotzdem im Sinne von uns allen zu sprechen. Denn dieses überreiche Füllhorn an Auszeichnungen und Titeln, das sich da heute über uns ergießt, hat mich

*Sie nimmt das Dekret zur Verleihung des Titels »Kammerschauspielerin«
entgegen.*

ein wenig nachdenklich gestimmt. Ich habe mich gefragt:
Sind es wirklich nur eine gewisse Anzahl von Dienstjahren
und Lebensjahren, die innerhalb eines protagonistischen
Burgschauspielerdaseins notgedrungen irgendwann einmal
zu diesem Titel führen <u>müssen</u> – quasi wohl oder übel?
Oder ist es diesmal die – ja, sagen wir – »Umbruchsituation«
an unserem Theater, die dazu veranlaßt hat, einer großen
Reihe von uns, stellvertretend für das Ensemble, eine Art
Trostpflaster aufzudrücken?
Beide Vermutungen lassen mich etwas unfroh zurück.
Ich möchte daher in unserer Ehrung etwas anderes vermuten.
Und zwar die Anerkennung einer <u>Vielfalt</u> und gleichzeitig
<u>Kontinuität</u>, die das Burgtheater vornehmlich in seinen
Schauspielern repräsentiert. Die es immer in der Lage war, in
seinen großen Armen aufwachsen zu lassen – allen Er-

stickungstendenzen zum Trotz, die diese große Umarmung natürlich auch beinhaltet.

Der Beruf des Schauspielers ist ein in extremem Maß von Abhängigkeiten diktierter. Nicht zuletzt der Abhängigkeit des Schauspielers von sich selbst.

Umso erfrischender, schöner und erfreulicher ist es daher für mich – und ich glaube nicht nur für mich, ich meine immer, daß es vielen Menschen so ergehen muß –, eine Schauspielerpersönlichkeit zu beobachten, die in der Lage ist, sich ohne Karrieregeilheit, aber in einem unverwüstlichen Sinne zu behaupten.

Sich zu behaupten im Durcheinander von Theaterpolitik, die sich, gemäß dem allgemeinen politischen Klima, mehr und mehr brutalisiert hat und einer unbekümmerten schauspielerischen Kreativität sehr abträglich ist.

Sich zu behaupten im Hin und Her von modischen Trends und traditionsgebundenen Zwängen.

Sich zu behaupten im Hin und Her der eigenen Ängste, Unsicherheiten und Eitelkeiten.

Im Hin und Her von Erfolgen und Fehlschlägen.

Eine Schauspielerpersönlichkeit eben, die in der Lage ist, all dies trotzdem selbst-ständig und selbst-bewußt zu leben und zu überleben.

Irgendwie halte ich uns für eine kleine Truppe solcher Exemplare. Und wenn es nach mir geht, möchte ich unsere Ehrung gerne dafür entgegennehmen.

(Das geschriebene Konzept einer Rede, die sie am 3. Juni 1986 im Unterrichtsministerium hielt, als ihr – gemeinsam mit Michael Heltau, Kurt Sowinetz, Silvia Lukan, Gertraud Jesserer, Wolfgang Gasser und Klaus Behrendt – der Titel »Kammerschauspieler« verliehen wurde.)

Liebe Regina –

Deine Tränen haben mir ins Herz geschnitten. Aber glaube mir, es ist wichtig und wesentlich, Verletzungen und Verunsicherungen dieser Art und den Schmerz, den sie verursachen, durchzustehen. Und unbeschadet zu überstehen. So etwas wird Dich immer wieder ereilen – weil Du (so glaube ich jedenfalls) jemand bist, der nicht um Gunst, sondern um eine innere Wahrheit ringt. Was Du gespielt hast, war ungewöhnlich, eigen-artig und entzückend. Wer Dich nicht verstanden hat, versteht wenig vom Menschen und nichts von Humor. Leider sind das viele.

Ich sag Dir das nicht nur, weil ich Dich mag, sondern auch als quasi »kaltblütige« Beobachterin, die aber mit einem gewissen Sensorium für das Wahr- und Wehr-hafte am Theater ausgestattet ist. Kopf hoch!

Erika

(An die blutjunge Regina Fritsch, die heute zur ersten Garde der jüngeren Burgschauspielerinnen zählt.)

Jahre später besetzte sie Regina Fritsch in ihrem Film »Rosalinas Haus« (sie selbst hatte das Drehbuch geschrieben, mitgespielt und Regie geführt), der im August 1992 auf der Azoreninsel Fayal gedreht wurde. Dort fotographierte Evelin Frerk sie beide mit »Rosalina«.

Ein Einwand, den ich immer wieder höre: Warum sich um zu Tode gequälte Tiere kümmern, solange weltweit immer wieder mit Menschen Schreckliches und Quälendes geschehen kann und darf?

Eine aus innerer Bequemlichkeit resultierende Fehleinschätzung, will mir scheinen.

Solange unsere menschliche Gesellschaft sanktioniert, fühlende Wesen (und das sind Tiere) in dieser unmenschlichen Form grausam zu Tode zu benutzen – solange wird dieses auch vor dem Menschen selbst niemals haltmachen.

Ethisches Verhalten beginnt nicht am Punkte X. Es ist oder ist nicht.

(Für die Grazer »Kronenzeitung«, zum Thema Tierversuche.)

Je intensiver man sich als Nicht-Politiker auf politische Fragen und Belange einläßt, desto schmerzhafter werden die Beobachtungen, die man dabei machen muß. Ich bin mir mittlerweile sicher, daß nahezu jeder Mensch, der in den Besitz einer Partei, eines Parteiapparates gerät und diese Inbesitznahme zuläßt, sich selbst und seine tiefsten, ehrlichen Überzeugungen verrät. Parteizugehörigkeit, die zudem noch die Existenz sichert, macht – leider – freie Äußerung und freies Handeln des einzelnen zunichte. Deshalb kann ich unser Parteienwesen nur noch mit großer Skepsis betrachten – einer Skepsis, die in kritischen Phasen sogar in Hoffnungslosigkeit umschlagen kann. Machtstreben und technokratisches Denken, gepaart mit einer nahezu irrealen Unvernunft – darin sind sich die Großparteien bestürzend einig. Die »große Koalition« ist also nichts weniger als eine notwendige Folgeerscheinung. Die Ausnahmestellung der »Grünen« setzt sie wiederum der Gefahr aus, sich etablieren zu müssen. Jede »Bewegung«, die sich zur Partei festigt, muß höllisch aufpassen, nicht ebenfalls zu erstarren.

Wenn ich nach der Hoffnung suche – und das tut wohl not, um Leben zu ertragen –, finde ich sie mehr und mehr nur noch in der Integrität und dem nicht an Profit orientierten Einsatz einzelner. Der Parteiapparat zerstört diese menschliche Integrität – dahin hat man es zweifellos gebracht, und der schlichte Staatsbürger ist bereits in der Lage, das zu erkennen. Deshalb kann ich nur noch an den Widerstand und die Tat-Kraft einzelner glauben, die – parteiunabhängig – bei konkreten Fragen zu einer Gemeinsamkeit zusammenfinden, die nicht machtorientiert ist, sondern sachorientiert.

Nur die Wahrnehmung eines solchen Menschenpotentials gäbe mir Anlaß zur Hoffnung, auf die Fragestellungen unserer Zeit, die einschneidender sind als je zuvor, eine menschheitsbewahrende Antwort geben zu können.

(Vorbereitender Aufsatz für die ORF-Fernsehsendung »Hohes Haus«, in der unter anderem aus dem Parlament berichtet wird. Sie wurde gebeten, dort – am 18. März 1987 – ihre Meinung zur Selbstverwirklichung innerhalb einer Partei kundzutun.)

Lieber Herr Peymann –

Sie wissen, daß ich es gerne gesehen hätte, wenn die Direktion Benning sich noch fortgesetzt hätte – das ist ein alter Hut mittlerweile, auch für mich.

Nachdem Sie da waren, stand ich diesem Factum ohne Ressentiments gegenüber. Ich habe alle polemisch gestellten Fragen der Presse – und es gab deren unglaublich viele – unbeantwortet gelassen. Ich wollte mich nicht äußern, weil ich Verwandlungen im Inneren des Theaters erwartet habe und diese in keiner Weise von außen stören wollte.

Nun erlebe ich aber fortgesetzt, daß Sie alles und jedes in Polemik umwandeln. Daß jeder dümmliche Zeitungsleser Informationen erhält, die doch nur den Theaterorganismus selbst betreffen. Die vom »Mann auf der Straße« überhaupt nicht eingeordnet werden können.

Die Schäbigkeit der Akustikanlagen im Akademietheater – die zum Teil inferioren Billetteure – alles immer gewußt. Wunderbar, wenn Sie verändern und verbessern können! Aber wozu dieser unnötige Schrei nach außen?

Warum ich Ihnen aber jetzt schreibe, liegt an Ihrer letzten »Äußerung«. Ich will nicht über das Probenabkommen reden – mein jahrelanger Privatkampf mit Herrn Navratil ist Kollegen des »alten Ensembles« wohlbekannt.

Aber sehr wohl darüber, wie Sie Schauspieler dieses Theaters pauschal der Bereicherung und Korruption bezichtigen (– denn genau das bleibt als Essenz Ihres Pressegesprächs in der Öffentlichkeit haften –).

Ich schreibe Ihnen jetzt, am Premierenabend des »Arturo Ui«, weil mir dieses Stück für meine Frage symptomatisch zu sein scheint: Wie wollen Sie ein politisches Stück dieser Art brisant und unbeugsam von einem Theater vertreten lassen,

Als Betty Dullfeet verkleidet sitzt sie in der Garderobe, wo sie während der Premiere von Brechts »Arturo Ui« an Peymann geschrieben hatte.

wenn jeder im Publikum das Gefühl haben darf, da würde ihm von einer Schar gieriger fauler Säcke was gezeigt, nur weil irgendein Dompteur ihnen auf die Sprünge geholfen hat? Wie wollen Sie überhaupt irgend etwas vertreten mit einem Theater – außer sich selbst –, wenn Sie die Menschen, die abends auf der Bühne stehen, desavouieren und lächerlich machen? Auf eine sehr gekonnte Art setzen Sie herab. Ich verstehe nicht wirklich, warum. Sie sind ein außergewöhnlicher Theatermacher, eine wirkungsvolle Persönlichkeit, Sie sind erfolgreich.

Brauchen Sie Herabsetzung, um selbst auf der Höhe zu sein? Müssen Sie das Vergangene fälschlich interpretieren, um Ihrer Zukunft sicher zu sein? Genügt es Ihnen nicht, zu handeln? – reizt es Sie so sehr, zu manipulieren?

Ich weiß, daß, was Sie da tun und wie Sie es tun, einem Zeitgeist entspricht. Aber das beruhigt mich nicht, im Gegenteil.

85

Nur eine Zeit ohne Geist braucht Zeitgeist. Das Theater sollte sich ihm widersetzen, glaube ich.

Ich wünschte so sehr, Sie würden sich auf Ihre unbestrittenen Fähigkeiten vertrauensvoll verlassen und diesem Theater Impulse geben, die es einig werden läßt und nicht auf so grauenvolle Weise entzweit – wobei diese Entzweiung außerdem noch zu einem öffentlichen Kampfsport entartet ist.

Ich schreibe Ihnen in keiner Weise im Hinblick auf meine eigene künstlerische Existenz. Sie bewegt mich diesbezüglich jetzt am wenigsten, ich werfe sie gern in die Waagschale.

Aber – wie ich Ihnen bei unserem einzigen Gespräch sagte – auf eine seltsame Weise liebe ich dieses Theater. Immer hatte ich den Wunsch, es würde sich – trotz seiner Größe und Unüberschaubarkeit – zu einer eigenen und selbstbewußten Haltung bekennen.

Das ist so auch nicht möglich. Und darüber bin ich traurig und bestürzt.

Erika Pluhar

(Dies war ein offener Brief, eigentlich dafür gedacht, intern am sogenannten schwarzen Brett des Burgtheaters auszuhängen. Sie las ihn aber anläßlich einer Ensembleversammlung, bei der Claus Peymann anwesend war, mit großer Emotion vor. Von ihm erhielt sie folgende Antwort:
»Liebe Erika Pluhar,
den nächsten Brief schicken Sie bitte einfach an mich ab.
Ich glaube, ich kann schon noch sehr viel lernen.
Dankeschön für Ihr Engagement in dieser Sache.
Herzlichen Gruß
Claus Peymann
P. S.
Schenken Sie mir eine Photokopie?«)

Meine liebe, liebe Gusti –

Ein Freund hat einmal den Satz geprägt: Jugend ist keine Frage des Alters. Und in dieser Weise nach einem Menschen befragt, der ganz besonders – mit Herz und Seele – jung ist – da würde ich Dich nennen. Immer jünger bist Du geworden! Ich konnte zu meinem Glück einige Male miterleben, wie Du immer kühner an die Gestaltung Deiner Rollen herangegangen bist. Wie furchtlos Du verwegene Regiekonzepte vertreten hast. Hans Neuenfels zum Beispiel hast Du entzückt! Und je älter ich selbst werde, desto klarer sehe ich an Dir, wie schön sich eine menschliche Persönlichkeit im Lauf der Jahre in sich selbst festigen kann – und an Kraft gewinnt.
Du bist ohne Dünkel, und Du hast ein weites Herz. Du bist jung. Wir, Deine Freunde, lieben Dich sehr.

Am Abend des 11. April 1987 hielt sie auf der Bühne des Burgtheaters eine kurze Rede zu Ehren Gusti Wolfs, die ihren fünfundsiebzigsten Geburtstag und ihr vierzigjähriges Burgtheaterjubiläum feierte. Das Foto zeigt, wie Gusti sich für den stürmischen Applaus bedankt.

Herr Voss –

ein Schauspieler, der Richard III. spielt, in vielen Interviews über Macht, Machthaber und dergleichen spricht, als wäre er selbst dagegen gefeit – und im selben Atemzug samt Familie den Wiener Opernball besucht, in der Loge von Politikern sitzt – den Handschlag von Herrn Strauß und Herrn Waldheim vor Augen, während vor der Oper Menschen, die dagegen protestieren, geprügelt werden – wenn das keine »abgefackte Hülse« von Schauspieler ist, werden Ihre Vokabel irrelevant.

Wir hätten diese erschütternden Wahrnehmungen zu Ihrer Person für uns behalten, aber Ihre letzten unqualifizierten Äußerungen zwingen uns, zu reagieren.

Hiemit wollen wir, die Unterzeichneten, es Ihnen <u>schriftlich</u> geben, daß wir diesen Stil einer persönlichen »Öffentlichkeitsarbeit« nicht länger dulden werden.

Dessen sollten Sie sich bewußt sein.

(Ein für das Burgtheaterensemble von ihr konzipierter, aber dann nicht abgeschickter Brief an Gerd Voss. Sie meinte eine Zeitlang, Ihrer Empörung angesichts gängigen Medienverhaltens Ausdruck verleihen zu müssen. Später kontrollierte sie in dieser Weise nur noch sich selbst, da sie erkannte, daß rundum eine Welt sich so verhielt. Gerd Voss hatte in einem Interview alle Burgschauspieler vor seiner Zeit als »abgefackte Hülsen« bezeichnet. Trotzdem blieb sie mit ihrem Wunsch einer gemeinsamen Entgegnung auch im Ensemble allein. Noch ein wenig später wurden ihr diese theaterbezogenen Medienkriege gleichgültig. Sie schienen zu etwas zu gehören, das aufhörte, sie zu interessieren. Peymann sei, ohne es zu wollen, ihrem Leben gnädig gewesen, fand sie später.)

– Ich an mich –

Stürmt es kühl aus fernen Himmeln
schließ ich nicht das Fenster zu
will im Innern nicht verschimmeln
will den Sturm, will keine Ruh.
»Innen sein« heißt nicht Verschließen
»Äußern« heißt nicht Ausverkauf.
Stille ist ein stetes Fließen
jeder Stern nimmt seinen Lauf.
Willst du nur die Nähe sehen
tötest deine Sehnsucht ab –
kannst nichts Ärgeres begehen
schaufelst deiner Seele Grab.
Laß die Ängste dich berühren
auch die Zweifel, auch die Nacht –
nicht zu Blindheit dich verführen
weil der Aus-blick Mühe macht!
   (ein Gedichtchen zum Tage,
   1. August 1987)

Möge mir der Tag verzeihen,
daß ich gar so mutlos bin.
Nur der Schlaf kann mich befreien,
führt mich zu den Träumen hin.
Dort leb ich ein bess'res Leben,
bin lebendiger als hier,
kann mich einer Welt ergeben,
die der Traum erschuf aus mir.
Immer fremder wird's auf Erden,
alles fällt mir aus der Hand.
Nichts mehr will zu Schönheit werden,
Grobheit nur und greller Tand.
Suchend streift mein Blick die Menschen,
ob ein Mensch zu finden sei –
(– typisch reimt sich nichts auf Menschen,
Schluß mit meiner Litanei…)

(Noch eines ihrer »einfachen« Gedichte, die sie niederschrieb, um Stimmungen, die sie beherrschten, aufzuheben. Später führte dieses Bedürfnis fast nur noch zum Entstehen von Liedtexten.)

Herrn
Bundeskanzler
Franz Vranitzky
Bundeskanzleramt
Ballhausplatz 2
1014 Wien

Wien, am 12. Juni 1988

Sehr geehrter Herr Bundeskanzler Vranitzky!

An den Beginn meines Briefes möchte ich folgende Feststellung setzen: Ich schreibe Ihnen nicht als frustrierte, unterbeschäftigte Schauspielerin (– wie dies die Medien zur Zeit gerne kolportieren). Ich bin genügend alt und zu lange in meinem Beruf tätig, um nach Beschäftigung zu hecheln.

Ich schreibe Ihnen aus Besorgnis. Einer Besorgnis, die nichts mit meinem persönlichen Fortkommen zu tun hat, sondern einem Theaterorganismus gilt, den ich seit dreißig Jahren kenne. Dem ich nie in blinder Zugehörigkeit verbunden war – im Gegenteil. Meine Liebe zum Burgtheater war immer eine kritische. Gegen reaktionäre Haltungen dort habe ich immer angekämpft. Und ich habe es miterleben können, wie langsam aus einem nahezu musealen Theaterbetrieb ein lebendiges Theater geworden ist – mit allen Attributen des Lebendigen, also auch dem Mißlingen, der Fehlerhaftigkeit. Aber das Burgtheater war am Leben. Nur deshalb hat es einen Mann wie Peymann hierhergezogen.

Jetzt ist er dabei, es zu töten.

Wäre es nur ein anderer Direktor, mit neuen künstlerischen Vorstellungen und anderen, neuen Schauspielern im Talon – das wäre für mich kein Grund, mich an Sie zu wenden. Sogar eine katastrophale organisatorische Führung des Theaters wäre mir persönlich nicht Anlaß genug.

Meine Besorgnis gilt einer Tendenz, einem Klima, das mit Peymann in dieses Theater eingezogen ist und das ich ohne alle Umschweife als faschistoid bezeichnen muß.

Lassen Sie mich die Ingredienzien dieser meiner Behauptung kurz aufführen:

1. Größenwahn
2. Angstdruck, der beständig auf andere ausgeübt wird
3. Verachtung, Diffamierung und Ausschaltung Andersdenkender
4. Eine Vorherrschaft des Ästhetisch-Formalen
5. Und sogar die vielgepriesene »Jugend«, die jetzt angeblich und oft zitiert ins Theater strömen soll, ähnelt fatal dem Jugendkult, mit dem sich jedes faschistische System etabliert.

Nicht nur an dem Theater, dem ich angehöre, sind in unserer Zeit Tendenzen dieser Art zu beobachten. Während unser Land mühsam seine faschistische Vergangenheit zu bewältigen sucht, wachsen neue Formen eines neuen Faschismus ungehindert auf.

Sie sehen anders aus, deshalb sieht man sie nicht. Herr Peymann hat sich immer in die Schublade der Linken eingereiht und wird deshalb – für mich schmerzlich – von einem Erich Fried, der sonst ohne Information ist, vom fernen London her verteidigt.

So einfach ist es längst nicht mehr. In einer schwammigen, mediengefärbten Atmosphäre der Mißverständnisse leben wir, ich fühle es täglich quälender und ohnmächtiger. Deshalb dieser Brief an Sie. Ich habe bei Ihnen eine instinktive, mürrische Abwehrhaltung bei der Befragung nach Peymann beobachtet. Ich bitte Sie aufrichtig, sich zu seinem Fall nicht einseitig informieren zu lassen. Es geht weiß Gott nicht um »künstlerische Freiheit«, die Ihre Frau Hawlicek, Peymann verteidigend, betont. Die wird <u>ihm</u> nicht genommen.

Was zur Zeit am Burgtheater geschieht, ist auch nicht die Auflehnung reaktionärer, verstaubter »Burgmimen«. Sondern der Widerstand von Schauspielermenschen gegen ein faschistoides System, das sie und das Theater aufsaugen möchte. Ein System, das – besonders perfide – einen »neuen Geist« zitiert, der jetzt angeblich das Muffig-Althergebrachte vernichten möchte. Schlimme Solidaritätsäußerungen von Herrn Haider und Konsorten sind leider Wasser auf diesen Mühlen. Aber es ist die Unwahrheit!

Ich bitte Sie, den ehrlichen und sehr schönen Kampf des Burgtheaterensembles aus dieser Sicht mitzubetrachten und zu unterstützen. Im Klartext: Ich bitte Sie, Ihren Einfluß geltend zu machen, damit der Vertrag Peymanns nicht verlängert wird. Es wäre das Ende einer geistigen Freiheit am Burgtheater.

Mit sehr herzlichen Grüßen

Erika Pluhar

(Der damalige Kanzler Franz Vranitzky lud sie nach diesem Brief zu einem halbstündigen, freundlichen Gespräch, in dem er ihren Argumenten Aufmerksamkeit zu schenken schien. Aber Peymann wurde von der SPÖ weiterhin politisch gestützt, der »ehrliche und sehr schöne« Kampf des Ensembles verkleckerte kläglich, und die Direktion Peymanns wurde verlängert.)

Einige Monate später, am 28. Februar 1989, erschien Vranitzky als Gast im »Gmoa-Keller«, einem Beisel in der Nähe des Akademietheaters, wohin sie das ganze Burgtheater zu ihrem fünfzigsten Geburtstag eingeladen hatte. Dieses medial wirksame Fest war ihre Antwort auf Peymanns Attacke, sie wäre eben schon zu alt, um den »neuen Geist« zu kapieren. Peymann erschien natürlich nicht, sprach aber auch nie wieder abfällig über ihr Alter. – Die Wirtin des »Gmoa«, das Wiener Original Grete Nowak, wollte Vranitzky und seine ebenfalls bedrohlich hochgewachsenen Begleiter anfänglich nicht in das Lokal lassen – »Na, nix da – wir hab'n a g'schlossene Gesellschaft!« – Dieser Rausschmiß eines Bundeskanzlers wurde später zu der Pointe in Grete Nowaks Leben und sogar in gastronomischen Reiseführern erwähnt ... Foto Christine de Grancy.

Herr Bernhard.

Das soll ein aufrichtiger Brief sein, und deshalb auch keine verlogene Anrede. Weder sind Sie lieb, noch verehre ich Sie. Aber ich sah Sie unlängst, von meinem fahrenden Auto aus, durch die Obkirchergasse gehen. Es waren kaum Passanten unterwegs und Sie offensichtlich in Gedanken. Gingen mit leicht gesenktem Kopf. Ich sah einen ermüdeten und gekränkten Menschen, dessen Ernsthaftigkeit Würde ausströmte.

Ich sah Sie nicht lange, nur einen Atemzug lang. Aber als ich weiterfuhr, hatte ich die Empfindung, Sie eindringlich erblickt zu haben. Und seither stelle ich Ihnen Fragen.

Ich habe mich heute entschlossen, es auch brieflich zu tun.

Keine künstlerische Frage möchte ich Ihnen stellen.

(Um es kurz zu erwähnen: Ihre frühe Prosa habe ich sehr geliebt. Einige Ihrer Theaterstücke könnte ich gernehaben, aber es sind mir zu viele geworden. Sie überraschen mich nicht mehr. Und wenn Sie schimpfen, wird mir die Kraftlosigkeit aller Schimpferei allzu auffällig. Sie greift nicht an und bleibt letztlich Amusement – so, wie eben jeder gerne schimpft, auch der größte Opportunist.)

Nein, ich frage diesen stillen schmerzlichen Mann aus der Obkirchergasse, dem etwas ganz anderes zu fehlen scheint als künstlerische Freiheit: Was bindet ihn an ein Milieu wie dieses um Claus Peymann? Durchschaut er nicht, wie dort noch ganz andere Freiheiten als die künstlerische unterbunden werden? Wie man da alle faschistoiden Grundmerkmale vorfinden kann, ausgelegt wie auf dem Reißbrett?

Oder durchschaut er sehr wohl – und benützt? Indem er sich benützen läßt? Indem er Verrottetheiten, die er allem ringsum ankreidet, dort für sich arbeiten macht?

Letzteres ist es, was ich Ihnen vorwerfe, Herr Bernhard.

Sicher, Sie haben auch Peymann schon mal in einem lustigen Dramulett angegangen. Aber da sagt man mittlerweile (und das müßte Ihnen eigentlich zu denken geben): So ist er halt, der Bernhard, so frech und unberechenbar!

Aber der stille Mann aus der Obkirchergasse will mir in dieses Bild nicht passen. Das eines Medienzampanos, der aus gesteuertem Skandal Profit zieht, dessen kritische Pranke sich nur erhebt, um Geschrei zu erzeugen, aber niemals zuschlägt. Der sich symbiotisch an die marktschreierischste Theatermacherei kettet, weil sie ihm Tantiemen und Breitenwirkung absichert. Dessen beständige Schelte Masche ist und nicht die Empörung eines Verwundeten (wie Ihre Befürworter sagen).

Das Bild des Mannes, den ich sah, <u>war</u> das eines schmerzlich verwundeten, eines besorgten Menschen, der ohne Zynismus leidet.

Und deshalb bestürzt mich jetzt als Doppelgesichtigkeit, was ich früher nur achselzuckend festgestellt hatte. Ich kann Sie jetzt nicht mehr einfach als einen der Peymann-Partie Zugehörigen sehen (bewußt sage ich »Partie« – als kleine Abweichung zur »Partei«) und es eben hinnehmen, daß Sie sich genau so schamlos verkaufen wie alle Karrieristen.

Ich merke, daß in mir der Wunsch wächst, Sie auf die Frage, die mein Brief beinhaltet, Rede und Antwort stehen zu hören. Und zwar ohne den Schlenkerer, den Sie in Ihren Interviews oft anwenden, wenn man Ihnen naherücken will – der, daß Sie sich selbst auch nicht mögen und Ihr eigener schlimmster Feind seien. Das ist eine zu billige Ausflucht, um eigene Miesheit abzudecken, während man auf Miesheiten Jagd macht.

Wenn Sie kritiklos dulden, was Ihnen nützt – und nur anprangern, damit der Teufel <u>los</u> ist, und nicht, um ihn zu stellen – dann ähneln Sie auf fatale Weise politischen Figuren, von denen verfolgt zu sein Sie vorgeben und deren Geschrei Sie letztlich nur absichert.

Als ich Sie müde und leicht gebeugt in der Obkirchergasse dahingehen sah, hatte ich den Eindruck, daß Gedanken dieser Art auf Ihnen liegen als Last. Eigentlich <u>müssen</u> sie auf Ihnen liegen und Sie drücken.

Ich habe beschlossen, letzteres als gegeben anzunehmen. Zu sehr achte ich ihn, den Mann aus der Obkirchergasse, und kann den »Fall Peymann-Bernhard« für ihn nicht akzeptieren. Allein die beständige Verwechslung der beiden Namen, die heutzutage im Gespräch so vielen Menschen unterläuft! Ich will ihn nicht als siamesischen Zwilling des derzeitigen Burgtheaterdirektors sehen!

Herr Bernhard, nehmen Sie ihn auch ernst, diesen Mann aus der Obkirchergasse. Ich glaube, er hat Ihnen Wichtiges zu sagen.

Aber vielleicht ist <u>das</u> das Schmerzvolle an ihm: daß Sie niemals auf ihn hören werden.

Ich grüße Sie.

Erika Pluhar

(Bald, nachdem sie diesen Brief an Thomas Bernhard abgesandt hatte, starb dieser. Sie weiß nicht, ob er ihn überhaupt je zur Kenntnis genommen oder gelesen hat. Trotzdem hatte sie kurz das Gefühl, seinen Tod mitverursacht zu haben.)

Held am Platz
oder Das gelenkte Mißverständnis

Unser Kulturleben – oder zumindest das, was als Kulturleben propagiert wird – basiert derzeit auf der Kraft der Mißverständnisse. Sie werden mit großem Geschick provoziert und eingesetzt wie Wunderwaffen.

Ich sage »derzeit«. Vielleicht war dieses Vorgehen zu allen Zeiten gebräuchlich. Zur Zeit jedenfalls äußert es sich besonders intensiv und läßt den Betrachter vom Amusement in die Bestürzung taumeln und wieder zurück. Manchmal kann es sich als tiefe Verärgerung niederschlagen und scheint deshalb Anlaß genug, hierorts ein wenig darüber zu reflektieren.

Unser »Kulturbewußtsein« wird als existent betrachtet und hat sich als gesellschaftliche Domäne fest installiert. Das Gefasel über Kultur gehört zum guten Ton. Begriffe wie »Kulturangebot« oder »Kunstmarkt« nisten unlösbar in unserem Alltagswortschatz. Der Normalbürger wird angeregt, in Fragen der Kultur Stellung zu beziehen und mitzureden. Letzteres aber nicht etwa durch behutsames Heranziehen, durch differenzierte Lernprozesse oder wenigstens differenzierte Information – o nein. Man läßt Kulturgeschehen ganz schnell zum Politikum eskalieren, das genügt. So hat man die öffentliche Meinung schnell, dumpf und unreflektiert zur Hand. Um aber aus einem kulturpolitischen Vorgang ein Politikum werden zu lassen, bedarf es des gelenkten Mißverständnisses. Die Anleitung dazu ist einfach. Vorrangig muß die Möglichkeit geschaffen werden, eines mit dem anderen beständig zu verwechseln. Das wird erzielt, wenn man eine Menge Anschein diffus miteinander vermischt und kräftig mit Parole und Schlagwort würzt. Und über dieses Mischmasch weiß der gut informierte Bürger dann selbstsicher Bescheid.

Wir wissen: Was die Gesellschaft allerorts und allzu häufig betont, fehlt ihr meist. Und so verhält es sich mit dem Allgemein-Talk über Kunst und Kultur. Wir machen ein Gesprächsthema aus dem, woran es uns in Wahrheit mangelt.

Und Nutznießer dieses Mangels werden bedauerlicherweise diejenigen, die Mißverständnisse schüren, um in der allgemeinen geistigen Verirrung die eigene Beschränkung hochzustilisieren.

Nun drei wirksame Rezepte zu dieser Vorgangsweise – so, wie sie sich dem aufmerksamen Beobachter gerade in diesen Tagen sehr einprägsam darstellten.

Erstens: Man nehme den sehr sensiblen, philosophisch bis heute noch nicht ausgeloteten Begriff »Freiheit« – verbinde ihn mit dem ebenso geheimnisvollen, zu keiner Zeit richtig beurteilten Begriff »Kunst« – mache daraus ohne Umschweife die »Freiheit der Kunst« – und propagiere das Ganze dort, wo der Markt blüht und die Händler den Tempel fest besetzt halten. Man kann sich eines Aufschreis des Mißverständnisses sicher sein. Denn dieses gebärdet sich – im Gegensatz zum Verständnis – immer sehr laut. Das propagierte Mißverständnis trat an Stelle der Marktschreierei. Wird wie diese dort eingesetzt, wo der Wert einer Sache nicht für sich selbst spricht.

Während also der kunstinteressierte Konsument bei Cocktail-Gesprächen die Freiheit der Kunst verteidigt, stirbt die wahre Auseinandersetzung mit ihr leise hinweg. Kann nicht mehr für sich selber sprechen und hörbar werden, da ihr Umfeld, vermarktet und entstellt, nur noch auf Lautstärken reagiert, die Ernsthaftigkeit nicht produzieren kann.

Zweite schöne Möglichkeit eines solchen siegreichen Mißverständnisses: Man nehme eine verbrauchte politische Haltung, deren Inhalte sich längst verloren haben, in deren Machtstrukturen man jedoch erpresserisch beheimatet ist. Die schnalle man sich um wie einen Panzer, an dem jeder kritische Angriff zurückprallen muß. Die Weichteile, denen die Kritik gegolten hätte, bleiben hinter der politischen Absicherung verborgen.

Und nun jongliere man noch kräftig mit den diffusen Zuordnungen »links« und »rechts«, »reaktionär« und »fortschrittlich«. Werfe ein wenig Vergangenheitsbewältigung dazwischen, denunziere alle aufkeimenden Versuche zur Genauigkeit – und man kann sicher sein, bei aller Publizität unerkannt zu bleiben, die Dürftigkeit der eigenen Dimension erfolgreich verschleiert zu haben.

Drittens – und letztlich – sei bitte die herrlich mißverständliche Wirksamkeit des Skandals nicht vergessen! Man lasse ihn genau dann aus dem Sack, wenn das Auge der Öffentlichkeit ein wenig zu forschend auf einem zu ruhen beginnt oder wenn es gilt, künstlerische Schwächen abzudecken. Nichts wirkt in solchen Fällen prompter als der gelenkte Skandal. Ihn zu provozieren und zu lenken ist bei der Willfährigkeit der Medien eine kleine Sache. Das einzige, was einem dabei hinderlich würde, wäre Charakter. Aber den hat man ja gottlob längst und zeitgerecht abgelegt.

Also, zusammenfassend. Man bemächtige sich – im Namen der Freiheit. Man manipuliere – im Namen einer politischen Haltung. Und man skandalisiere das Mittelmaß aus der Gefahrenzone des Übersehenwerdens in das Ereignis.

So wird man der Held am Platz bleiben und kann sich seines Denkmals sicher sein.

(Im Spätherbst 1988 schrieb sie einige Gastkommentare für die Zeitung »Wochenpresse«. Obiger Artikel bezog sich auf die skandalträchtige Premiere von Bernhard/Peymanns »Heldenplatz« und den »Skandal« um Hrdlickas Holocaust-Denkmal bei der Albertina.)

Altern, eine Degradierung

Um die Zeit, als ich dreißig wurde, kam die umstürzlerische Ansicht auf, eine Frau mit dreißig sei in all ihrer Weiblichkeit noch absolut lebensfähig. Eine »vollwertige« Frau also.

Als ich vierzig wurde, war diese Welle in ähnlicher Geschwindigkeit zehn Jahre weitergerollt und nahm sich nun plötzlich und sehr heftig der vierzigjährigen Frau an. Sie sei »in der Fülle«, menschlich und körperlich. Es wäre unzulässig, sie zum alten Eisen zu werfen.

Nun werde ich fünfzig.

Und zu meinem Erstaunen ist diese Welle ebenfalls nicht zum Stillstand gekommen und scheint mich weiterhin durch die Jahre begleitet zu haben. Man entdeckt jetzt die Lebendigkeit und Frische der fünfzigjährigen Frau. Ihr Lob quillt plötzlich aus den Medien. Sie könne doch noch »recht schön« sein. Recht ansehnlich zumindest. Vielleicht immer noch »in der Fülle«…? Aber auf keinen Fall »altes Eisen«, ich bitte Sie!!

Wüßte man nicht klinisch genau, daß diese uns verfolgende Woge maßgeblich kommerzielle Interessen antreiben – daß man das konsumierende Menschenpotential vergrößern möchte und deshalb alte Menschen frisch und munter braucht – könnte man fast geneigt sein, sich dieser weiterrollenden Erkenntnis ohne Sarkasmus zu erfreuen.

Man könnte sich sagen, daß diese von außen an den weiblichen Menschen herangetragene Achtung seine Selbstachtung während des Alterungsprozesses zu stärken vermöge. Daß die erweiterte Möglichkeit zu erleben die Erlebnisfähigkeit im Älterwerden wachhielte. Daß die Angst vor dem Altern sich verringern dürfte.

Leider werden diese positiven Annahmen von den täglichen Beobachtungen kaum bestätigt. Frauen werden älter und konsumieren kräftig, das schon. Sie fönen, färben, cremen, bemalen, behängen, bekleiden sich modisch. Sie laufen, tanzen, trainieren, operieren. Sie plagen sich sehr. Sehen dann bunter, dünner, kostümierter aus. Aber nicht bewußter und auf keinen Fall jünger (dieses fatale Bestreben!). Die Selbstachtung scheint nicht gestiegen. Die Angst nicht verringert. Die Erlebnisfähigkeit weiterhin gestört. (Ein Mensch in Angst und ohne Selbstachtung kann bekannterweise nicht erleben, nur erleiden.)

Es ist das dem Menschen bös Gesonnene an den »Trends«, daß sie individuelle Lebensbereicherungen verallgemeinern und verwässern. Sie verdrehen das, was aus wirklichen Bedürfnissen und Erkenntnissen entstand, in Windeseile zur Farce.

Aber noch etwas steht dieser Entdeckung weiblicher Lebensqualität im fortgeschrittenen Alter im Wege und läßt es zu keiner selbstverständlichen Lebensrealität werden. Es ist das Faktum, daß im alltäglichen Umgang mit Frauen weiterhin deren Altern zur zynischen Degradierung benutzt wird. Und daß unsere Gesellschaft das nach wie vor gerne aufgreift. Trauervoll ist zu bemerken, daß auch Frauen sehr oft nicht mehr in der Lage sind, sich diesem Mechanismus menschlicher Aburteilung zu entziehen.

Der Mann aber, dem aus Unsicherheit oder Feindseligkeit das sachliche Argument gegen eine Frau ausgeht, kann auch heutzutage sicher sein, daß er mit dem Hinweis auf ihr Altern grinsende Zustimmung ernten wird. Männer, die ebenfalls knospende Jugendlichkeit schon ewig hinter sich gelassen haben, können sich dieses seltsamerweise völlig unbesorgt leisten. Keiner wird ihnen das eigene Gealtertsein vorhalten. Nach wie vor sind wir bereit anzunehmen, der Mann werde im Alter weise, die Frau armselig.

Nun. Ich bin im fünfzigsten Jahr meines Lebens angelangt. Und ich lebe – für mich selbst erwiesen – ohne Einschränkung. Fast möchte ich behaupten, daß mir in jüngeren Jahren weitaus mehr innere und äußere Schranken auferlegt waren. Ich möchte das behaupten, ohne mein jetziges Alter zu verklären. Sicher, es zeichnet mich. Meine Haut, meine Gedanken, meinen Körper. Aber warum diesen Zeichen, die das Leben auf einem gesetzt hat, so sehr mißtrauen? Warum die Zeichnung durch Alter so unbedingt als Verunstaltung empfinden?

Wie jeder Schauspieler habe ich lange Strecken meines Lebens vor Spiegeln verbracht, gezwungenermaßen. Unablässig sitzt man in Garderoben und Schminkräumen sich selbst gegenüber, immer dieses eine selbe Gesicht vor Augen. Man hat gelernt, es in jeder Form ertragen zu müssen. Ungeschminkt und erschöpft oder sorgfältig zurechtgemacht – grippekrank und verschwollen oder von Erlebnissen der Imagination auf das Schönste belebt. Man nickt sich zu – aufseufzend oder zufrieden, aber ohne Überraschung.

Dieser selbstverständliche und – in gewisser Weise – distanzierte Umgang mit dem eigenen Gesicht war mir sicher ein wesentlicher Anstoß, den Menschen und mir selbst hinter die alltägliche Maske schauen zu lernen. Ich hatte in jungen Jahren hinter meinen Masken erbärmlich gelitten. Sie haben mich verunstaltet, fand ich heraus. Seither versuche ich die notwendige Veränderung zu akzeptieren, ohne ihr eine Maske aufzusetzen.

Ich versuche, das wirkliche Gesicht des Menschen zu entziffern. Den wahren Kern von Schönheit und Jugend oder von Alter und Häßlichkeit herauszuschälen. Mich von Vorstellungsbildern zu befreien, die uns von der Mode aufgezwungen werden. Ich schulte meinen Blick, »des Kaisers neue Kleider« zu durchschauen. Und ich kam zu erstaunlichen Ergebnissen, die allem widersprachen, was ich in früheren, jüngeren Jahren als angstvoll behütetes Muß menschlicher Selbstbehauptung betrachtet hatte.

Wenn wir lernen würden, das äußere Erscheinungsbild – besser, das äußer<u>liche</u> – als Gradmesser unserer Existenzberechtigung zu verwerfen, erbarmungs- und liebevoll die Zeichen unserer Zeit auf unserem Antlitz gewähren zu lassen und einen anderen Stolz zu entwickeln – den auf unser <u>Sein</u> –, dann verlöre das Altern viel von seinem Schrecken. Und keiner mehr könnte es als Waffe benutzen in dem Versuch, einen anderen Menschen mundtot zu machen.

(Ein zweiter Artikel für die »Wochenpresse«, in dem sie unter anderem Peymanns Angriffe auf ihr Alter – sie »käme eben nicht mehr mit« als Retourkutsche auf ihre Kritik an seiner Person – mitverarbeitet hat.)

Das verkritisierte Theater

Aus gegebenem Anlaß bin ich wieder einmal vor die bestürzende Einsicht gestellt, mit welcher Inkompetenz und Unreife hierzulande (anderswo bin ich nicht so präzise informiert) ein Theaterabend vom Berufskritiker beurteilt wird. Ausnahmen bestätigen natürlich auch dabei die Regel, sind aber äußerst spärlich gesät.

Ich maße mir also hier, während dieser kurzen Reflexion, die Kompetenz an, über den heutigen Theaterkritiker zu befinden. Ich tue es mit angemessenem Wissen um die Vergeblichkeit meiner Feststellungen. Trotzdem, sage ich mir. Trotzdem ist es unerläßlich, daß der Kritisierende einen kritischen Blick erfahre.

Bei der Lektüre der Schnitzler-Tagebücher fand ich Bemerkungen zum Stand des Kritikers, die mich amüsierten. Trotzdem verblüffte mich ihre Zeitlosigkeit. Zwei davon darf ich hier zitieren:

»Politik verdirbt den Charakter, Kritik den Verstand.«

»Es gibt keinen unsicherern Menschen als den Berufskritiker. Immer aufpassen – und immer eitel sein! …«

Nun muß man aber heute zweifellos das Stigma unserer Zeit zu Schnitzlers Beobachtungen hinzurechnen. Es wirkt in jeder Weise verschärfend auf die allgemeinen menschlichen Schwächen ein. Der Mensch an sich wird in dieser unserer werbeumworbenen und medienverrohten Zeit vom Inhalt seiner menschlichen Existenz weggerissen, mehr, als es je der Fall war. Deshalb lebt er oberflächlich, brutalisiert, in die Primitivität hineingestylt. Nimmt nur das Oberflächliche, Brutal-Deutliche, Gestylt-Formale mit Vergnügen wahr, weil er sich dabei zu Hause fühlt.

Dort, wo es um geistig-existentielle Belange des Menschen

geht – wo die Oberfläche nicht genügt, sondern Haut ist, unter der das Leben wirksam wird –, muß der zur Oberflächlichkeit verführte Mensch sich abwenden und Zynismen um seine innere Armut legen. Als Schutz. Theater, das den Menschen zum Inhalt hat und ihn nicht zur Karikatur denunziert, muß bei ihm auf Ablehnung stoßen.

Der gebildete, unanfechtbare, der »große« Kritiker – wenn es ihn jemals gab – ihm fehlt heute die Luft, in der Klugheit atmen kann. In unseren Tagen der Unbildung, Vermarktung, des Trendsettings, der tiefen, tiefen Stupidität von »in« und »out«, dieser Schickimicki-beherrschten Dreisterne-Lokal-Meute, die sich modisch bestimmt zu Tode frißt, zu Tode profitiert, zu Tode gesellschaftskolumnisiert – da stirbt er allmählich aus, der nachdenkliche, eigenständige, empfindende Mensch.

Analog dazu der so geartete Kritiker.

Gerechterweise muß man sich die Frage stellen: Wie und wo soll ein heutiger Berufskritiker menschlich reifen? In den Redaktionen seiner Zeitungen? Im Gedränge um die Politiker? Im Hickhack diverser kulturpolitischer Mordabsichten? Das Gerangel um Position und Einfluß, die kleinen schäbigen Machtkämpfe entkräften ihn auf Dauer, rauben inneres Lebendigsein und Empfindungsfähigkeit.

Nun bin ich Schauspielerin. Stehe meinen eigenen Leistungen immer angreifbar und erschütterbar gegenüber. Kritik an ihnen wäre nicht in der Lage, mich, über einen kleinen persönlichen Ärger hinaus, bis hin zum Schreiben dieses Artikels hier zu erregen.

Aber wenn es um Grundsätzliches des Theaters geht, ist es vornehmlich der erfahrene Schauspieler – und als solchen sehe ich mich –, dessen Wissen darum unantastbar ist. Der mündige, eigenständige Schauspieler (also nicht eine vom Regieguru zum »Groupie« umfunktionierte Knetmasse) hat sein Wissen aus Anschauung und Praxis gewonnen, aus Professionalität und dem erfahrenen Geheimnis.

Es wird höchste Zeit, daß er sich aufmacht, das Theater zu schützen und zu verteidigen. Und wenn ihn die Vermarkter und Schreihälse noch so sehr in die Ecke von Konservativismus und Unaufgeschlossenheit einem »neuen Geiste« gegenüber drängen wollen. Ein Bestreben, das zeitgeistgebunden und manipulationssüchtig ist, kann Geist, auch den neuen, gar nicht wahrnehmen. Es kann immer nur neue Äußerlichkeiten erkennen. Es verwechselt modernes mit modernistischem oder modischem Theater. Zugegeben: Das Zeitlose ist dem unwissenden Zeitgenossen immer schwer zugänglich gewesen. Aber seltsamerweise ist der unverbildete und aufmerksame Theaterbesucher meist ahnender als der erblindete Insider.

Wenn das Theater also wirklich zum Werbespot- und Videoclip-Genre degenerieren muß – und dazu tragen Berufskritiker bei, die der Spektakelkünstlerei und dem Medienrummel auf den Leim gehen –, dann hat es seine Bedeutung innerhalb unserer Gesellschaft weitgehend verloren, dann laßt es uns lieber vergessen. Die Theatermacher werden sich ohne Schwierigkeit in der Werbebranche niederlassen und sie noch definitiver zur Kunst umfunktionieren. Die Schickeria geht ohnehin lieber ohne Umweg in ihr In-Lokal. Und der sensible Theaterbesucher mit Bildung und Herzensbildung wird im Kino immer wieder ein Werk finden, das seine Sehnsucht nach theatralischer Selbstfindung abdeckt.

Theater kann nicht »in« werden, es ist niemals »out«.

Aber man kann es seiner ureigensten Bedeutung berauben, und es kann sterben. Oder entarten. Das schon.

Und eine Kritikerlandschaft, aus der heraus diese Gefährdung nicht erkannt, sondern geschürt und unterstützt wird, muß herausgefordert werden. Wir, die erfahrenen Schauspieler, haben in vielfältigem Mißbrauch unserer Person gelernt, Talmi von fundierter Theaterarbeit zu unterscheiden. Wir haben zu oft versagt, um Platitüden über das Theater noch länger zu ertragen. Wir schauen jeder Effekthascherei bis auf den Grund. Wir erfahren Wahrhaftigkeit direkt, weil wir Professionalität nie mit Inhalt verwechseln. Unser Blick für inhaltslose Wirkung ist ein scharf geschliffener. Wir lieben das Theater, aber ohne infantile Begeisterung. Wir kennen es gut. Nun – man hat schon auf so vielfältige Weise versucht, dem Theater ein Bein auszureißen – und es geht immer noch. Deshalb glaube ich an seine Unverwüstlichkeit. Wenn die Wissenden am Theater weiterhin von all der Theatermacherei unerschütterbar bleiben, sich nicht ermüden lassen, wird die Publizität des Theaters auch weiterhin in seinem Inneren entstehen, im geheimnisvollen Austausch mit dem Publikum. Theater ist Medium. Es bedarf der Medien nicht.

(Wieder ein »Wochenpresse«-Artikel und wohl ihr letztes glühendes Plädoyer für den Schauspieler und das Theater, so, wie sie beides verstand und liebte. Danach konnte sie sich nur noch abwenden.)

FINI MADAM – ein Film

(Die Schreibweise ist bewußt so gehalten, weil es sich um zwei Eigennamen handelt. Die Assoziation zum Französischen und der Bedeutung: »Aus, Madame!« ist gewollt.)

Schauplatz: Ein landhausartiges Schloß in Niederösterreich und dessen Umgebung. Es existiert tatsächlich und wurde im Drehbuch exakt benutzt. Nichts mehr müßte gesucht werden, das Schloß würde für die Dreharbeiten zur Verfügung stehen.

Personen (alle Rollen sind »auf Schauspieler« geschrieben worden):
Fini – (Kunststudentin, ca. 25 Jahre)
          Emmanuela von Frankenberg
Madam – (von den Dorfbewohnern so genannt, Besitzerin und Bewohnerin des Schlosses, ca. 50 Jahre)
          Erika Pluhar
Albert – (Jusstudent, ca. 28 Jahre)
          Ruben Albrecht
Christa – (Schauspielschülerin, ca. 23 Jahre)
          Christina Klingler
Monika – (studiert Tiermedizin, ca. 22 Jahre)
          Michaela Geuer
Abi – (persischer Kunststudent, noch nicht 20 Jahre)
          Schahin Mustaphainejad
Frau Stepuschitz – (Haushälterin von Madam, ca. 65 Jahre)
          Lili Stepanek

Kurze Inhaltsangabe:
In das einsame Treiben einer psychisch gestörten, älteren Frau bricht durch Zufall eine Gruppe junger Leute ein. Eines der

Mädchen – selbst seelisch sehr gefährdet – ist von dieser »Verrückten« fasziniert, bleibt bei ihr, »verliebt« sich in sie.

Die Frau erkennt die Notsituation des Mädchens und erfährt zum ersten Mal so etwas wie Verantwortungsgefühl. Indem sie dem Mädchen »auf die Sprünge« hilft, kann sie auch ihre eigene Verstörtheit in den Griff bekommen.

Das Mädchen geht eine Liebesbeziehung mit dem jungen Mann Albert ein. Die Frau bleibt zurück.

MADAM

Lebt zurückgezogen in dem kleinen Landschloß. Ist relativ wohlhabend. Hat ein bewegtes Leben hinter sich, voller »Amouren«, die sie zerstört und geschunden haben. Erlebte niemals eine »menschliche« Beziehung, was bereits in ihrem Elternhaus seinen Anfang nahm. Ab ihrem fünfunddreißigsten Lebensjahr hatte sie viel Zeit in diversen Kliniken und Heilanstalten verbracht, bis sie sich zu dieser einsamen, ja nahezu isolierten Lebensform entschloß. Nur eine Frau aus dem Dorf kommt täglich vorbei und besorgt den unaufwendigen Haushalt.

Sie hat begonnen, mit sich selbst zu sprechen, wie fast alle einsamen Menschen. Sie besitzt aber auch einen Fernsehapparat, sitzt an vielen Abenden davor. Sie kocht unaufhörlich Tee, den sie trinkt, kannenweise. Täglich geht sie stundenlang in den ausgedehnten flachen Hügeln dieser Landschaft spazieren. Sie trägt lange Röcke und das lange graue Haar offen.

Die Dorfbewohner nennen sie »de Madam« oder schlicht »de Depperte«. Man meidet sie und das Schloß.

Oft hört man von dort laut Musik (meist Ravel oder Debussy). Damit versucht die Frau ihre inneren Zustände zu übertönen, wenn sie sich ins Krankhafte zu steigern beginnen. Oder sie schwimmt im Becken ihres unter Kellergewölben angelegten Schwimmbades. Dabei pflegt sie laut zu singen und zu schreien, verläßt es meist erschöpft und ein wenig besänftigt. Sie schläft viel, nimmt dazu Mittel, die betäubend wirken, also starke Psychopharmaka.

(Hinweise zu dem Drehbuch FINI MADAM, das sie 1988 vergeblich beim ORF einreichte. Später nutzte sie einige Elemente für den Film »Rosalinas Haus« – den der ORF produzierte.)

– Wien, am 16. April 1989

Lieber Ernst –

Es war Dein sehr freundliches Geburtstagstelegramm, das mich heute bewegt, Dir noch einmal zu schreiben. Während der langen Tournee, die mich in der Zwischenzeit in ihren Klauen gehabt hat, habe ich mich, nach längeren Erwägungen, dazu entschlossen – obwohl ich mir nach all den bestürzenden Erfahrungen bezüglich meines Projekts vorgenommen hatte, es mit dem ORF nicht mehr in Berührung zu bringen.

Da Du nun aber <u>selbst</u> eine Verwirklichung der Sache als Deinen vorrangigen Wunsch für mich bezeichnet hast, möchte ich Dich ein weiteres letztes Mal fragen: War es Dir damit ernst? Kannst Du Dir eine Realisation tatsächlich noch vorstellen?

Wenn ja, dann bitte ich Dich, es nicht auf die lange Bank zu schieben, mich zu kontaktieren und konkret zu werden.

War es aber <u>nur</u> ein Wunsch – auch für Dich selbst, was ich Dir in jedem Fall glaube! – ohne Möglichkeit, sich zu bewahrheiten, dann sei bitte diesmal schonungslos ehrlich zu mir, und lasse es mich ohne Umschweife wissen! Ich werde immer glauben, daß <u>Du</u> mich die Sache gerne hättest machen

111

lassen. Sei aber auch ein Freund im Desillusionieren, wenn es nötig ist. Ein kurzer Anruf genügt.

Im übrigen wüßte ich gerne, wie's Dir ergeht – im Tieferen, Weiteren. – Lebst Du gut?

Es gibt nichts Trennenderes als Institutionen. Wir Menschen werden einander darin unsichtbar, weil auf das Funktionieren reduziert. Das stört mich maßlos.

Laß Dich also desungeachtet <u>herzlich</u> von mir grüßen, in des Wortes wahrer Bedeutung.

Erika

(Ernst Wolfram Marboe, mit dem sie zur Schauspielschule gegangen war, konnte ihr auch als Kulturintendant des österreichischen Fernsehens nicht dazu verhelfen, das Filmprojekt FINI MADAM zu realisieren. Sie weiß nicht, inwieweit er sich wirklich dafür einsetzte – aber sie weiß von den Widerständen innerhalb der Abteilungen, die in ihrer Heftigkeit kaum dem geplanten kleinen Film entsprachen.)

– in Wien, am 27. Oktober 1989

Lieber Herr Hufnagl –

vorerst möchte ich – ich wollte es damals schon – für die unerwartete Schützenhilfe von Ihrer Seite her Dank sagen. Als Sie die Denkweise, man könne und müsse als Mann eine Frau in Leistung, Kreativität und Erfolg hinein»drillen«, in Ihrer Kolumne angegriffen haben.

Dazu kommt aber heute noch mein Bedürfnis, Sie bezüglich meiner nicht geleisteten Unterschrift auf dem Papier nach Dresden wahrheitsgemäß aufzuklären.

Ich kann einer Organisation, die unsere sogenannte »Freiheit« meist nur für eigene Zwecke mißbraucht und – möglichst rechtzeitig zur Pressekonferenz über einen mageren Spielplan – sogar den Mut und Einsatz Anderer, einem tatsächlichen Druck Ausgesetzter für sich ausbeutet – ich kann dabei keine Unterschrift leisten. Weil ich damit das Kalkül dieser Organisation unterschriebe.

Da Sie nun schon aus dem Theater auf denunziatorische Weise informiert worden sind, wollte ich Ihnen diese ganz persönliche Information nicht vorenthalten.

Mit bestem Gruß.

(»Organisation« nannte sie die Direktion Peymann, welche dem Ensemble in der kniffligen Zeit um den Fall der Mauer einen Solidaritätsbrief an das Dresdner Theater »abgefordert« hatte. Herbert Hufnagl hatte – und hat – eine ständige Kolumne in der Wiener Tageszeitung »Kurier«.)

Brief an eine Herausgeberin

Liebe A.

Du meinst also, wenn eine Schauspielerin auch Schriftstellerin ist, wird niemand, wenn sie von einer Schauspielerin erzählt, etwas anderes glauben, als sie erzähle von sich selbst.

Wenn sie eine Liebesgeschichte erzählt, wird jeder glauben, sie berichte von ihrem eigenen Liebesleben.

Wenn sie es wagt, Emotionen zu beschreiben, wird man ihr vorwerfen, sie betreibe seelischen Striptease.

Wenn sie Erfahrungen ihres persönlichen Lebens in eine erzählte Geschichte einfließen läßt, wird man ihr sagen: Wie unappetitlich.

Und wenn sie eine Thematik, die sie selbst stark beschäftigt, aufgreift und in einer Erzählung verarbeitet: sie demontiere sich.

Meinst Du damit also nicht eigentlich, eine Schauspielerin habe keine Schriftstellerin zu sein?

Ich kenne keinen Schriftsteller, seit es Schriftsteller gibt und seit ich (ich tue es bereits ein langes Leben lang) deren Bücher lese, der all dies, was Du der schreibenden Schauspielerin vorwirfst, nicht ebenfalls täte. Ehrlich gesagt wäre mir persönlich – wenn ich mich jetzt ausschließlich als Leser sehe – ein Fehlen dieser Ingredienzien äußerst fatal und, was noch schlimmer ist, langweilig.

Warum also muß einer Schauspielerin, die in der Öffentlichkeit einigermaßen bekannt ist, das verwehrt werden, was jeden normalen Sterblichen dazu drängt, aufzuschreiben und es – wenn er begabt genug dazu ist – zu einem Buch werden zu lassen? Nur weil die Öffentlichkeit es nicht erträgt? Weil das Bild der Schauspielerin die Bilder nicht zuläßt, die sie selbst erschaffen hat? Weil eine Schauspielerin Instrument zu bleiben hat und ihr deshalb nicht gestattet werden kann, sich selbst schöpferisch zu nutzen?

Ich bin gegen all das, was Du meinst. Auch wenn es der Schauspielerin nichts nützen sollte und die von Dir zitierten Menschenfresser sie auffressen. Ich bin gegen die Angst. Deshalb kommt diese kleine Geschichte trotzdem zur Welt.

(Am 29. November 1989 hatte sie auf diese Weise die visionären Warnungen einer im Verlagswesen bewanderten Freundin beantwortet. Die kleine »Geschichte« kam zur Welt – »Als gehörte eins zum andern« erschien 1991 bei Ueberreuter, Wien – und erzielte ebendie Reaktionen, vor denen sie gewarnt worden war. Aber sie überlebte die Tiefschläge aus den Rezensionen, das Buch wurde in mehr als hunderttausend Exemplaren verkauft, und sie schrieb weiter.)

Aus dem Vokabular von Prof. Gertrud Höhler

Strategie – Struktur – Unternehmenskultur – Anpassungs-
und Flexibilisierungsprozeß – flexible Innovationsstrategien –
Sinn-Angebote! – visionäre Strategie – Vitalfaktor – unter-
nehmerische Vision – Erlebnisbezug – Kommunikationsstra-
tegie – Kooperationsstrategie – Führungsaufgabe – innovative
Organisation der Zukunft – »Zukunftsmacher« – (das krea-
tive Potential des Unternehmens) – »Zukunfts-Drive« – In-
formations- und Dienstleistungskultur – Aufstiegsgesell-
schaft – Leistungslust – Wohlstandsplateau – Überfluß-
jugend – Leistungsträger – Führungskräfte – Leistungs-
Zukunft – »zu neuen Leistungsprofilen gehören neue
Führungsprofile« – entfaltungsbezogen – erfolgsbewußt –
Leistungsethik – flexible Informationsgesellschaft – »der
Wille, vorn zu sein und zu siegen« – Erfolgs-Eigenschaften –
»Herr der Zukunft« – Genußansprüche –«Die Vorträumer
unseres Glücks sind nicht mehr die Dichter, sondern die
Werbepsychologen« – !

(Am 13. Dezember 1989 schrieb sie in ihr Tagebuch: »*Nachmittags
lese ich ihre Aufsätze und notiere Stichworte des Grauens.« Sie
hatte sich bereit erklärt, im Rahmen des Symposions »Die Verwirklichung des Leistungsprinzips in der Gesellschaft« am 14. Dezember in der Halle des Innsbrucker Hotels Europa Tyrol mit Frau
Höhler vor Publikum zu diskutieren. »Wie ich so manche Zusage
am Tag des Geschehens bereue«, notierte sie vor diesem Streitge-
spräch. Und danach: »Wie ein Tier versuchte ich durch jede Lücke
dieser glatten Ausführungen zu schlüpfen und das Andere, von mir
Gemeinte hervorzubuddeln. Eine fürchterliche Anstrengung.«)*

Am Strand von Melides, Portugal. Foto Evelin Frerk.

Wünsche

Von Cabo da Roca ins Weite schauen –
Hühnchen essen in Varadouro
gleich neben dem kindlichen Vulkan –
ein Abend zwischen Smara und El Aiun
wenn das Auto purpurrote Sandschleier hochwirft –
Steine sammeln, und Muscheln
am Strand von Melides.

Wünsche an mich selbst

1. Das Wort in Gesprächen behutsamer ergreifen
2. Öffentliche Gespräche möglichst meiden
3. Die <u>Äußerung</u> noch radikaler überprüfen
4. Noch mehr Abstand nehmen vom öffentlichen Appeal (– vor allem innerlich!)
5. Die Ver-Öffentlichung mir nicht zum Thema machen, sondern weiterschreiben
6. Meldungen aus dem Theater- oder Kulturbetrieb nicht mehr auf mich beziehen
7. Meine mir selbst geäußerten Überzeugungen und Vorhaben, mein Lebens-Bild, endlich verinnerlichen, zur inneren Schau werden lassen.

117

Sehr geehrter Václav Havel.

Wenn Sie sich der Mühe unterziehen sollten, diesen Brief auch zu lesen, bitte ich Sie, dessen Formlosigkeit zu verzeihen. Aber was mich seit längerer Zeit treibt, Ihnen zu schreiben, kann nur abseits der Formalitäten einem Staatsoberhaupt gegenüber geschehen, und dieser Brief hat nur Sinn, wenn Sie ihn in dieser Weise entgegennehmen können.

Um mich kurz vorzustellen: Ich heiße Erika Pluhar, lebe in Wien und bin seit über dreißig Jahren Schauspielerin am Burgtheater gewesen. Das heißt, offiziell bin ich das immer noch, habe aber nach Achim Bennings Weggang den – gottlob kleinen – Organismus dieses Theaters sich beharrlich in menschenfeindliche und faschistoide Hände begeben sehen und daraus meine Konsequenzen gezogen, die auch zu einer sehr kritischen Beurteilung des Schauspielerstandes geführt haben. Also, mich Ihnen schlicht und einfach als »Schauspielerin« vorzustellen ist mir irgendwie unmöglich geworden. Nehmen Sie mich als einen Menschen, der nachdenkt und aufschreibt und das Prinzip »Öffentlichkeit« sehr nachdrücklich und quasi »am eigenen Leibe« reflektiert.

Und das führt mich bereits zu dem, was ich Ihnen schreiben muß.

Vor Jahren kam mir der vergriffene Band, ein Rowohlt-Taschenbuch, von Ihren »Briefen an Olga« in die Hände. Ich hatte davor schon bei einer Burgtheater-Lesung mitgewirkt, die wir für Sie veranstaltet haben, und einen Text gelesen, der mich – amorph noch, aber doch – selbst tief angerührt hat. Ich habe alle Aufführungen Ihrer Stücke unter Benning gesehen und liebte vor allem »Largo Desolato« – da gab es Bezüge zu eigenen Konstellationen, die ich noch nicht klar erkennen, aber emotional wahrnehmen konnte.

Die »Briefe an Olga« nun erreichten mich an einer Wegkreuzung meines Lebens und bestimmten in hohem Maß seine weitere Richtung. Sie bestätigten meine unklare, aber immer dringlicher werdende andere Einstellung zu dem, was Verantwortlichkeit bedeuten soll, Konsequenz und Mut. Und ich betrachte diese Briefe nach wie vor als ein lebens-philosophisches Werk von elementarer Gültigkeit, weil in der Konsequenz und Schmerzerfahrung geschrieben und nicht im abgesicherten Raum der Theorie.

Wenn es in den folgenden Jahren darum ging, einen »Zeitgenossen« zu benennen (– sich selbst oder anderen gegenüber –), dem man uneingeschränkte Achtung entgegenbringen könne, dessen Auf-der-Welt-Sein einem das menschliche Dasein erhelle, dann habe ich stets an Sie gedacht oder Sie genannt. Und nicht in einem vage bewundernden Sinn, sondern als Präzisierung all dessen, was dem Menschen meist nicht gelingt, obwohl es Menschsein ausmacht. Und mit dieser Kraft, erkannte ich, kann man so eingesperrt gar nicht sein, um nicht dennoch ein Licht über die Welt zu werfen.

Es war eine unerwartete, herrlich bestätigende Folgerichtigkeit, als Sie dann Präsident Ihres Landes wurden, einmal, dachte ich, einmal erhält ein Mensch die Ehre und Würde und Liebe, die ihm gebührt, nicht erst nach seinem Tod, sondern bei intakter Lebenszeit.

Bis zu diesem Zeitpunkt wäre ich nicht auf den Gedanken gekommen, Ihnen zu schreiben. Meine Hochachtung für Ihre Person bedurfte keiner Worte, um sie Ihnen mitzuteilen, sie bestand einfach.

Plötzlich aber begann ich mich zu ängstigen. Vielleicht nicht so sehr um Sie als um diese meine Hochachtung, ich gebe es zu. Ich gebe es sogar leidenschaftlich zu – in einer Zeit, wo die »Macher« und Machtpotentiale alles und alle an sich gerissen haben, Künstler und Intellektuelle zu den schlimmsten Handlangern werden und der Verkauf der eigenen Seele zum guten Ton gehört. Natürlich spreche ich von »westlichen« Zuständen, aber ich glaube, daß jetzt auch dabei die Grenzen aufgehoben worden sind. Wie immer wiegt der Müll am schwersten, und er sank auch als erster in die neue, bejubelte Freiheit hinein.

Ich begann Sie also sehr genau zu betrachten in all dem, was die Medien in Überfülle boten. Ich hörte Ihnen sehr genau zu. Ich freute mich kindisch, als Sie den Papst <u>und</u> den Dalai Lama einluden.

Seht ihr, sagte ich zu meinen Freunden, wie er dadurch einen Besuch dieses schrecklichen Papstes relativiert? Ich freute mich über Ihr etwas linkisches und scheues Verhalten, über Ihre Entschiedenheit, wenn es darauf ankam, ich freute mich, solange ich konnte.

Dann sah ich Photos, die in ihrer Weise nicht lügen konnten. Ich sah Sie in innigstem Blickaustausch mit diesem Papst, der ein schlimmer Finger ist, und fragte mich: <u>Hat</u> er keine Einwände? Oder hat auch er gelernt, den eigenen Einwand zu beschwichtigen? <u>Auch er?</u>

Dann las ich von Ihrer Aufforderung, Herrn Frank Zappa zum Minister zu machen, was dieser ablehnte. Ich war bereits betrübt, aber noch immer regte sich nicht der geringste Wunsch in mir, Ihnen zu schreiben. Er ist ein Mensch, er ist in das Zentrum der Macht gestellt worden, er ist gefährdet wie jeder andere auch, es ist sein Weg, sagte ich mir.

Dann tauchte das Thema der geplanten, vielleicht sogar schon beschlossenen Atomkraftwerke an Österreichs Grenzen auf. Nach Tschernobyl ein durch nichts zu rechtfertigendes Wahnsinnsprojekt, noch dazu in einer so großen Nähe zu Wien, daß im Falle eines »Zwischenfalls« die Menschen evakuiert werden müßten und die Stadt als ewige Geisterstadt zurückbliebe.

Ich schaute. Ich spitzte die Ohren. Und? Der Václav Havel? Wo ist er? Was sagt er?

Vielleicht habe ich etwas übersehen, oder waren die Medien in diesem Fall unaufmerksamer (was verständlich wäre) – aber bis heute habe ich von Ihnen zu dieser Causa kein Sterbenswort vernommen. Und deshalb schreibe ich Ihnen heute.

Der Bau von Atomkraftwerken kann und darf nicht mehr als eine rein nationale Sache betrachtet werden, in die sich andere Staaten nicht einzumengen haben. Und die CSFR darf ganz einfach nicht behaupten, sie habe größere Sorgen und es gebe nur diesen Weg einer Energiegewinnung, die die Umwelt schont. Letzterer Zynismus ist ein oft gehörter und entspringt dem Vokabular des irrationalen Wahnsinns der angeblich »rationalen« Weltherren.

Und ich weigere mich, Sie, gerade Sie, diesen hinzuzuzählen. Vielleicht sogar sind Sie in dieser Frage ziemlich machtlos. Trotzdem mache ich das, was man bei solchen Fragen immer vergeblich macht: Ich bitte Sie. Ich bitte Sie, dieses Problem ernst zu nehmen. Es stellt eine direkte und realistische Bedrohung von Menschen dar. Jeder gesund und klar Denkende weiß, daß keine Atomkraftwerke mehr gebaut werden dürfen. Allerorten stellt man sie wieder ein und weiß nicht, wohin mit dem gefährlichen Rest. Wirtschaftliche Aspekte in Ehren – aber was nützen sie Menschen, die man gleichzeitig in dieser Weise bedroht?

Vielleicht denken Sie jetzt – falls Sie noch lesen, was ich aber eigentlich annehme – o je, eine besorgte Dame aus Wien, eine emotional bestimmte Idealistin, die keine Ahnung hat – oder etwas in der Art. Lieber wäre mir zwar, Sie dächten es nicht, aber ich könnte es verstehen.

121

Ich bin jedenfalls obiges nur zum Teil, kenne mich in sachlichen Fragen recht gut aus und werde mich sehr sachlich einer mir geeignet erscheinenden Initiative gegen diese Atomkraftwerke anschließen, sobald eine solche sich formieren sollte – was ich mit Sicherheit annehme.

Worauf ich aber warte, sind Ihre Äußerungen zu diesem Thema. Sie haben thematisch mein Leben so sehr herausgefordert, daß ich mich berechtigt fühle, das zu erwarten.

Wenn meine Erwartung betrogen wird und Sie tatsächlich auch gelernt haben zu schweigen, dann muß ich eben ein weiteres Mal lernen, daß alles sich verändert.

Die Impulse, die von Ihnen ausgegangen sind, bleiben.

Weil sie sich lebendig fortsetzen.

Ich grüße Sie.

(Es hat sich keine wirksame Initiative formiert, die Atomkraftwerke wurden gebaut. Aus Prag kam nie eine Antwort auf diesen Brief.)

Liebe Frau Dr. Ziegler.

Lieber Herr Kautzky.

Ich betrachte Begriffe wie IN, OUT, SCHLAGWORT, TREND als die extremsten Zerstörer eines differenzierten menschlichen Bewußtseins. Sie sind es, die alle brutalisierten, empfindungs- und geistlosen Aspekte unserer Zeit (in der maßgeblich Zeit-Geist herrscht) ganz wesentlich mitgestaltet haben.

Wie wäre es, sich eines Tages zu einer Kampagne gegen diese Verdummungsbegriffe zu entschließen? In einem solchen Fall hätten Sie mich glühend an Ihrer Seite.

Und es wäre der sogenannten ethischen Aufgabe des Journalismus würdig.

Aber im Wissen, daß ich nur träume, grüße ich Sie bestens.

Erika Pluhar

(Ablehnung einer Aufforderung der Zeitung »Die ganze Woche«. Prominente sollten angeben, was sie für »in« oder »out« halten. Die »drei bis fünf Antworten pro Schlagwort müssen nicht unbedingt herrschenden Trends folgen«, hieß es da.)

Portugal

Seit etwa zehn Jahren bereise ich Portugal, und wenn ich nicht jährlich mindestens einmal dortgewesen bin, überfällt mich Heimweh. Ich weiß, daß es mittlerweile gefährlich geworden ist, über Land oder Landschaft etwas zu verkünden, wenn eine bestimmte Kondition dort einen heimisch werden ließ. Zu schnell gerät es in die »falsche Kehle« – und zwar in die touristischer Bemächtigung. Dann pflegt die Kondition, die man liebte, sich eilig zu verwandeln.

Nur habe ich in Portugal diese Verwandlung bereits miterlebt und schmerzlich wahrgenommen. Meine Freunde dort haben sich an meine wütenden Aufschreie vor touristischem Vandalismus schon fast gewöhnt und unterlassen es, mich beruhigen zu wollen. Sie wissen, daß ich dieses Land inniger zu verstehen glaube, als sie selbst es tun. Es gehört zum Wesen des portugiesischen Menschen, am Unangenehmen, solange es geht, vorbeizusehen. Er hat Angst vor der eigenen Trauer, fürchtet, von ihr erschlagen zu werden. Wenn ich den Verlust von Schönheit beklage, senken sie schweigend den Blick und seufzen auf. Nicht viel mehr.

Meine Portugalreisen der letzten Jahre waren immer beruflicher Natur. Mit Antonio V. D'Almeida und Peter Marinoff konzertiere ich dort. D'Almeida ist ein populärer Portugiese – Pianist, Komponist, Schriftsteller, Filmemacher; die Leute kamen anfangs natürlich in sein Konzert, haben sich aber an Marinoffs Gitarre und meine Stimme erstaunlich zu gewöhnen begonnen. Ich singe meine Lieder in deutscher Sprache, das wurde mehr und mehr zu einer erfolgreichen und mich persönlich sehr bewegenden Konfrontation.

Auf diesen Reisen lerne ich ein Portugal kennen, das sich der Beurteilung eines jeden Reisebüros entzieht. Erfahre ich Bilder, von denen ich berichten kann, ohne einen der üblichen Reiseberichte liefern zu müssen.

Stellen Sie sich eine ganz schlichte, sonnenheiße Straße vor, mit niedrigen Neubauten zu beiden Seiten, in die wir aus der malerischen Innenstadt Portos gebracht werden. Ich sitze mißvergnügt im Auto. Liebe ich doch die Altstadt Portos, die sich zum Douro-Fluß hinunterneigt. Auch das jenseitige Ufer, mit all den historischen Portweinnamen an alten Firmenhäusern, gefällt mir ganz besonders. Und jetzt dieses anspruchslose Vorstadtgäßchen!

Wir betreten eines der farblos verputzten Häuser, gehen durch einen Gang voller Küchendunst – und geraten an dessen Ende in ein kleines Paradies. Ein Garten, dicht beschattet von Weinlaub. Es sind uralte Weinstöcke, die ihn überdachen. Weißgedeckte Tische und einfache Holzbänke. Und alles erfüllt von Erstkommunionskindern. Alle Mädchen in weißen Kleidern, die Burschen tragen feierliche kleine Anzüge, wie Erwachsene. Dazu Eltern, Großeltern, eine Wiese sich bewegender Gesichter und Hände. Gegessen wird, mit Inbrunst gegessen. Weinflaschen, Brot, Schüsselchen mit Oliven und kleinen Wurst- oder Käsestückchen und Unmengen vollgefüllter oder bereits abgegessener Teller und Platten bedecken die Tische. Immer wieder wird ein überzuckerter, verzierter Kuchen aufgetragen. Meine schlechte Laune hat sich in Entzücken verwandelt. Die Kinder laufen unbekümmert zwischen den Tischen umher, es wird in Portugal keinem Menschen einfallen, sie deshalb zu maßregeln. Die Mädchen tragen Blüten und kleine Schleier im schwarzen Haar, meist sind es sehr dunkle Kinderaugen, die uns mustern – weil unter uns der berühmte »Maestro« sitzt. Bald schickt man ihm kleine Aufmerksamkeiten von den Nebentischen, Tortenstücke, Gläschen mit Likör. Der arme Antonio muß alles mit lebhaftem Nicken und Kosten beantworten, erstickt fast an einem silbernen Zuckerkügelchen, während er einer vielköpfigen, innig hergewandten Familie zuprostet ... Die Herzlichkeit des portugiesischen Menschen ist verhalten und temperamentvoll zugleich. Sie erwächst aus entstehendem Vertrauen, äußert sich niemals vorbehaltlos. Aber in keinem anderen Land der Welt habe ich die einfachen Genüsse des Lebens in so gemeinschaftlicher und intensiver Form erfahren. Wenn gesagt wird: »Essen wir«, dann kann man sicher sein, einer Sinnenfreude ohngleichen entgegenzuschreiten. Dazu entbrennen Gespräch und Gelächter, sehr bald scheinen für eine kurze Frist alle Schatten aufgehoben, scheint das Leben ein Kinderspiel. Was läßt Eça de Queirós, der größte Romancier Portugals im neunzehnten Jahrhundert, eine seiner Hauptgestalten im Roman »Os Maias« sagen? »... was das Leben noch erträglich mache, sei hin und wieder ein herzhaftes Gelächter. Nun aber lache der feine Mann in Europa nicht mehr – er lächle höchstens schwach und frostig. Bloß wir hier in diesem Winkel der barbarischen Welt bewahrten noch diese höchste Gabe, dieses gelobte und tröstliche Ding – das Lachen aus vollem Halse!« Die vielzitierte portugiesische »saudade«, sehnsuchtsvolle Traurigkeit also, habe ich persönlich viel weniger eindringlich erlebt als diese herzerquickende Lebensfreude, wenn die Stunde es gewährt – und dazu der köstlich gebratene Fisch, der umwerfend gute Rotwein, der frische weiße Käse – und – und –. »Linienbewußt« durch Portugal zu reisen gliche einer Sünde. Einer Sünde am Leben. Ich würde eine solche Reise jedem abraten, dem seine schlanke Linie fanatisch über alles geht. Und das sind viele.

Aber zu einem nächsten Bild.

Stellen Sie sich eine weiße und fast unerträglich heiße Stadt vor, ihre Gassen scheinen zu glühen. Das ist Évora, im Herzen des Alentejo gelegen. Der Alentejo ist eine Provinz Portugals, die die Portugiesen selbst nicht allzu sehr schätzen. »<u>Die</u> Hitze dort!« pflegen sie aufzustöhnen, wenn ich die weitgedehnte und für mich ungeheuer reizvolle Landschaft rühme. Außerdem ist der Alentejaner im unergründlichen Reich der Witze für die Portugiesen in etwa das geworden, was uns der Burgenländer bedeutet. Gleicherweise ungerechtfertigt natürlich!

Zurück in das backofenheiße Évora. Wir schleppen uns vom Hotel zum Theater, wo unser Konzert stattfinden soll. Ein Platz mit Steinmäuerchen und einer Grünanlage liegt davor, alte Männer und Frauen sitzen möglichst regungslos im Schatten. Jetzt, am späten Nachmittag, strahlt die Hitze eines ganzen Tages aus den Hauswänden. Über dem Theater steht ein gelber Himmel, durch den die Schwalben flitzen. Es ist ein schöner alter Bau, das fällt mir auf, obwohl ich mich wie betäubt nähere.

Wir betreten das Foyer. Sofort schlägt uns Kühle entgegen und empfängt uns der Anblick verkommener Kostbarkeit. Noch besitzt fast jede Stadt Portugals, auch die kleinste, ein altes Theaterhaus, in das kaum etwas von neuester Bühnentechnik und Renovierungslust eingezogen ist. Deshalb dieser unvergleichliche Atem von Theaterewigkeit. Staunend gehen wir durch die Logengänge, dann durch ein Türchen auf die Bühne. Hier der Geruch meiner frühesten Sehnsucht, Staub, Holz, Samt. Die Scheinwerfer sind kläglich. Aber man erleuchtet vor uns den Zuschauerraum – vergilbendes Gold, Porzellanschirmchen, Zauber eines verschwundenen Lebensgefühls, hier durch Zufall bewahrt, fossilhaft. Wir stehen schweigend davor, lauschen eine Weile in die Stille, ehe wir beginnen, die Zelte unseres abendlichen Konzerts laut und rücksichtslos aufzuschlagen.

Ein drittes Bild. Eines, das zu diesem Land gehört. Das Meer. Der Atlantik bildet eine der Längsbegrenzungen Portugals, läßt das portugiesische Klima oft ungewöhnliche Kapriolen schlagen – es kann auch sommers plötzlich zu Kühle und Regen kommen – und prägt das Leben des portugiesischen Menschen in Geschichte und Gegenwart, Literatur und Eßgewohnheiten.

Cabo da Roca ist der westlichste Punkt Europas. Von Lissabon aus unschwer zu erreichen. Eine riesige Klippe. Ein Leuchtturm. Eine hüfthohe Steinmauer, und darüber hinweg der Blick ins Unermeßliche. Ein alles relativierender Blick. Wenn mir portugiesische Freunde am Telephon ein Leid klagen, ein sie bedrückendes Lebensgefühl, pflege ich ihnen zu raten: »Fahr nach Cabo da Roca!«, und ich höre sie dann meist am andern Ende der Leitung auflachen: »Du und dein Wallfahrtsort ...«

Und tatsächlich drängt es mich, sobald ich nach Lissabon komme, diese kleine Reise zu unternehmen und mit dem Empfinden, auf einem Balkon am Ende Europas zu stehen, über den Atlantik hinauszublicken. Nichts Schöneres gibt es, als an dieser Stelle einen sommerlichen Sonnenuntergang zu betrachten. Wenn das berühmte Blau des portugiesischen Himmels sich allmählich mit Feuer zu füllen scheint, mit allen Schattierungen glühenden Rots.

Portugals Himmelsblau ist wirklich erwähnenswert und besitzt seine Berühmtheit zu Recht. So schrieb der schon zitierte Eça de Queirós: »Die Sonne vergoldete die gekalkten Fassaden, die göttliche Heiterkeit des unvergleichlichen Himmels verhüllte und milderte alles.«

Er schrieb dies im Hinblick auf Lissabon, und mit Bildern aus dieser Stadt möchte ich meine kleinen, bruchstückhaften Impressionen aus Portugal fortsetzen.

Meist wohne ich dort im obersten Stockwerk eines unansehnlichen, mir durch Vertrautheit lieb gewordenen Hotels – lieb geworden auch durch den Blick über die Stadt, den es mir bietet. Im Lauf der Jahre wuchsen leider auch hier Wohntürme aus der ehemals sanften Silhouette der Hügel, über die Lissabon hingebreitet liegt. Architektonische Ausgeburten der Hölle, schleimfarben und bunt, durch nichts mehr zu »verhüllen« und zu »mildern«. Aber direkt unter meinem Fenster brandet das Lissaboner Leben, die kleine Straßenbahn kreischt schrill in einer Kurve, kreischt ohrenbetäubend, es wird gehupt, Menschenstimmen gellen – Lärm gehört zu Portugal. Ich habe mir abgewöhnt, auf unseren Reisen »ein ruhiges Zimmer« zu verlangen. Es gibt kein ruhiges Zimmer. Ich habe das eines Tages seufzend zur Kenntnis genommen und aufgehört, an dieser Grundfeste portugiesischen Lebens rütteln zu wollen. Ist es nicht der Straßenlärm, dann führen zwei Frauen ein freundliches Gespräch, das klingt, als würden sie sich in der nächsten Sekunde gegenseitig erstechen. Der Portugiese ist immer laut, auch beim Austausch von Liebenswürdigkeiten. Anfangs erschrak ich am laufenden Band und dachte, ich müsse einen mörderischen Streit schlichten, bis ich dahinterkam, daß zwei sich nur normal unterhalten hatten. Mittlerweile bin ich abgebrüht und staune nur noch, wenn zwei sich wirklich streiten.

Aber zu Lissaboner Bildern zurück. Der »Praça da Figueira« zum Beispiel, ein Platz, nach einer kurzen Querstraße an den »Rossio« anschließend – Lissabons Zentrum, wenn man so will – und mir seiner klaren Weite wegen zu Herzen gehend. Er ist von mehrstöckigen Hausfassaden umschlossen, alle wie vergilbt wirkend, schön wie langsam welkendes Laub. Ein großes steinernes Reiterstandbild in seiner Mitte, rundum Taubenschwärme über das schwarzweiße Muster der aus kleinen Steinen gefertigten Pflasterung trippelnd und flatternd. Oder eine Gasse im »Bairro Alto«. Schmale Balkons vor den Fenstern und allerlei Grünes und Blühendes aus Kübeln und zu Blumentöpfen umfunktionierten Konservendosen wuchernd. Hunde durch Rinnsale schlendernd. Modernd kühler Geruch aus den dunklen Schlünden enger Haustüren, dahinter steile Holztreppchen sich im Dunkel verlierend.

Aber was ich Ihnen heute noch beschreiben kann, werde ich sicher bald widerrufen müssen. Auch hier gewahrt man bereits das Eindringen steriler Boutiquen und Galerien, dieser mein Lieblingsbezirk Lissabons ist leider von der Lissabonner Schickeria »entdeckt« worden.

Trotzdem immer wieder und immer noch die lebendige Lebhaftigkeit oder träge Ausdauer der portugiesischen Menschen, die die Straßen bevölkern, aus Fenstern und schattendunklen kleinen Eßlokalen auf die Gasse hinausstarren, sich auf fast afrikanische Weise die Zeit nehmen für alles, auch für ihre Trauer. Und die es immer wieder fertig bringen, ihren Schmerz lauthals zu äußern und miteinander über sich selbst zu lachen.

Fernando Pessoa – den Portugal als seinen größten Dichter in diesem Jahrhundert betrachtet – trifft mit seinen Worten ein portugiesisches Lebensgefühl, das ich selbst stark und heilend erfahren habe: »Ich glaube, eine Sache ausdrücken heißt ihre Kraft bewahren und ihr den Schrecken nehmen. Sich bewegen heißt leben, sich aussagen heißt überleben.«

(Sie war aufgefordert worden, für die Wochenendbeilage »Freizeit« der Tageszeitung »Kurier« einen Reisebericht über Portugal zu schreiben. Er erschien im April 1991.)

Gedanken zum Weltfriedenslauf

Noch nie ist die Hoffnung auf friedliche Lösungen bei weltpolitischen Konfliktsituationen gravierender enttäuscht worden als in den letzten Monaten. Der Sieg von krankhaftem Einzelinteresse und Unvernunft hat sich neuerlich bestätigt. Man konnte diese Entwicklungen zum Schrecklichen hin Schritt für Schritt verfolgen, blieb selbst gelähmt vor Hoffnungslosigkeit zurück.

Aber da es nicht sein darf, alle Hoffnung aufzugeben – das würde Lebensunfähigkeit, Absage an das Leben bedeuten –, muß man um sie kämpfen. Als Waffe nur den Gedanken, als Kampfstätte das eigene Sein.

Wenn schon Egomanie, Bemächtigungsdrang, Machtstreben, Habsucht, Blindheit für Zusammenhänge, Todessucht und Vernichtungswille weltweit nicht in den Griff zu bekommen sind – die Möglichkeit, sich selbst davon zu reinigen, besteht. Wenn man damit auch nicht die Welt verändern kann – das kleine individuelle Trotzdem kann ein Menschenumfeld beeinflussen. Und nährt die im Sterben liegende Hoffnung, kann sie wieder kräftigen.

Wenn über den Frieden gesprochen wird, bleibe ich immer dabei: Finde und erlerne ihn vorerst in dir. Im Umgang mit deinem Nächsten.

Die Welt sieht genau so aus wie wir selbst. Wenn wir im Berufsleben »Strategien« einem ehrlichen Handeln vorziehen – wenn wir unaufhörlich »gewinnen« müssen, statt einfach das unsere zu tun – wenn wir einem ominösen Erfolg oder »Sieg« unseren Charakter zum Opfer bringen – wenn wir glauben, andere Menschen »abschießen« zu müssen, um uns zu bestätigen …

Solange wir uns von diesem kriegerischen Vokabular, und vor

allem von den damit verbundenen kriegerischen Inhalten, nicht lösen können, dürfen wir den Zustand der Welt und ihre Kriege nicht reinen Herzens anklagen. Klagen wir uns selbst an, vorrangig und konsequent. Dann zeigen wir mit dem Finger auf etwas Veränderbares.

(Etwa 1991? – jedenfalls um einen Kommentar zu einem stattfindenden oder geplanten »Weltfriedenslauf« gebeten – notierte sie diese Gedanken.)

– in Wien, am 24. April 1991

Liebe Paula –

Ich weiß, wir haben schon einmal darüber gesprochen – und dann das Gespräch wieder abgebrochen.

Jetzt komme ich nochmals auf Dich zu, und zwar mit selbständigeren und überschaubareren Möglichkeiten.

Ich wäre in der Lage, <u>unabhängig</u> ein Porträt – ein Gesprächsprotokoll, ein Dokument – eine Liebeserklärung – wie immer wir es nennen wollen – mit Dir, über Dich, von Dir, an Dich – zu produzieren. Mein kleines Team ist sorgfältig, intim, behutsam. Du könntest alles kontrollieren. Nichts, was Dir nicht lieb wäre, geschähe oder bliebe erhalten.

Karl Löbl, mit dem ich bei einer Autofahrt nach Reichenau rein fiktiv darüber sprach, nähme »oisa Ung'schauter« alles an, was wir ihm übergeben wollen.

Paula, ich fände so wichtig, daß Du sprichst – erzählst – daß man Dich beobachten darf – und daß viele Menschen es dürfen. Ich denke das jedesmal, wenn ich Dich sehe. Und würde nichts anderes sein wollen als ein sorgsamer Verwalter dessen.

Ich schreibe Dir, damit Du in Ruhe entscheiden kannst, ob wir vielleicht einmal darüber sprechen wollen.

Mit Paula Wessely und Annemarie Düringer beim Heurigen, 1991. Foto Achim Benning.

Wie gesagt: Das ganze Projekt läge nur in Deiner Hand. Ich würde Dich zu nichts und für niemanden vereinnahmen wollen.

Ich umarme Dich mit all meiner Zuneigung und Verehrung.

Erika

(Die von ihr sehr geliebte Paula Wessely konnte sich leider nicht dazu entschließen, außerhalb der Schauspielerei ihre ungewöhnliche Persönlichkeit wirken zu lassen. Zu groß war wohl ihre Angst – zu oft wurde sie nachträglich ihrer NS-Nähe wegen angeprangert, und zwar zum Großteil von Leuten, die den Gefährdungen ihrer eigenen Zeit unreflektiert erliegen. Obiges Projekt kam nie zustande.)

Über Männer

Was ist »über Männer« zu sagen, ohne zu verallgemeinern oder zu persönlich zu werden? dachte ich mir. Am besten, ich schildere einen intensiven Erfahrungsbereich, der weder mit dem Liebesleben noch mit kalter Berufs- oder Ehewelt zu tun hat. Aber doch mit einer Welt gemeinsamen Handelns.

Seit bald zehn Jahren stehe ich immer wieder – in kleineren oder größeren zeitlichen Abständen, aber doch relativ regelmäßig – mit zwei Männern auf einer Bühne. Wir nennen uns TRIO und musizieren miteinander. Das heißt: Die beiden sind Weltklassemusiker, und ich singe. Der eine ist ein portugiesischer Pianist und Komponist, der andere Gitarrist und gebürtiger Bulgare.

Eine gnädige Fügung ließ uns einander finden, davon sind wir überzeugt. In unseren künstlerischen, musikalischen und philosophischen Ausrichtungen können wir uns immer die Hand reichen. In den Zeiten, die wir teilen – also die unserer Konzerte und Tourneen –, wechseln wir aus ernsthaftem Einsatz, aus intensiver Bemühung, gerne und leicht in Phasen der Heiterkeit hinüber. Unser gemeinsames Gelächter ist herzerquickend. Und wir verstehen es, einander rechtzeitig zu lassen und nicht zu belagern.

So gesehen leben wir auf beispielhafte Weise, was liebend aufeinander bezogene Menschen selten schaffen. Und ohne dabei miteinander kumpelhaft ungeschlechtlich umgehen zu müssen. Wir sind füreinander sehr wohl das, was wir sind: zwei Männer, eine Frau. Und ich lernte durch sie und mit ihnen Mechanismen des Männlichen auf andere Weise kennen und begreifen, da sich keine Verletzbarkeit, Unsicherheit, Übertriebenheit des rein persönlichen oder intimen Umgangs dazwischenschob. Unsere Freundschaft ist liebevoll. Das Geschlecht mischt sich nicht feindselig ein, hat es aber auch nicht nötig, sich zu tarnen. Im Gegenteil, es würzt unsere Gemeinsamkeit.

Nichts ist mir unverständlicher als der weitverbreitete Drang, sich ghettohaft ins Gleichgeschlechtliche zurückzuziehen. Ob das nun Männerclubs oder Frauencafés sind, die Ödnis dort legt sich mir qualvoll auf Leib und Seele. Sogar in Zeiten, da »die Männer« in der Lage waren, mein Selbstwertgefühl arg zu gefährden, mein Eigenleben zu ramponieren, blieb es mir ein Anliegen, dieser Gefährdung entgegenzutreten, indem ich Männern entgegentrat. Ich suchte den Dialog, und war es auch ein kämpferischer. Aber kampflos, als einzige Waffe die Schelte, in einem ausschließlich weiblichen Umfeld Schutz zu suchen wäre mir nie in den Sinn gekommen.

Ich fühle mich wohl unter Männern und kann ihnen sehr zugetan sein, wenn sie es nicht für nötig erachten, ihre Männlichkeit unter Beweis stellen zu müssen (meist, indem sie einen leicht faßlichen, genormten, ich möchte sagen: blödsinnigen Beweis von Weiblichkeit fordern). Was mir einen Mann sofort zum Neutrum werden läßt, zu einer Spezies, die ich im besten Fall belächeln kann, ist männliches Gehabe. Sei es bramarbasierende Muskelprotzerei – mit schickem Aktenkoffer behütete Gefühlsarmut – zwischen teurem Maßanzug und Krawatte verborgener Machtwahn – oder die forciert bleiche Stirn des körperlosen Intellektuellen. Nie habe ich begriffen, daß solches Frauen anziehen soll. Und immer wieder festgestellt, wie präzise Frauen in der unscheinbarsten Hülle, die oft allen Anleitungen zum wirkungsvollen Männlichsein widerspricht, den Mann entdecken. Dieses belebend Andere in der Gemeinsamkeit des Menschseins. Und letzteres ist es wohl, was in der Beziehung der Geschlechter als Grundgedanke vorherrschen sollte und so selten vorzufinden ist. Als

Frau jedenfalls fühlt man sich in den seltensten Fällen so gesehen.

Deshalb meine Schilderung eines freudvollen und sympathiegetragenen Blicks auf Männer. Der Möglichkeit freundschaftlichen, achtungsvollen und erotischen Umgangs miteinander und einer auf Gegenseitigkeit beruhenden Kenntnis voneinander.

Oft, wenn ich die beiden neben mir auf der Bühne hingebungsvoll musizieren sehe, ihr freies und leichtes Können bewundere, unsere Blicke sich treffen und nämliche Überlegungen und Empfindungen austauschen – oft denke ich dann, wie undenkbar es für mich ist, diese Konstellation mit Männern in meinem Leben nicht erfahren zu haben. Sie hat mir die Andersartigkeit zu etwas Vertrautem werden lassen. Männer sind anders, aber mir nicht mehr fremd. Deshalb kann ich mit ihnen umgehen, ohne sie zu belauern.

(Ein Beitrag, um den man sie bat – wohl zum Thema »Was gibt's als Frau über Männer zu sagen?«, sicher für irgendein frauenbewegtes Blatt oder eine frauenbewegte Rubrik, sie weiß es nicht mehr genau. Sie schrieb ihn etwa 1990/91. Einer der beiden von ihr beschriebenen Männer – Peter Marinoff, der Gitarrist – starb leider ziemlich bald danach. Sie trauert noch heute um ihn.)

Für »Die Bühne«

Die politischen und kulturpolitischen Hickhacks um Claus Peymann – in der Einmischung von Herrn Jörg Haider mündend, die immer und in jeder Hinsicht schädlich ist – machen es einem vernünftigen Menschen mittlerweile unmöglich, sich kritisch dazu zu äußern. Hinzu kommt noch das Phänomen, daß Claus Peymann für die hiesigen Verhältnisse so unentbehrlich wurde wie etwa der Wiener Apfelstrudel – als Dessert bei jedem gesellschaftlichen oder kulturbetrieblichen Geschwätz heißbegehrt.

Was nun aber dieses Un-Verhältnis überleben muß, ist das Theater selbst. In den letzten Jahren ist mir klargeworden, daß man über das mögliche Zugrundegehen eines Theaters eigentlich nur mit Menschen sprechen kann, die es von innen her kennen und verstehen. Die Öffentlichkeit – bei aller Aufregung, Schimpferei, Zurücklegung von Abonnements – ist letztlich falsch motiviert, hat letztlich kein Wissen und auch kein wirkliches Interesse. Als Beispiel: Heute ist ein strahlender Frühlingstag, der Himmel blau, die Sonne warm, alle Knospen treiben. Geh jetzt zu jemandem, der das genießt, und erkläre ihm, daß die Natur zerstört ist! »Geh bitte!« wird er sagen und in dir einen düsteren Idioten sehen.

Ähnliches Unverständnis erntet man bei der Feststellung, das Theater gehe kaputt. Wieso? Man kann ja immer noch Besucher sein und sogar immer noch gute Vorstellungen sehen. Was also ist zerstört?

Ich möchte also hier – und nur noch ein einziges Mal in meinem Leben – in möglichst einfacher Form die lebendige Struktur eines Theaters und deren Gefährdung zu beschreiben versuchen. Möglichst ohne die zum Erbrechen durchgekauten Versatzstücke dabei zu benutzen.

137

Das Zentrum eines jeden Theaters ist die Bühne. Ihr gegenübergestellt der Zuschauerraum. (Auch wenn man ihn einbezieht, bleibt er ein Gegenüber.) Was zwischen diesen beiden geschieht, dieses wechselweise Geben und Annehmen, ist Inhalt, Verpflichtung, Essenz von THEATER.

Das Publikum ist stets eine Einheit, die sich aus vielen Einzelnen zusammensetzt und Abend für Abend einen spezifischen Gesamtcharakter annimmt. Die Schauspieler auf der Bühne »tragen den Abend«. Sie sollten im Laufe einer Arbeit, die ein Regisseur leitet, ebenfalls zu einer Einheit geworden sein, die etwas vertritt und es dem Publikum darbietet. Das Publikum hat die Freiheit, anzunehmen oder abzulehnen. So, im Wechselspiel zwischen Bühne und Zuschauern, findet Theater statt. Und nicht in den Gazetten, wo um das Theater ein Theater gemacht wird. Der Theaterabend selbst ist der einzige fruchtbare Humus, auf dem Kritik oder Verständnis wachsen kann.

Wenn wir nun das Burgtheater im besonderen betrachten, wird diese einfache Bezogenheit schon durch die gigantischen Ausmaße dieses riesigen Theaters erschwert. Es ist schwer, ein über hundertköpfiges Ensemble zu einer gleichgesinnten Einheit zu verschmelzen. Aber es ist überaus einfach, es mit Feindlichkeit, böser Heimlichtuerei, Schüren von Existenz- und Schaffensängsten auseinanderzudividieren. Und sobald das geschehen ist, ist ein Ensemble zerstört.

Ich spreche jetzt nicht von der üblichen, ewig vorhanden gewesenen Theaterintrige oder von Konkurrenzkämpfen gesunden Ausmaßes. Früher gab es Anekdoten, die davon erzählten. Heute muß das mit tödlichem Ernst in Fernsehdiskussionen besprochen und bestritten werden. So haben sich die Dimensionen verschoben, und das bedeutet den Verlust von Selbstverständnis und der einfachen Freude am Beruf.

Eine Schar verbissener Einzelkämpfer entsteht, und die einzige Freude, die bleibt, ist Schadenfreude.

Die Heimat, der zentrale Ort eines Schauspielers sollte die Bühne sein. Nicht nur zur Zeit der Abendvorstellung. Nein, die meiste Zeit der Probenarbeit sollte auf _der_ Bühne stattfinden, auf der auch das Endergebnis dem Publikum vorgestellt wird. Heutzutage jedoch ist der Schauspieler ein unerwünschter Eindringling geworden, der das Walten der Bühnenbilder stört. Deshalb der Schrei nach immer mehr Probe-Bühnen.

Aber die zweite Motivation zu diesem Schrei ist die Selbstzweckfunktion, die das Proben, das »Probieren«, in den vergangenen Jahren gewonnen hat. Es resultiert aus der Lebens- und Weltferne vieler, die sich heutzutage dem Theater widmen. (Oft sind es gerade solche, die sich selbst als besonders »politisch« und »engagiert« sehen.) Sie leben _im_ Theater. Statt zu leben und ihre Lebenserfahrung dann dem Theater zu schenken. Tut mir leid, das so unverblümt zu äußern – aber sehr vieles an derzeitiger Theaterintensität ähnelt der Onanie. Zweifellos auch ein intensiver Vorgang – aber als ausschließlicher nicht allzusehr zu begrüßen.

Theater darf nicht Therapie und Lustersatz sein für die, die es tun. Nichts ist mir unappetitlicher als das Bespielen kleiner Räumlichkeiten, der Abstellkammern eines so großen Theaters, wo die Menge der Schauspieler die der Zuseher oft übertrifft. Das mag bei kleinen Alternativbühnen noch seinen Sinn haben. Aber gut- oder höchstbezahlten Schauspielern solche Aufgaben zuzuteilen bedeutet ein Desaster, ökonomisch und für deren Bewußtsein. Es bedeutet: Wir müssen spielen! Wir müssen proben! Wir müssen, und sei's in einem Schlupfwinkel, unsere Frustration behaupten.

Es bedeutet nicht: Wir überlegen. Wir leben. Wir versuchen,

dem Publikum eines großen Theaters Anstöße zu geben. Uns ist von Bedeutung, was aus unserer Arbeit entsteht – und zwar für möglichst zahlreiche Menschen, die vor uns sitzen mögen. Das Theater ist dazu geschaffen, Menschen zu beherbergen. Deren Gemeinsamkeit zu beherbergen, damit sie Erlebnisse für eine Menschen-Gemeinschaft bewirken können. Es ist nicht als Spielkiste für »ewige Kinder« gedacht. Kinder müssen erwachsen werden, und gut ist, wenn sie ihr Kindsein dabei nicht vergessen. Die Freudigkeit, Kraft und Konzentration eines Kindes tut dem Theater gut – heißt es doch »Theaterspielen«. Und man betrachte die Ernsthaftigkeit und den Einsatz wirklicher spielender Kinder. Das »ewige Kind« jedoch wird kindisch, egomanisch, will verwöhnt werden, hält sich für den Mittelpunkt der Welt. Als menschliche Facette ist das nachvollziehbar, ab und zu einer künstlerischen Arbeit vielleicht sogar zuträglich, aber ein großer Theaterorganismus darf von Intentionen dieser Art nicht verwaltet werden. Ein Theater benötigt eine Autorität, die ihm verantwortungsvoll und mit Würde vorsteht (ich habe nie etwas vom Mitbestimmungsrecht aller am Theater gehalten). Es braucht Organisation, braucht aber auch Liebe. Ich wähle ganz bewußt diesen Begriff. Er wurde nicht umsonst durch den der »Besessenheit« ersetzt. Zu lieben bedeutet – wie wir alle schon mal klingeln gehört haben – loszulassen und gleichzeitig zu bewahren. Bedeutet Distanz und Nähe zugleich. Die »Theaterbesessenen« zerstören das Theater ebenso, wie Besessenheit jede Beziehung zerstört.

So. Ist mir jetzt gelungen, etwas von den Vorgängen zu berichten, die meiner Meinung nach verderblich und zerstörerisch auf ein Theater einwirken können? Ich glaube nicht. »Was hat's denn?« wird man sagen, »sie spielt e grad eine schöne Rolle ...«

Und damit ist dann wieder alles gesagt, worauf ich zu Beginn meiner Ausführung hingewiesen habe.

(Eine ihrer letzten Reflexionen über das Sichbehauptenkönnen von Theater in der von ihr ehemals gewählten und ausgeübten Sinnhaftigkeit. »Die Bühne«, eine österreichische Theaterzeitung, bat sie – etwa 1992? – um einen kommentierenden Beitrag zur Burgtheatersituation unter Peymann. Sie weiß nicht mehr, ob er auch abgedruckt wurde.)

Elin – »Nacht, Mutter des Tages«

Lars Norén ist zweifellos der erfolgreichste und meistgespielte schwedische Theaterautor der Gegenwart und hat sich in den letzten Jahren auch den deutschen Sprachraum erfolgreich erobert.

Seine Stücke umkreisen mit fast quälender Konsequenz einen enggesteckten Themenkreis, den ihm seine eigene Biographie diktiert. In Abwandlungen beschreibt er immer wieder die Konstellation seiner familiären Herkunft – einer Familienhölle, kurz gesagt – und seine eigenen, daraus resultierenden Lebensprobleme.

Der hochbegabte, blutjunge belgische Regisseur Guy Joosten hat Noréns Stück »Nacht, Mutter des Tages« im Akademietheater inszeniert und mich als die Mutter – Elin – besetzt. Ich bin nachträglich sehr froh, seiner Aufforderung Folge geleistet zu haben. Denn der Umstand, daß sich die regielichen und vor allem menschlichen Intentionen eines so jungen Theatermannes nahtlos mit den meinen verbinden ließen – daß wir so einhellig und harmonisch miteinander arbeiten konnten –, das gab mir persönlich etwas zurück, was ich für das Theater fast verloren hatte: Hoffnung. Und zwar Hoffnung im Hinblick eben auf eine menschliche und menschenwürdige Belebung.

Aber das heute nur am Rande.

Kommen wir also zu Elin.

Sie, die Mutter, ist der meist schweigsame und verhaltene Mittelpunkt eines Familiengeschehens, das scheinbar nur von der Alkoholkrankheit des Vaters immer wieder in katastrophische Eskalationen getrieben wird. Die beiden Söhne sind Opfer, jeder auf seine Art. Und der jüngere – David – personifiziert eindeutig den Autor selbst. Sein Vater war Alkoholiker, seine Mutter starb an Lungenkrebs. Wir erleben Elin im Stück als bereits sehr kranke Frau.

Obwohl nun Norén die Alkoholkrankheit des Vaters unerhört wissend und präzise schildert und Joachim Bissmeier sie atemberaubend darstellt, ist das Hauptproblem dieser in sich kranken Familie ein anderes: das der Wortlosigkeit (ein Phänomen vor allem auch unserer Zeit). Die Unfähigkeit der Menschen, miteinander zu sprechen, einander im Gespräch zu erreichen. Jeder monologisiert. Und ist einmal einer zaghaft dabei, sein Herz zu öffnen, geht der andere achtlos daran vorbei. Vor allem die Mutter, Elin, ist sogar angesichts ihres verpfuschten, kaputten, aussichtslosen Lebens Meisterin des Nichtaussprechens, der provozierenden Gefühlskälte. Darin liegt ihre Dämonie. Ihre Form der Selbstzerstörung greift hintergründig um sich – ganz im Gegensatz zu der sehr offensichtlichen des Vaters.

(Einige Zeit – 1992 – schrieb und moderierte sie die Theatersendungen »Vorhang auf« für das österreichische Fernsehen. Die obige Notiz galt einer Sendung, in der es um drei wesentliche Frauenge-

stalten der Theaterliteratur ging, die zu dieser Zeit am Burgthea-
ter wirksam wurden und von denen sie berichtete: 1. die alte Dame
in »Der Besuch der alten Dame« – Annemarie Düringer –,
2. Martha in »Wer hat Angst vor Virginia Woolf?« – Elisabeth
Trissenar – und 3. – siehe oben – Elin in »Nacht, Mutter des Ta-
ges«, die sie selbst spielte. Diese Aufführung hatte großen Erfolg,
trotzdem hat Guy Joosten nie mehr an der Burg inszeniert. Es war
ihre letzte maßgebliche Rolle am Theater, Premiere im November
1991.)

Als Elin in Lars Noréns »Nacht, Mutter des Tages«. Auf dem Foto mit Ulrich
Reinthaller.

Eine Garderobe im Theater

Die Schauspielerin sieht ihr geschminktes Gesicht im Spiegel an.

Sie schneidet kurz eine Grimasse.

Ihr ist langweilig.

Über den Lautsprecher hört sie die Vorgänge auf der Bühne, bis zu ihrem Auftritt ist noch Zeit.

Seit über dreißig Jahren hat sie immer wieder ihr geschminktes Gesicht im Spiegel betrachtet. Beobachtet, wie es älter wurde.

An wie vielen Abenden meines Lebens habe ich das getan? überlegt sie. Dagesessen, abgewartet, mich angeschaut? Mich gelangweilt?

Sie greift nach einem Pinsel, taucht ihn in dunklen Puder und malt ihre Augenlider und die Schatten darüber tiefschwarz nach.

(1991/92, als Elin in dem Stück »Nacht, Mutter des Tages«, pflegte sie während der Wartezeiten in der Theatergarderobe Diverses aufzuschreiben. Diese kurze Skizze auf ihrem Briefblock beschreibt unter anderem, was schließlich zu ihrer Absage an den ausschließlichen Schauspielerberuf führte.)

Ein Vor-Wort

Sie werden sich vielleicht ein wenig über meine heutige Lesung wundern, sind Sie doch mit dem Anspruch hierhergekommen, »klassische deutsche Literatur« zu erleben. Nun hat man mich also für würdig befunden, mich diesem Anspruch

Im Februar 1998 präsentierte sie ihr Buch »Am Ende des Gartens – Erinnerungen an eine Jugend« lesend auf der Bühne des Akademietheaters.

als Interpretin zu stellen. Ich selbst jedoch bin in den letzten Jahren einen Weg gegangen, der mich vom reinen schauspielerischen Interpretieren weggeführt hat, ohne daß ich es gänzlich aufgegeben hätte, Schauspielerin zu sein. Nur setze ich mich jetzt gern selbst schauspielerisch ein, in authentischer Verbindung mit von mir entworfenen und gewollten Inhalten. Ich bin nicht mehr gerne Sprachrohr.

Deshalb werde ich Ihnen Eigenes zu Gehör bringen, also

auch als Autor fungieren. Worum ich Sie bitten muß: Streichen Sie die Erwartung, daß das, was ich lesen werde, klassisch ist – um mich nicht eines gräßlichen Hochmuts zu bezichtigen.

Wir alle haben ja die Möglichkeit, klassische Literatur daheim zu lesen. Und das Lesen ist und bleibt für mich eine der schönsten einsamen Beschäftigungen des Menschen. Aus diesem Grund bin ich eigentlich kein großer Befürworter von »Lesungen«.

Auf der anderen Seite erwies sich das Vorlesen als altbewährte zwischenmenschliche Tat und sollte das auch bleiben.

Ich lese Ihnen also vor und verstecke mich dabei nicht hinter fremden und für gültig erklärten Texten. Ich gehe mit meinen eigenen Worten auf Sie zu.

(Etwa 1993/94. Später ging sie dazu über, ohne »Vorworte« und ausschließlich – einige Ausnahmen bestätigen aber auch dabei die Regel – aus ihren eigenen Arbeiten zu lesen. Und diese Lesungen wurden zu einer immer stärkeren Komponente ihres Berufslebens.)

Idee und erstes Exposé für eine Fernsehserie:

THEATER

(Der ursprüngliche und weitaus bessere Titel wäre BURG-THEATER – was jedoch von der Willfährigkeit und Kooperation dieser Institution abhängig wäre. Man kann dieses Projekt natürlich auch ohne das Burgtheater realisieren.)

Es gibt doch wohl kaum eine Welt, die ein Publikum, die Zuseher so brennend interessiert wie die Welt des Theaters. Vor allem, wenn es die Welt »hinter den Kulissen« ist. Dieser Faszination kann sich kaum einer entziehen.

Zum zweiten existiert schwerlich noch ein menschlicher Bereich, der von so verschiedenartigen Schicksalen und einer solchen Menschenvielfalt durchatmet ist. Das geht von der Starschauspielerin bis zur jugoslawischen Bedienerin, vom männlichen Hauptdarsteller bis zum Bühnenarbeiter, vom Billetteur bis zur kleinen Anfängerin, von der Direktionssekretärin bis zum Starregisseur – usw. usw.

Das vereinigende Element dieser Einzelschicksale wäre ein bestimmtes Theater, wobei das Burgtheater in jeder Hinsicht wünschenswert wäre. Jede Folge dieser Serie müßte eine bestimmte, an diesem Theater beschäftigte Person zum Mittelpunkt haben. Trotzdem wäre ein durchgehendes Menschenumfeld da: Garderober und Garderoberinnen, Bühnenarbeiter, Bürokräfte, Souffleusen, Assistenten. (Aber auch aus diesen Gruppierungen ist natürlich ein persönliches, eine Folge bestimmendes Schicksal denkbar.)

Viele renommierte Schauspieler könnten in dieser Serie quasi »sich selbst« spielen und würden das, bei hoher Qualität der Produktion, sicher auch tun. Auch Direktoren und Regisseure könnten persönlich mitwirken. Bestimmte Aufführungen könnten in das Projekt einfließen, und man hätte den ungeheuren Appeal der Geschehnisse »hinter der Bühne« zur Verfügung.

Die Themen und menschlichen Aspekte sind also nahezu unerschöpflich. Und das Theater, immer wieder als Gleichnis des Lebens betrachtet, scheint mir ein idealer Rahmen zu sein, einer qualitätvollen und publikumswirksamen Serie Form zu geben. Inhaltlich könnte sie Anspruch erheben, ohne auf Kulinarisches zu verzichten. Zwischen Komik und Tragik wäre alles möglich.

Aber. Sowohl bei den Büchern als auch bei der Regie wäre es unerläßlich, Theatererfahrene heranzuziehen. Nichts ist läppischer als Inkompetenz, wenn man ein so spezifisches Ambiente umsetzen möchte. Es dürfte nicht das sein, »was sich der Maxl unter Theaterleben vorstellt«.

Wenn das gewährleistet wäre, könnte eine Serie entstehen, die Qualität und höchstes Publikumsinteresse vereinigt.

Erika Pluhar
am 11. Dezember 1994

(Mit einem Wiener Produzenten hatte sie dieses Projekt entworfen. Er, zuerst Feuer und Flamme, konnte es natürlich beim ORF nicht einmal ins Gespräch bringen, geschweige denn durchsetzen. Irgendwann vergaß sie die Produzenten. Mit Karl und Jutta Kofler drehte sie den Film »Rosalinas Haus«, den Karl Löbl, damals Kulturchef des ORF, befürwortete – später, wieder mit den beiden und nur noch in Eigenproduktion, Musikvideos und Features.)

– in Wien, am 14. Dezember 1994

Lieber Herr Lorenz –
Sicher werden Sie, nach langer Durststrecke, jetzt von allen
Seiten belagert. Ich hoffe trotzdem, daß Sie in der Lage sind,
sich auch mit meinem Angebot zu befassen.
Was ich Ihnen anbieten möchte, ist Folgendes:
Ein fertiges Drehbuch (Fernsehfilm, Titel »Innenstadt«)
Eine bereits erfolgte Kalkulation (das Budget würde zehn
Millionen Schilling auf keinen Fall übersteigen)
Eine (zugesagte) Besetzung
Ich habe das Drehbuch geschrieben, würde als Schauspielerin
mitwirken und Regie führen.
Alles, was obige kurzgehaltene Information übersteigt, würde
ich sehr gerne in einem persönlichen Gespräch mit Ihnen
erörtern. Mit dem Drehbuch selbst wollte ich Sie nicht auch
gleich überfallen – sollten Sie schnell das Interesse haben, es
zu lesen, bitte ich Sie, Herrn Pochlatko von der Neuen Stu-
dio-Film zu kontaktieren. Er wäre sehr daran interessiert, diesen Film zu produzieren, ihm gefällt das Projekt, Drehbücher
liegen bei ihm auf.
Lieber Herr Lorenz, ich habe mich in diesem Brief bewußt
zur Kürze angehalten – schön wäre, wenn er als Brücke zu einem detaillierten Gespräch führen könnte.
Für heute grüße ich Sie sehr herzlich.

Erika Pluhar

*(Wolfgang Lorenz ersetzte Karl Löbl als Kulturchef des ORF, und
sie wollte das mit Löbl geplante Projekt – auf der Arbeit an dem
Film »Rosalinas Haus« aufbauend – jetzt auch unter seiner Ägide
realisieren.)*

Fünfzig Jahre Österreich

Ich habe als Kind das Entstehen des Staatsvertrages miterlebt – und die fünfzig Jahre seither bewußt und ausschließlich in Österreich gelebt. Und erlebt, wie hierzulande die Lebensqualität anstieg. Wie wir zu Recht »eine Insel der Seligen« genannt werden konnten, wenn man sich woanders umsah.

Wenn ich das derzeitige dumpfe Maulen, die aggressive Unzufriedenheit sehr vieler Bürger beobachte – beides macht sachliche und konstruktive Kritik unmöglich –, dann kann ich nur hoffen, daß uns dies nicht in die Gefahr bringt, unseren Rechts- und Sozialstaat zu schwächen. Was immer man unseren führenden Politikern »einisag'n« kann – es sollte nicht auf Kosten von demokratischem Anstand geschehen. Und immer im Hinblick auf das, was es unbedingt zu bewahren gilt: ein freies Land, dessen man sich nicht zu schämen braucht.

(Die vorbereitende Notiz für ein kurzes ORF-Fernsehinterview, das am 6. April 1995 in ihrem Hause, und zu diesem Thema, gedreht wurde.)

– in Wien, am 24. April 1995

Lieber Herr Lorenz –

Nein, Ihre Offenheit nahm ich Ihnen nicht krumm.

Aber ich möchte Ihnen nach angemessener Zeit, und ebenfalls sehr offen, doch noch einmal antworten. Und das, obwohl Ihr Brief keiner Antwort bedarf.

Genau letzteres ist der Punkt, den ich vielleicht doch ein wenig krummnehme. Besser gesagt, nicht ganz verstehe. Den »Verlust der Mitte«, den Sie am ORF beklagen, kann ich verstehen – und ständig sehen. Ein weises Wort im Hinblick auf die derzeitige Beschaffenheit der Fernsehlandschaft.

Andererseits ist ein Drehbuch keine eherne Sache, an der man nicht mehr zu rütteln hat. Im Gegenteil. Für mich – und ich stehe damit ja nicht allein – ist ein Buch nur die Türe zum entstehenden Film. Wie's dann drinnen ausschaut, ist nicht aufzuschreiben, bedarf es doch der Bilder, der Umsetzung. So gesehen habe ich auch das Buch zu INNENSTADT als eine möglichst präzise Information für etwas betrachtet, das jedoch erst entstehen soll. Statt daß Sie »zweifach« das Drehbuch prüfen lassen, hätte ich denn doch ein Gespräch erwartet, damit Sie sich ein Bild machen können, was ich mir unter dem Ganzen vorstelle, inwieweit Veränderungen, Anreicherungen und dergleichen mehr für mich denkbar wären. Denn sie sind für mich denkbar, und INNENSTADT wäre meiner Ansicht nach ein durchaus hauptabendtauglicher Film. Sicher kein »Kunst-Stück«*.

Mir ist bewußt, daß das, woran mir künstlerisch liegt, nicht trendgemäß ist. Aber vielleicht ist es zeitlos? Jedenfalls hat es Publikum, und ich weiß, wovon ich da spreche.

Ich glaube, daß der ORF nicht ausklammern sollte, was weniger auf der Hand liegt, aber trotzdem im besten Sinne »populär« sein könnte.

Mit besten Grüßen –

Erika Pluhar

(»Kunst-Stücke« nennt man im ORF die Sendeschiene für abgehoben »künstlerische« Produktionen am späten Abend. – INNENSTADT wurde nicht realisiert.)*

Die St. Pöltner Rede

Geehrte Damen und Herren –
liebe Festgäste.
Zur Einführung ist anzumerken, daß dies heute die erste öffentliche Rede ist, die ich halte. Als Redner – besser gesagt: Rednerin – habe ich mich noch nie versucht. Als jedoch die Stadt St. Pölten mit dieser Aufforderung an mich herantrat, habe ich mir gesagt: Warum nicht?
Warum, nach einem langen Leben als – ja, doch, irgendwie Bestandteil der kulturellen Landschaft dieses Landes – nicht auch bei dieser Gelegenheit formulieren, was an Erfahrungen und Erkenntnissen mir zugekommen ist?
Diese heutige Gelegenheit ist eine besondere.
Ein kulturelles Zentrum wurde errichtet, Festwochen werden eröffnet. In St. Pölten.
Man hat mich im Zusammenhang mit diesem Ereignis mehrmals mit dem Begriff »Provinz« konfrontiert, und ich möchte deshalb im besonderen auf ihn eingehen. Auch deshalb, weil in Bereichen meiner persönlichen Arbeit diese Frage nicht ausbleibt. Als ich begonnen habe, meine Konzertauftritte nicht mehr nur in Großstädten auszurichten, sondern überall hinzugehen, wo Menschen bereit sind, dem zuzusehen und zuzuhören, was ich ihnen bringe, war ich häufig mit Verblüffung konfrontiert. »Stört es Sie nicht, zu uns in die Provinz zu kommen?«
Es hat mich nie gestört. Mehr noch, ich habe gelernt, den Begriff »provinziell« für mich selbst einschneidend zu revidieren. Ich habe ihn vollkommen aus der geographischen Bestimmbarkeit herausgenommen und zu einem geistigen Terminus verändert. Die Größe einer Stadt, einer Ortschaft, ist niemals bestimmend für den Geist, der in ihr herrscht. Im Umgang

mit einem jeweiligen Publikum – das stets einen Querschnitt des Vorhandenen darstellt und herrschende Stimmungen wiedergibt – ist das präzise zu erkennen. Und vor allem in unseren Zeiten, wo Information, und auch deren Mißbrauch, keinem Bürger unseres Landes verschlossen bleibt, wir im Gegenteil alle und ausnahmslos medial aufgeklärt beziehungsweise manipuliert werden, gibt es die Provinz im Sinne hinterwäldlerischer Abkapselung nicht mehr. Schon lange nicht mehr.

Aber es gibt provinzielles Denken und Handeln – stets durch Eigenschaften wie geistige Enge, Mangel an Weitsicht, Borniertheit, Kleinkrämerei zu definieren. Und ich frage Sie, inwieweit solches nicht ebenfalls – und oftmals ganz besonders ausgeprägt – großstädtisches Klima formt. Und vor allem das, was wir gemeinhin unter KULTUR verstehen.

Was verstehe ich unter Kultur? habe ich mich selbst ganz neu, ganz unmittelbar gefragt, als ich begonnen habe, über die zu haltende Rede nachzudenken.

Sicher nicht diesen Allerweltsbegriff, der in allen Politikerreden herumklingelt und der Inbegriff einer Phrase wurde. Alles, was da als »kultureller Auftrag«, als »Kunst und Kultur« (dieses unreflektierte Zwillingspärchen), als »Kulturanspruch« herunterzitiert wird, ist letztlich inhaltslos und soll politische Fassaden schmücken.

Leichter tue ich mich mit dem ursprünglichen Begriff, dem »cultivare« – also: der Umgang mit der Erde, die es zu bearbeiten und fruchtbar zu machen gilt. Die Transformation natürlicher Kräfte zu Aussaat, Wachstum und Ernte. Und das zum Wohle des Menschen, zur Bereicherung seiner Lebensqualität, zur Schulung eines tieferen Verständnisses für vorhandene Ressourcen. Denken Sie an die weise Schönheit erlesener Weinbaugebiete. Nutzhaftigkeit und ein natürliches Maß des Formalen müssen Hand in Hand gehen, soll ein wirklich guter Wein entstehen. Landstriche, in denen solches vorherrscht, haben auch in unseren Tagen erbarmungslos verstörter Um-Welten die Chance, sich weitgehend zu erhalten. Sie bedürfen dieser »Kultiviertheit«, um produktiv zu bleiben.

Nun kann man das alles aber nahtlos auf geistige Kultiviertheit übertragen, ohne an den Formulierungen groß rütteln zu müssen. Kultivierte Menschen sind in meinen Augen einer ertragreichen Kulturlandschaft absolut gleichzusetzen. Und damit komme ich auch sofort zu einem Punkt, der mir immer schmerzlicher bewußt wird: daß innerhalb unseres Kulturbetriebes die Kultiviertheit, der kultivierte Mensch langsam, aber sicher auszusterben droht.

Das beginnt schon bei dem zuvor zitierten Begriff KULTUR-BETRIEB.

Gewohnt, dem Wort auf den Grund zu gehen, halte ich ihn für die häßlichste und gleichzeitig eindeutigste der möglichen Bezeichnungen. Kulturbetrieb – Kunstmarkt – diese Begriffe sprechen für sich selbst. Wenn man ihnen hinterherlauscht, bedarf es eigentlich keiner Erklärung meines Unbehagens mehr.

Andererseits basieren sie auf Gegebenheiten, die uns in allen Bereichen menschlichen Lebens überkommen haben. Der Freiraum, sich den Brutalismen unserer Leistungsgesellschaft zu entziehen, ist erschreckend klein geworden. Nichts mehr kann geschehen, ohne von »Seitenblicken«* aufgestöbert zu werden. Keiner mehr ist davon zu irritieren, daß Zeitungen »Gewinn« und »cash & flow« – Parfums »Egoiste« und »Agressione« heißen. Die Bemerkung, daß »man sich eben gut verkaufen muß«, fällt in jeder gesellschaftlichen Formation, und es wird ihr unwidersprochen zugenickt.

Dies ist der Humus, aus dem unser heutiges Kulturgeschehen

erwächst. Und vor allem auch die Kultur unseres Umgangs miteinander, sei es auf politischer oder persönlicher Ebene. Oder eben im Bereich des Künstlerischen.

Auch dort herrschen radikales Erfolgsstreben, Egomanien und Machtwahn vor, verdrängen maßgeblich, was aus reiner Schöpferfreude, ohne Prüfung des Marktwertes geschieht.

Zwar werden im Kulturgespräch allgemein und stereotyp unablässig »Inhalte« gefordert. Aber diese Forderungen sind, genau besehen, meist formalistisch-ästhetischer Natur, von Anliegen des Musealen und Ausgestellten diktiert. Also: Kunst-Warenhaus, Kunst-Supermarkt. Immer Superlative. Gigantomanie.

Ich meine, daß der Begriff INHALT in einer Zeit, die total dem Äußerlichen huldigt – und das geht hinein in die prekärsten Nischen unseres Selbstverständnisses –, sich schwer definieren läßt. Spricht man etwa von einem ethisch ausgerichteten Menschsein, dann kennt man die maliziösen Blicke der Kunstinteressierten oder Kunstbeurteiler. (Letztere sind, im Vertrauen gesagt, immer wieder und wieder eine Spezies von größter Gefährlichkeit, Totengräber der eigenen Art. Sie begraben so manches, was lebt, und huldigen dem, was tödlich ist. Oder tot. Abgesegnet.)

Das Vertrauen zu Kriterien des Inneren, Innerlichen – ich meine, letztlich die Voraussetzung für Kunst – ist weitgehend geschwunden. Und das führt zu einem Ansteigen der Zahl potentieller Staatskünstler und dem Schwinden – oder einer merklichen Reduzierung – unbestechlicher Einzelgänger. Ja, dieser »Einzelgänger«, der ist kulturell nicht mehr gefragt, wenn er es ernst meint. Die »Masche Einzelgänger«, das wäre noch denkbar. Künstlerisches oder kulturelles Wirken kann sich ohne mediale Gewaltanwendung kaum noch behaupten. Prüfen Sie doch einmal bei sich selbst nach. Auf was reagieren Sie? Wieviel meinen Sie zu kennen, ohne sich auszukennen? Sagen Sie nicht selbst auch: »Von der – oder dem – hört und sieht man ja gar nichts mehr!«, obwohl Sie diejenige oder denjenigen davor auch nur in der Zeitung sahen und kaum bei Ausübung ihres oder seines Berufes?

Ich habe jetzt auf einen sehr einfachen Nenner gebracht, wovor wir uns meiner Ansicht nach auf das heftigste hüten sollten. Und ich möchte es gerade hier und heute unmißverständlich betonen.

Glauben Sie bitte nicht, meine Herrschaften, daß ich nur ein düsteres Bild unseres kulturellen Zustandes zeichnen möchte – obwohl es so anmuten kann. Aber wenn sich St. Pölten jetzt auf den Weg macht, im Kulturbereich Akzente zu setzen, dann tut sich die ganze Frische eines Neubeginns auf. Dann liegt mir sehr daran, Impulse zu geben, die vielleicht einer Warnung gleichzusetzen sind.

Seit über fünfunddreißig Jahren beobachte ich Kultur aus größter Nähe. War ich mit Künstlern aus diversen Sparten konfrontiert. Habe ich selbst mitgetan. Oder – was in den letzten Jahren sehr zugenommen hat – eben nicht mitgetan. Ich wurde älter, mein Blick wurde schärfer. Und ich sah immer deutlicher das Hand-in-Hand-Gehen kultureller und politischer Mechanismen. Vom Theater heißt es immer, es wäre der Spiegel seiner Zeit. Es gab Zeiten, da hat es den Spiegel vorgehalten. Jetzt spiegelt es nur wider, funktioniert ähnlich – also spiegelgleich. Und selbiges tut sich im gesamten Kulturbereich. Wenn unsere staatliche Fernsehanstalt nur Einschaltquoten sucht – also die totale Übereinstimmung mit dem Massenpublikumsgeschmack –, heißt das nichts anderes. Durch medial verbratenes Engagement wird Empörung oder Kritik unablässig zur Sensation degradiert. Am Theater, in den Medien selbst, in der Politik.

156

St. Pölten ist eine junge, eine heranwachsende Kulturstadt. Es hätte die Chance, sich dem Kulturbegriff jung und unbelastet zu stellen. Nicht Prestige zu suchen, sondern Be-achtung, im besten Sinne dieses Wortes. Es geht ganz bestimmt nicht um monströse Projekte. Um den Einkauf teurer Produktionen, die weltweit zur Auswahl stehen, also das Benutzen von kulturellen Verkaufskatalogen. Da sind Ihnen hier die »Wiener Festwochen« ohnehin unschlagbar weit voraus.

Lassen Sie zu Wort und zum Ausdruck kommen, was die Menschen in dieser Stadt interessiert – und das bitte ich, nicht mit Volkstümelei und reaktionärer Biederkeit zu verwechseln. Die Einblicke in fremde Kulturen müssen sich nicht unbedingt mit teuren Spektakeln verbinden. Es geht nicht um Zahlen. Es geht um Wirksamkeiten – was sich, und wie, auf Menschen auswirkt. Kultur»aktivitäten« – wieder eine Wortschöpfung von drastischer Aussagekraft –, die hauptsächlich den Nimbus der Verantwortlichen steigern sollen, sind häufig. Und allesamt unsinnig. Ich behaupte das in aller Schlichtheit und gestützt auf meine tiefe Kenntnis dessen, was sich PUBLIKUM nennt.

Lassen Sie mich darauf noch im besonderen eingehen, auf das Phänomen PUBLIKUM. Also auf eine Gruppierung von Menschen – sie kann alle Größenordnungen umfassen –, die eigentlich für jede kulturelle oder künstlerische Tat notwendig ist. Wie ein Gesprächspartner für das Gespräch.

Sicher – solange komponiert oder geschrieben oder gemalt wird, ist der Ausübende mit sich und seinem Tun allein. Sollte er, im besten Fall, das Öffentlichwerden nicht bedenken und alles vor sich selbst verantworten. Trotzdem befindet er sich in einem Dialog. In einem Dialog mit – man mag es nun »die eigene Vision«, eine »höhere Ordnung«, »Gott« oder einfach »das Talent« nennen – in jedem Fall mit einem DU, vor dem man sich auszudrücken und zu manifestieren bestrebt ist. Und nach Beendigung dieses Prozesses sucht die Komposition ein Orchester und einen Konzertsaal, sucht das Manuskript einen Buchverlag und Leser, suchen die Bilder eine Galerie und Betrachter. Suchen sie allesamt das Publikum.

Ich selbst bin im Lauf der Jahre zu einem überzeugten Verfechter des Publikums an sich geworden. Ich kann auf maßlose Weise in Zorn geraten, wenn bei Theaterproduktionen eines gewissen Genres die Zuseher als eine Art notwendiges Übel betrachtet werden, da sie ohnehin »nichts verstünden«, bei gestalterischen Höhenflügen nicht mithalten könnten und der Kunstausübung eher hinderlich seien. Natürlich ist Publikum in der Zeit seiner Zeit meist nicht voraus. Bei Musik und Malerei gab es immer wieder – im nachhinein unbegreifliche – Ablehnungen. Und natürlich gibt es Zeiten politischer Zwänge und Gehirnwäschen, die aus einem Publikum eine Horde Deformierter werden lassen, die deformiert reagieren. Aber ich spreche von unseren relativ demokratischen, relativ freien Gegebenheiten in unserem relativ demokratischen und freien Land, wo Menschen einige Bildung erlangen können, wenn ihnen daran liegt, und sich ungehindert äußern dürfen – wenn ihnen daran liegt.

Ich spreche auch von meinen eigenen Erfahrungen im Umgang mit Publikum. Seit über fünfunddreißig Jahren stehe ich auf der Bühne, immer wieder. Sei es in einem Theaterstück, sei es (was in letzter Zeit überwiegt) mit meinen Liedern oder lesend. Und ich muß Ihnen sagen: Wo doch Ereignisse und Zustände, die von Menschen verantwortet werden, einem Tag für Tag den Atem rauben können vor Entsetzen – weltweite Information ein hoffnungsloses Bild des Menschen an sich zeichnet – man die Menschheit apokalyptisch an Unvernunft scheitern sieht und keinen Pfifferling mehr für sie zu geben geneigt ist – genau in diesen Zeiten, besser gesagt: in den letzten Jahren, gab das Publikum mir am ehesten Impulse gegen die totale Hoffnungslosigkeit. War Publikum in der Lage, mich zu ermutigen. Habe ich Beeindruckbarkeit und Mit-Denken erfahren – wohl die wichtigsten Komponenten menschlich orientierter gesellschaftlicher Strukturen. Ich habe einschneidend erfahren, daß man ein Publikum – also Menschen – nicht manipulieren muß, um Aufmerksamkeit zu erreichen. Im Gegenteil. Ich konnte feststellen, daß ein Publikum überaus präzise auf Wahrhaftigkeit reagiert. Wenn man sich selbst entschließt, bei dieser zu bleiben.

Und so komme ich abschließend zu meiner – ja, Bitte an die Verantwortlichen des hier entstehenden Kulturgeschehens, von dem man wünscht, daß es Akzente setzen möge. Setzen Sie diese Akzente klug. Klugheit hütet vor den beiden Extremen Anbiederung und Abgehobenheit. Ihr Publikum wird Ihre Klugheit zu schätzen wissen. Es _ist_ wie dieser oft zitierte Wald, aus dem es so herausschallt, wie man hineinruft. Und rufen Sie hinein. Geben Sie geistige Anstöße. Vermeiden Sie die derzeit grassierende Opulenz des rein Bildhaften, der optischen Eindrücke, der teuren Verpackungen. Werbung und Medien schütten ohnehin beständig Bilder um uns aus und drohen uns damit zuzuschütten.

Was wir brauchen, sind Klärungen. Unserer Augen und unserer Empfindungen. Damit Klarheit herrsche, und sei es nur für die kurze Dauer eines Spiels innerhalb eines Festes, das gefeiert werden soll. FEST-Wochen sollen es werden.

Ich wünsche Ihnen dazu ein gutes Gelingen.

(Diese Rede hielt sie tatsächlich am 25. Mai 1995 in St. Pölten, zur Eröffnung der dortigen Festwochen. – * »Seitenblicke« heißt eine Gesellschafts-Promi-Sendung des ORF.)

Ein Abend am Naschmarkt
mit Erika Pluhar und Klaus Trabitsch

Im Sommer 1992 starb der Gitarrist Peter Marinoff, und eine Weile sah es so aus, als wäre damit auch meine Energie zum Musizieren gestorben. Hatte ich doch über ein Jahrzehnt mit ihm und dem Pianisten Antonio V. D'Almeida Hunderte von Konzerten in innigster und fruchtbarster Gemeinsamkeit durchlebt, in diesen Jahren mein musikalisches Können zum Selbstverständnis hinentwickelt, mich in Gegenwart dieser beiden genialen und kongenialen Musiker aufgehoben und frei gefühlt.

Dazu kam, daß Marinoff – im Gegensatz zum Portugiesen D'Almeida – in Wien lebte, mit seiner Gitarre jederzeit von der Ferrogasse zu mir nach Grinzing herüberkam und ich mit ihm – selbst unfähig, ein Instrument zu spielen, ja sogar Noten zu lesen – in aller Leichtigkeit und überaus erfreulich musikalisch weiterarbeiten konnte.

Das alles schien mit einem Mal abgebrochen, für immer verstört zu sein. Ich hatte einen Freund und meinen musikalischen Atem verloren.

Nach einem ersten »alleingelassenen« Konzert auf Madeira (D'Almeida hatte unser TRIO mit einem Konzert dorthin verpflichtet, Marinoff starb kurz davor) standen wir am Ende hinter der Bühne des alten Theaters, fielen uns in die Arme und weinten haltlos. Einen Abend lang mit dieser Leere dort, wo sonst der Peter Marinoff gesessen war, zu bestreiten – es hatte uns kurzfristig aller seelischen Kraft beraubt. Aber damit konfrontiert, daß das Leben weitergeht und auch die Verluste Teil davon sind, machten wir weiter. Ein Konzert reihte sich ans andere, im Gedanken an den Marinoff blieben wir zu zweit und fanden auch dabei unsere Form.

Aber dann ergab sich etwas Neues.

Ein langjähriger Freund, der Tonmeister Adolf Toegel – von allen seit eh und je »Tucherl« genannt –, empfahl mir eines Tages einen jungen Musiker und Gitarristen. Der würde zu dir passen, sagte er, da gibt es sicher eine schöne Übereinstimmung, ihr solltet es einmal miteinander versuchen … Er sprach von KLAUS TRABITSCH. Dieser hatte lange Zeit mit einer Gruppe gearbeitet, den »Liederlich Spielleut«, und diese auch weitgehend musikalisch geführt. Ich kannte von ihm konzipierte Instrumentalmusik, Aufnahmen für die CD »Der Papalagi«, deren gesprochene Texte ich übernommen hatte, und seine Musik gefiel mir ausnehmend. Aber ich wußte nichts von seinen gitarristischen Fähigkeiten und seiner Bühnenpräsenz. Wovon ich wußte, waren sein Alter – es entspricht genau dem meiner Tochter – und seine sehr helle, sehr sympathische Ausstrahlung. In einer Mischung aus Skepsis und Bereitwilligkeit trafen wir einander. Und kurz darauf fixierte ich für uns beide einige Konzerte in der »Freien Bühne Wieden«, wohin Topsy Küppers mich eingeladen hatte.

Die Bühne wird es zeigen, dachte ich mir, also einfach ins praktische Tun hineinspringen!

Und wir sind gesprungen.

Das liegt mittlerweile an die zwei Jahre zurück, und unsere gemeinsamen Konzerte in dieser Zeit haben eine beachtliche Anzahl erreicht. Ich habe bei Klaus Trabitsch erneut das gefunden, wovon ich meinte, es würde für mich nie wieder aufzufinden sein: eine hohe musikalische und künstlerische Qualität, die sich nicht verkauft und verrät, sondern mit der verantwortlich und visionär umgegangen wird. Einen heiteren, liebevollen und unkorrumpierbaren Charakter. Ein mitfühlendes, mitatmendes Eingehen auf Interpretationen. Und last not least ein Begabtsein im Hinblick auf das Phänomen

Mit Klaus Trabitsch im Theater am Naschmarkt (das seit dem Tod Hans Peter Heinzls nicht mehr existiert). – Dieses Foto von Pedro Kramreiter kam auch auf das Cover der von ihr produzierten CD »Ein Abend am Naschmarkt«.

»Bühne«. Eine Bühne in unausgesprochener Übereinstimmung zu teilen, im Wissen, worauf »es ankommt« – diese Fähigkeit ist nicht jedem Musiker automatisch mitgegeben. Klaus Trabitsch besitzt sie.

Unser Abend, auf Stimme und Gitarre reduziert und jedem Showelement abhold, kann zu Recht als »pur« bezeichnet werden, und wir fühlen uns in dieser Einfachheit und Direktheit zu Hause. Es lag mir daran, so ein »einfaches« Konzert zu dokumentieren. Im K. & K. Theater am Naschmarkt, bei Renate und Hans Peter Heinzl – denen ich dafür danken möchte –, bot sich dafür die Möglichkeit. Und das Resultat haben Sie jetzt in Händen.

24. Juni 1995
– gegen 18 Uhr (Schreib-Sehnsucht!)

»Amanda Meisel war mit Sicherheit das, was man unter einer gewöhnlichen Frau versteht. Nichts zeichnete sie aus. Weder Schönheit noch Häßlichkeit. Ihr mittelgroßer Körper besaß sanfte Rundungen, die jedoch nicht ins Auge sprangen. Das durchschnittliche Gesicht bot wenig Anreiz, es länger betrachten zu wollen. Und sogar die Größe und Klarheit der Augen wurden durch deren verwaschenes Blaugrau unauffällig. Amanda Meisel konnte sich zwischen Menschen bewegen, als wäre sie unsichtbar. Und das hatte seine Vorteile.«

(Tags darauf schrieb sie, ebenfalls in ihrem Tagebuch: »Im Dachzimmer einkreisende Schreib-Wünsche getippt – später obiges in mein Buch notiert. – AMANDA MEISEL, der Lebensbericht einer gewöhnlichen Frau – ? – Klingt recht gut. Aber wer ist sie? Was will sie? Usw. ...«
Es war dies einer der ersten Ansätze, die Themen für ihr Schreiben nicht mehr nur in der eigenen Biographie wahrzunehmen, sondern Geschichten erfinden zu wollen. Erst vier Jahre später erschien ihr erster »erfundener« Roman – »Matildas Erfindungen«.)

Was ich lese

In diesen sommerlich heißen Wochen, die ich weitgehend und gerne in meinem kühlen Haus verbringe, kehre ich lesend wieder einmal bei Georges Simenon ein. Seine Bücher begleiten mich seit frühester Jugend, und ich wähle sie immer dann, wenn ich die Kombination von Lesegenuß und literarischer Qualität suche. Was ich dabei genieße, hat wohl am wenigsten mit den kriminalistischen Faktoren seiner Geschichten zu tun, obwohl ich die Figur des Kommissar Maigret überaus liebe. Aber ob »Maigret« oder »Non Maigret« – es ist das Eintauchen in präzise geschilderte Milieus und Charaktere, in Welten, die man sinnlich zu erfahren meint. In einer grandiosen stilistischen Einfachheit werden Landschaften, Städte, Jahreszeiten, Gerüche, ja Speisen und Getränke ähnlich intensiv beschrieben wie die handelnden Personen. Letztere sind in ihrer Vielfalt niemals Kunstfiguren, sondern unauslotbar und eigenartig, wie die Spezies Mensch sich bei näherem Hinsehen eben darbietet. Und vor allem, wenn es Simenon ist, der hinsieht! Mit größter Aufmerksamkeit hat er recherchiert, sich Lebensformen und Lebensbereiche optisch und empfindungsmäßig zu eigen gemacht, ehe er ein Buch, eine Geschichte zu schreiben begann. Gleichzeitig ist er ein Meister des unabwägbar Geheimnisvollen, es scheint, als könne man nie auf den Grund der geschilderten Ereignisse vorstoßen, ein Rest Unerklärlichkeit bleibt zurück.

Lieber verreise ich also mit Georges Simenon in mir fremde Stimmungen und Menschenlandschaften, als auch nur einen Fuß in das touristische Treiben dieses Sommers zu setzen.

Erika Pluhar
Wien, 17. Juli 95

(Was sie lese?, hatte sie die Zeitschrift »Die Presse/Spectrum« gefragt. Dieser Beitrag erschien dort im Sommer 1995.)

Das Wiener Lied

Ich selbst, als typisches Wiener Kind, habe – wie könnte es anders sein – bei Heurigenbesuchen mit den Eltern meine ersten Wiener-Lieder-Erfahrungen gemacht. Zum Teil ging mir das »Geraunze«, wie ich es nannte, auf die Nerven. Diese unerträglich langgezogenen, weinerlich leiernden Töne der Sänger und Sängerinnen, die dazumal, als ich klein war, der Tradition dieser Liedform noch voll verhaftet waren. Andererseits trieb mir das Lied »Des Glück is a Vogerl« plötzliche Tränen in meine Kinderaugen, irgend etwas daran fand ich entsetzlich traurig – daß man das Glück nie fangen kann – daß es »glei« fortfliegt. Jemand muß das Lied wohl einfach und unverraunzt gesungen haben, der einfache Inhalt hat sich mir sehr einfach, aber tief eingeprägt.

Und so habe ich, nach Überwindung meiner kindlichen und jugendlichen Ablehnung, mehr und mehr begriffen, wieviel Kraft in einer derart stadt- und dialektbezogenen musikalischen Ausdrucksform zu finden ist. Es ist der geballte, starke Impuls dieser Stadt, in der ich geboren und aufgewachsen bin, in der ich lebe, die mir im Wiener Lied fühlbar und sichtbar wurde. Das heißt, nur in den Wiener Liedern, die ich ungeschminkt und herb erfuhr, bei Könnern und Kennern dieses Genres, in einfachen volksnahen Lokalitäten.

Denn was dem Ausland vermehrt als »typische Wiener Lieder« verkauft wurde, hat mit der echten Qualität solcher Lieder kaum mehr etwas zu tun. Ich habe ähnliches bei näherer Kenntnis des portugiesischen Fado konstatiert (auch eine maßgeblich einer Stadt, in diesem Fall Lissabon, zugerechnete Liedform): wie wenig touristische Klischee-Erfahrungen mit dem eigentlichen Sinn und Wert dieser Gesänge zu tun haben.

In beiden Fällen – Wiener Lied und Fado – überwiegen im Abverkauf reaktionär-weinerliche Themen, Frauen heulen ihrem Liebsten hinterher, irgendein Aufbegehren gegen bestehende Zustände ist undenkbar. »Ja, da kann ma nix machen« – »Wenn der Herrgott net will, nutzt es gar nix« und dergleichen mehr. Sentimentalische Gefühlsduselei und verlogene Glücksgefühle übermitteln sich als die vorrangigen Empfindungen.

Und genau das ist beim »echten« Wiener Lied nicht der Fall. Sicher, auch hier werden Liebe und Phlegma besungen, wird der Vorteil einer leichten Trunksucht gepriesen. Aber immer wieder kommt diese herbe und humorvolle Kraft zum Vorschein, die das Wiener Lied eigentlich ausmacht. Ich bin in Wiens Vorstadt aufgewachsen, im engen Kontakt zur sogenannten »Volksseele«, und weiß, wovon ich spreche. Und wer das »Fiakerlied« oder den »Glasscherbentanz« oder »Unser Vater is a Hausherr« – um nur weniges zu nennen – in einer unversüßten, gekonnten Interpretation einmal »wirklich« gehört hat, wird es bestätigen. Lebensfreude und Tod, Genuß und Vergänglichkeit, Schlauheit und Mutterwitz, Liebe und Zank und natürlich auch immer wieder »Wein, Weib und Gesang« – was anderes also als die simplen und bestimmenden Lebensfaktoren sind Inhalt des wahren Volksliedes, dem ich das »echte« Wiener Lied hinzuzähle.

Ich selbst habe mich in späteren Jahren, als ich das Wort »Chanson« nicht mehr hören konnte (heißt es doch nichts anderes als »Lied« – also!), in meinen eigenen Liedtexten wieder der Sprache, des Dialektes meiner Kindheit angenommen. Habe die unprätentiöse, auf den Punkt genaue Direktheit des Wienerischen wieder voll zu schätzen gelernt, diesen einfachen Weg zum Humor, diese fast absurd anmutenden, herrlich zu singenden Wortschöpfungen.

166

Zum Beispiel eine (die ich in fast jedem meiner Konzerte zitiere, meist zum Gaudium des Publikums dort, wo man des Wienerischen nicht mächtig ist): »Sats as e a?« – was soviel heißen soll wie: »Seid ihr es denn ohnehin auch?« – Oder: »Was ma san, des sama, was ma kenna, des tama, was ma wolln, des tama, was ma net wolln, tama net.« (Noch wilder in der Möglichkeitsform: »Was ma waraten, des wama, was ma kennaten, des tatma, was ma wollatan, des tatma, was ma net wollatan, net.«) Soll heißen: »Was wir sind, das sind wir, was wir können, das tun wir, was wir wollen, das tun wir, was wir nicht wollen, tun wir nicht.«

Bei diesem kurzen Ausflug in den Wiener Dialekt ergibt sich auch eine inhaltliche Komponente von Selbstbewußtsein, Frechheit und Unkorrumpierbarkeit, die mir persönlich im Charakter des Wiener Liedes äußerst wohl tut, mit der ich es beharrlich bereichern möchte.

Es ist nicht die Larmoyanz betrunkener Touristen, von der das Wiener Lied lebt. Es ist nach wie vor die unbekümmerte Kraft des Wienerischen, die sich, gesungen, immer wieder frei erhebt und eine Menge vom Menschen zu erzählen weiß, auch heute, auch jetzt.

Juli 1995
in Wien

(Für die Frankfurter Buchmesse 1995, die das Land Österreich in den Mittelpunkt stellte, wurde ein Magazin mit dem Titel »Buchstäblich Österreich« herausgegeben. Die Verlagsagentur Bücherbogen bat sie um einen Beitrag für das Genre »Wiener Lied/Chanson«.)

Eine kleine Rede zu Gerhard Burczigs
Ausstellung am 19. September 1995

Ich möchte meinen kurzen Worten etwas sehr Einfaches voranstellen. Und wie alles wirklich Einfache hat es sich lange erprobt und erwiesen und in komplizierter Zeit standgehalten: Gerhard Burczig gehört zu meinen ältesten und innigsten Freunden.

Und jetzt – bitte – stellen Sie sich uns beide einmal vor – jung! Er füllig, dunkel, bärtig – ich mager und viel zu blond.

Und wir zwei, unter riesigen afrikanischen Bougainvillea-Sträuchern und ebenso riesigen Sternen am afrikanischen Himmel über eine Tanzfläche fegend. Von Maria Burczigs und Franzi Hellers mild-skeptischen Blicken begleitet, tanzten wir immer wieder hingebungsvoll zu einem Lied, das damals en vouge war und dessen Text folgendermaßen lautete:

»I beg your pardon
I never promised you a rose garden …«

Und diese Zeilen haben für mich im Lauf der Jahre Bedeutung gewonnen. Man hat uns beiden keinen Rosengarten versprochen – und wir haben ihn auch nicht gekriegt.

Aber vergessen haben wir ihn nie. Eigentlich immer mit der Möglichkeit, der Ahnung, einem Gespür für diesen »Garten« gelebt. Rosen hin oder her – etwas hat immer geblüht. Und darauf kommt es schließlich an.

Mein Freund Gerhard ist für mich ein Meister des Gedeihenlassens, weil er Menschen, Geschöpfen, Dingen mit Liebe und Achtung begegnet. Seine Gegenwart hat mich immer erquickt, sogar dann, wenn es ihm selbst ganz besonders dreckig gegangen ist. Er kann Freude schenken – und das ganz sicher deshalb, weil er weiß, was Freude ist.

In Malindi, Kenia, ließen sich die beiden Paare (sie und André Heller, Maria und Gerhard Burczig) im Januar 1972 in einem Fotoladen für Einheimische ablichten.

Und genau das drücken seine kleinen Bilder für mich aus: Freude. Freude am Umgang mit Farbe und entstehender Form. Eine Leichtigkeit und ein Lächeln dabei. Wellen, die über das Papier springen. Die dunkel sein können oder hell.

Beweglichkeit. Eine unprätentiöse Aufforderung, auch das, was man ernst nimmt, nicht allzu ernst zu nehmen ...
Und die Blätter bedürfen der Fülle. Nicht nur das einzelne spricht, in ihrem Miteinander entsteht der wahre Eindruck. Wie in einem Garten die Fülle und Vielfalt zählen.
Also – Gerhard – vielleicht auch hier einer deiner umgesetzten »Rosengärten«?
Wer weiß ...?

(In jüngeren Jahren hatte der Graphiker Gerhard Burczig oft für ihre Platten-Covers und Plakate gearbeitet. Seither, also seit nahezu dreißig Jahren, ist sie mit ihm und seiner Frau Maria unverbrüchlich befreundet.)

Ein Dialog zum Tag

Na ja, so kann man ihn auch nicht aufhalten!

Sie meinen also, es wäre bereits nötig, ihn aufzuhalten?

Das wollte ich damit nicht sagen. Ich wollte sagen, daß man ihn nicht so wichtig nehmen darf – dadurch wird er doch erst wichtig.

Sie meinen?

Natürlich! Dieses Dämonisieren!

Sie glauben also, es ist besser, zu schweigen und nur ihn reden zu lassen? Besser, nichts zu tun und nur ihn handeln zu lassen? Dann wird's schon? ... Ja?

Ihre Frage klingt nicht nur süffisant, sie ist auch so gemeint, ich bin ja nicht blöd. Natürlich muß was geschehen. Natürlich muß was getan werden!

Von wem?

Von den Verantwortlichen!

Und wer sind die Verantwortlichen?

Also ich bin es nicht, meine Liebe.

Nein?

Nein!! – Schaun Sie sich doch mal die Blödheit der Politiker an, die haben versagt. Was soll unsereiner jetzt noch ausrichten. Man muß das Übel an seiner Wurzel bekämpfen.

Gut und schön. Wenn man aber nicht an der Wurzel sitzt, sondern eben irgendwo oben, im Baum ...?

(Achselzucken)

... ist man dann aus dem Schneider? Geht einen dann das alles nix mehr an?

Natürlich geht's einen was an, unterlassen Sie bitte diese Suggestivfragen. Natürlich sollte man sich gewissen Tendenzen nicht ausliefern –

Aber wie? Wie wollen Sie das machen?

Na ja – <u>wie</u> …! Man lebt ja schließlich anständig. Ich halte mich grundsätzlich aus der Politik heraus.

Haben Sie Angst?

Ich – na ja, nicht gerade Angst – aber das mit den Briefbomben …

Warum sollten Sie eine Briefbombe kriegen?

Warum nicht? Wenn ich auffällig werde?!

Also bleiben Sie lieber unauffällig?

Ja. – Ich hab schließlich Familie.

Sie wollen also alles so belassen, wie es ist?

<u>Das</u> hab ich nicht gesagt!

Erika Pluhar

am 1. Oktober 1995

(Dieser »Dialog« erschien an Stelle eines Vorworts zu Peter Steffens Theaterstück »Neonazi« im Kulturfolder der »Bühne im Hof« in St. Pölten.)

»Wie werden Sie wählen?«

Ich trauere um Bruno Kreisky. Nach wie vor. Man pflegt mir bei Äußerungen dieser Art meist vorzuhalten, wie gravierend auch seine Fehler gewesen seien, wie viele Probleme unserer Tage in seiner Zeit Wurzeln geschlagen hätten. Mag sein, antworte ich, und daß ich nie behauptet hätte, er sei ein Mensch ohne Fehler gewesen. Denn er war ein <u>Mensch</u>. Und genau darum trauere ich. Wenn ich mir einen menschlichen Politiker und einen Menschen mit politischem Überblick, beides in eine Person gefaßt, vorstellen will – muß ich bei ihm und in der Vergangenheit bleiben. Leider. Das sich nur äußerlich behaupten wollende, rein strategische Verhalten heutiger Politiker ist bestürzend bis peinlich. Als aufmerksamer Beobachter der politischen Landschaft bin ich geneigt aufzujubeln, sobald ich nur den Ansatz von Haltung und Charakter in der Sauce clubzwanggeschädigter Politikergesichter zu erkennen meine. Wenn ich einige Sätze höre, die einer eigenen und unkorrumpierbaren Meinung zu entspringen scheinen.

Die Sozialdemokraten haben sich widerstandslos der taktischen Unehrlichkeit ergeben, und es hat ihnen geschadet. Als die frühen Ziele dieser Partei faktisch erreicht waren, hat man sie inhaltlich nicht erneuert. Hat man verabsäumt, soziale Probleme in erweiterter und andersartiger Form wahrzunehmen und zu übernehmen. Es hätte zum Beispiel keiner Grün-Partei bedurft, hätten die Sozialdemokraten früh genug die Wucht ökologischer Interessen erkannt (sicher auch ein Fehler Kreiskys). Und es entstanden Sattheit und Macht – dem Menschen an und für sich und in jedem Bereich schädlich –, was unweigerlich zu Korruption und Unglaubwürdigkeit führte.

Bruno Kreisky war ein glaubwürdiger und integrer Mensch. Er hatte Macht und wußte, was Macht bedeutet. Er war klug, jedoch nicht allwissend (obwohl Alter und Krankheit ihn in die Nähe trauervoller Weisheit rücken ließen). Er konnte mit Taktik und Schlauheit vorgehen, ohne sich selbst schamlos zu verraten.

Ich beschreibe ihn, um zu beschreiben, was heutzutage schmerzlich fehlt. Und trotzdem erwarte ich gerade heute von den Sozialdemokraten ein über den Eigennutz hinausgehendes, kompromißloses und dennoch politisch kluges Verhalten. Es sei blöd und naiv von mir, das jetzt noch zu erwarten, sagt man mir. Mag sein, wiederhole ich mich, aber die derzeitige politische Situation in unserem Land ist böse auf die Spitze

173

getrieben. Man muß mit Macht (absolut im Doppelsinn dieser Formulierung) und mit einer entschiedenen, aufrechten Welt- und Lebenssicht dagegen angehen. Beides kann ich, bei Betrachtung der anderen Möglichkeiten, doch nur von den Sozialdemokraten verwirklicht sehen. Ich werde also zähneknirschend sozialistisch wählen. Und schön wäre es, wenn dieses Zähneknirschen sich eines Tages wieder erübrigen würde.

Erika Pluhar
Wien, am Samstag, 28. Oktober 95

(Es ging um die damalige Gemeinderatswahl und die erschreckend große Chance, die Jörg Haiders »Freiheitlichen« dabei eingeräumt wurde. Obiges Statement erschien in einer Wochenzeitung.)

Betrifft: DIE 1000

Liebe Freunde.
Sie haben vor einiger Zeit ein Schreiben erhalten, in dem Sie zur Teilnahme an der Aktion DIE 1000 eingeladen wurden. Wir wollen Sie mit diesem Brief zusammenfassend noch einmal über diese Initiative informieren.

1. WORUM GEHT ES?
Wir wollen eine österreichweite Plakataktion finanzieren, bei der 1000 Personen mit ihrem Namen auf politische Fehlentwicklungen in unserem Land aufmerksam machen. Die Aktion soll im Frühjahr 1996 stattfinden. Ein Plakatentwurf liegt bei. Die Texte werden zu Beginn der Kampagne aktualisiert.

2. WARUM MACHEN WIR DIE AKTION?

Weil wir überzeugt sind, daß wir persönlich die Verantwortung haben, auf negative politische Entwicklungen in unserem Land rechtzeitig aufmerksam zu machen und ein Zeichen zu setzen. WENN WIR NICHT SAGEN, WAS UNS STÖRT, WIRD UNS NIEMAND HÖREN.

3. WER MACHT MIT?

Die Aktion ist auf private Initiative von Erika Pluhar, gemeinsam mit Freunden, entstanden. Inzwischen unterstützen bereits Persönlichkeiten wie etwa Alfred Dorfer, Peter Huemer, Franziska Kalmar, Erwin Lanc, Günther Lebisch, Erni Mangold, Franz Merlicek, Fritz Muliar, Günther Nenning, Ilse und Werner Schneyder, Sonja Sutter, Alfred Worm, Günther Schifter und viele mehr diese Aktion.

4. WIE KOMMEN WIR AUF SIE?

Weil ein Mitglied der Initiativgruppe Sie so gut kennt, daß es annimmt, auch Sie wollen nicht länger einer schweigenden Mehrheit angehören.

5. WAS SOLLEN SIE TUN?

Wir wünschen uns, daß Sie weitere Personen namhaft machen, von denen Sie glauben, daß sie mit unserer Aktion sympathisieren. Sie sollen diese motivieren, den Plakatdruck mit einem Betrag von 3000 Schilling zu unterstützen.

6. WIE GEHT ES WEITER?

Wenn 2000 Plakate in ganz Österreich hängen sollen, benötigen wir 2,9 Millionen Schilling. Wir haben uns eine Frist bis Ende des Jahres gesetzt. Falls wir bis dahin unser Ziel (1000 Unterstützer) nicht erreicht haben, wird Ihr Geld unverzüglüglich refundiert.

Liebe Freunde! Unsere Aktion ist darauf aufgebaut, daß Sie als Multiplikator wirken. NUR GEMEINSAM KÖNNEN WIR DIESES ZEICHEN SETZEN.

Mit besten Grüßen – für DIE 1000 –

Erika Pluhar

(Dieser Brief wurde an alle in Frage kommenden Persönlichkeiten – und nicht nur an Prominente – verschickt. Die Reaktion war enttäuschend. – Aber die »Initiatoren« trafen mehrmals freundschaftlich-heiter zusammen und ohne sich die Freude aneinander oder die an Speis und Trank rauben zu lassen.)

Thema: »Wahlentscheidung: Angst?«

Für mich stellt sich vorrangig und sofort die Frage, warum in einer Demokratie der Begriff »Angst« in dieser Weise überhaupt auftauchen kann. Man »mit Angstparolen agitieren« <u>kann</u>! Wie immer man sich nun verhält – ob man Angst hat oder Angst zynisch kommentiert –, daß wir uns hier treffen, um über das Thema ANGST zu diskutieren, läßt tief blicken. Ist eigentlich bereits Beweis dafür, daß sie – die Angst – zu Recht besteht.

Der Philosoph Günter Anders hat mir vor Jahren einen sehr kritischen, fast bösen Brief geschrieben, weil ich in einem sogenannten Friedenslied sang:

»Dann werd'n alle endlich kapier'n
und sie werd'n die Angst verlier'n.«

Er schrieb in seinem Brief über die Notwendigkeit von Angst und daß ich – vereinfacht – eine blöde Kuh sei, die blöde Sätze sänge. Der Brief hat mich tief getroffen, ich habe mich plötzlich geschämt – aber auch begonnen nachzudenken.

Die Angst ist wesentlichste Komponente menschlichen Handelns, sie begleitet unser Leben, läßt uns ängstlich werden oder Verdrängungsmechanismen mobilisieren. Natürlich wandte ich mich in meinem ungeschickten Lied gegen diese Angst, die uns schwächt und korrumpiert, uns den aufrechten Gang und eine kompromißlose Haltung raubt. In Zeiten wie unseren, wo mir die eben zitierte Angst auf bestürzende Weise begegnet, muß man sich – nennen wir's anders: Besorgnis und Furcht, die Ahnung von Bedrohlichem, sogar die nur instinktive innere Warnung oder Befürchtung – muß man sich all dies konzidieren.

Ich bin keine Politikerin, die in Detailfragen sattelfest ist. Ich bin eine aufmerksame Beobachterin politischer Vorgänge, deren Ursprünge ich immer in privatmenschlichen Verhaltensmustern sehe. Ich glaube, sagen zu können, daß ich etwas vom Menschen verstehe. Und genau dieses Verständnis vermisse ich großteils bei Politikern. Ich spreche nicht nur vom Unverständnis anderer Menschen gegenüber, sondern auch vom Unwissen über ihre eigene menschliche Ausstrahlung. Sie agieren meist, als wären sie unsichtbar, hinter ihrem Kalkül verborgen.

Das stimmt nicht. Vor allem das Fernsehbild ist wie ein Röntgenauge und liefert perfekte Psychogramme. Man sagt mir immer wieder, die Medien – also auch das Fernsehen – würden den Faschismus alter Form in heutigen Tagen unmöglich machen. Ich glaube das nicht so recht. Das Fernsehen, die Medien sind meiner Meinung nach Teil des Neofaschismus. Die modischen, werbestrategischen Vor-bilder zerstören allmählich die Fähigkeit des Menschen, hinter Fassaden zu schauen, Inhalte wahrzunehmen. Meine Verwunderung darüber, daß nicht alle Bürger dieses Landes in Gesichtern lesen können, was dort so klar geschrieben steht, ist immer wieder grenzenlos. Wohl, weil ich selbst von diesen Informationen geradezu überfallen werde und sie meist jeden Irrtum ausschließen.

Zurück zur Angst. Es ist leicht, Ängste zu schüren. Man konnte beobachten, daß in einem Land wie dem unseren – das weltweit an vorderster Stelle steht, wenn es um Stabilität, Wohlstand und soziale Gerechtigkeit geht – die Bürger ohne Mühe in panische existentielle Befürchtungen getrieben werden konnten.

Die Schelte über unsere Regierung wurde zum täglichen Thema und entglitt mehr und mehr einer sachlichen Kritik. Das unumgängliche Faktum von Ausländerzuwanderung wird dabei willkommenes Ventil für Haß und Schuldzuweisung – beides entsteht notwendigerweise aus Ängsten, die nicht reflektiert werden.

Und wir haben unseren mißlichen Herrn Haider, der dafür sorgt, daß Reflexionen nicht zugelassen und nur gedankliche Rülpser formuliert werden. Das macht seine Gefahr aus. Er selbst ist ein frecher und bösartiger Wichtigtuer, nicht mehr. Aber es genügt leider, bedrohlich vorhandene Tendenzen hochzuschaukeln. Was in der Luft liegt, will sich materialisieren, bedarf nur eines geeigneten Anziehungspunktes. Herr Haider hat die Fähigkeit, jede Form von gemeiner, spießbürgerlicher und dumpfer Abwehrhaltung auf sich zu ziehen, weil er solches in sich trägt und ohne Scham vertritt. Katastrophal, wenn nun der Kopf einer rechtskonservativen Partei, ein vom persönlichen Ehrgeiz getriebener Mann, sich aus Gründen der Machtpolitik von solchen Tendenzen nicht abgrenzt, sondern mit ihnen zu liebäugeln beginnt. Eine Regierungskrise heraufbeschwört, das Staatsgefüge destabilisiert. Solches geschah in unserem Land und rückt Herrn Schüssel als potentiell gefährlichen Mann weit nach vorn – er und Haider Nase an Nase, würde ich sagen.

Die »Gegenstrategien«? Aus »weiblicher Sicht«?

Mir persönlich fehlt bei diesen Fragen die weibliche Sicht, ich kann das nur allgemein menschlich sehen. Und dagegen handeln kann man im Moment nur auf einfachste Weise. Indem man vernünftig wählt – will heißen so, daß der neofaschistischen Tendenz eine unmißverständliche Absage erteilt wird. Darum geht es im Moment, und ausschließlich darum. Nicht um Detailkritik, nicht um persönliche Sympathien oder Vorteile.

Mir, als besorgtem Staatsbürger, der im Ausland Mühe hat, das eigene Land noch halbwegs anständig zu interpretieren, sind diverse Problemstellungen, die die mediale Diskussion anfüllen, im Augenblick – ehrlich gesagt – relativ »wurscht«. Wir werden später Zeit und Möglichkeit haben, uns diesen Problemen zu widmen. Aber nur, wenn jetzt eine klare Wahlentscheidung getroffen wird. All die herumschimpfenden, unzufriedenen, fremdenfeindlichen Mitbürger würden ihre blauen Wunder erleben, sollten sich Haiders und Schüssels Regierungsansprüche erfüllen.

Was mich persönlich mit Sorge, ja Angst erfüllt, ist das Unvermögen so vieler anständiger, vielleicht ebenfalls ehrlich besorgter Menschen, politisch zu reagieren. Ich beobachte ständig Empörung, emotionale Ausfälle, wilde Schimpferei – und unkluges Handeln, wenn's drauf ankommt. Vor allem die Künstler und Intellektuellen neigen sehr selten zu politischer Klugheit, sogar da, wo sie's ehrlich meinen.

Im Zuge meiner, unserer Initiative DIE 1000* habe ich Ängstlichkeit, Selbstzensur, die Furcht, sich festzulegen – habe ich eine Menge dessen wahrgenommen, was beginnenden Faschismus kennzeichnet. Und das sollte uns ANGST bekommen lassen, im Sinne des verstorbenen Günter Anders. So gesehen plädiere ich für eine Wahlentscheidung, die sich nicht auf die Unzerstörbarkeit unseres demokratischen Gefüges verläßt, die mit der realen Möglichkeit von Neofaschismus nicht nur verbal herumspielt, sondern sie ernst nimmt.

(Mit diesem hingeworfenen Aufsatz bereitete sie sich auf eine Podiumsdiskussion im Volkstheater vor, die am 19. November 1995 stattfand. Auf der Bühne saßen unter anderem Madeleine Petrovic, Heide Schmidt, Maria Rauch-Kallat, Brigitte Ederer. Gastgeberin war die Direktorin Emmy Werner, Peter Pelinka leitete die Diskussion. – * DIE 1000 sollten, wie schon zuvor erwähnt, in Plakatform die namentlich genannte Gegenposition vieler zum österreichischen Rechtsruck deutlich machen. Man hatte sich Tausende von Namen »vorgestellt« … Diese Initiative ging kläglich in die Binsen; kaum jemand war bereit, sich auf diese Weise, also »plakativ«, zu äußern.)

Mein geliebter Vater –
ich werde Dich jetzt mit allen Namen nennen, die die Deinen waren:
Lieber Seff – Vati – Opi – liebes Herrli – lieber Doktor Pluhar.

Du warst immer ein großartiger Grabredner, man hat Dich oft dazu auserkoren, wenn Deine Freunde starben. Meist bist Du in erhobener Stimmung nach Hause gekommen und fandest das Begräbnis – wie so vieles andere auch – »prachtvoll!«

Immer habe ich Dein Selbstverständnis im Umgang mit den Unabänderlichkeiten des Lebens bewundert. Ich werde keine so schwungvolle Rede an Deinem Grabe halten können wie Du selbst, und ich leide nach wie vor am Unabänderlichen. Die Huschkagasse ist leer ohne Dich.

Aber daß Du so einfach und selbstverständlich gehen konntest, »nach Hause«, wohin Du in der letzten Zeit immer wolltest – daß Dir gelungen ist, einzuschlafen – still aufzuhören zu atmen – dieser Tod gehört so sehr zu Deinem Leben, daß er tröstet. Es war ein sehr langes und letztlich erfülltes Leben, das Dir dem Alter zu immer mehr Freude gemacht hat. Wer kann schon solches von sich behaupten.

Wir wollen uns deshalb heiter von Dir verabschieden, so, wie Du es wolltest. Folgendes kleines Gedicht von Dir fanden wir auf einem »Parte-Entwurf« für Dein eigenes Begräbnis:

Und kommt der Tod einst mit der Sense geklirrt
»Komm mit, Kamerad, hast genug jubiliert« –
Schön war des Lebens Mai –
Heissa juchei – VORBEI!

Du hast das Zeitliche gesegnet. Wir, die wir noch in der Zeit sind, werden Dich nicht vergessen, solange wir leben. Ich grüße Dich, Vati.

(Ihr Vater starb im fünfundneunzigsten Lebensjahr in ihrem Haus. Als er am 27. November 1995 beerdigt wurde, sprach sie die Abschiedsworte.)

Mit Nichte Felicitas, dem Vater und Tochter Anna, etwa 1976, während eines »prachtvollen« Sommers im Waldviertel.

Seine Grenzen zu wissen
bedeutet etwas anderes
als sich abzugrenzen,
Grenzen zu schaffen.
Meine Utopie des Menschseins
bestünde in der Achtung vor Grenzen
– der eigenen und der des anderen –
und in der Mißachtung, dem Verwerfen
von Abgrenzung, Eingrenzung, Ausgrenzung,
all der Schranken und Mauern,
die ein Miteinander verbieten.
Jede Zeit ist reif für Utopien.
Und vor allem diese Zeit
die ADVENT heißt.
Ankunft also.
In diesem Sinne meine »Botschaft«:
Vor Augen haben das –
ein Ankommen erwarten dort,
wohin der Mensch nicht gelangen will und kann.
Trotzdem.

Erika Pluhar
an die Menschen
im Retzer Land.

(Man bat sie 1995 um eine Adventsbotschaft für die Menschen im österreichischen Grenzgebiet um Retz.)

An das
PROFIL
Betrifft WAHLENTSCHEIDUNG.

Die Unentschiedenheit von Wählern ist mir persönlich ein Rätsel, vor allem bei dieser Wahl am 17. Dezember. Es geht nicht darum, sich das auszuwählen, was einem am besten gefällt, denn wirklich gut kann einem politisch nichts mehr gefallen. Zu sehr ist Politik – und das weltweit – zum Zirkus herabgewürdigt worden, was weitgehend vom hohen Stellenwert der Medien herrührt, die den Showwert und nicht aufklärende Information begünstigen.

Trotzdem meine ich, daß im jetzigen und besonderen Falle Österreichs etwas klar auf der Hand liegt. Die freischwebenden, immer vorhanden gewesenen faschistischen Tendenzen in unserem Land haben auf der Figur Haiders (an sich ein kleiner, böser Wichtigtuer, nicht mehr) kondensiert und sind sichtbar geworden. Es ist nicht nötig, Haider selbst zu »dämonisieren«, aber es ist überaus nötig, Neofaschismus wahrzunehmen und in keiner Weise zu beschwichtigen. Die ÖVP hat durch Herrn Schüssel ihre eindeutige Nichtabgrenzung zu dieser Tendenz hin demonstriert. Die Grünen und das Liberale Forum haben durchaus achtbare Ziele und Formulierungen im Programm – nur kann eine ihnen gegebene Stimme nicht wirklich wirksam werden, ein Kippen unseres Staates aufzuhalten.

Es bleibt also keine andere Wahl, als – und sei es zähneknirschend – die Sozialisten zu wählen. Ich ernte mit diesem meinem Hinweis immer wieder empörte Reaktionen – »Nein! Also, die aber auch nicht!«

Was dann? frage ich. Eine schwarzblaue Koalition akzeptieren?

Österreich ist – und viele Staatsbürger wollen das einfach nicht wahrnehmen, weil sie viel lieber schimpfen – weltweit unter den am besten regierten Ländern, rangiert bezüglich Lebensqualität, sozialem Gefüge, Wohlstand ganz oben. Wenn wir uns dessen nicht bewußt bleiben und uns der Gefahr von rechts nicht bewußt werden, drohen dunkle Zeiten. Ich solle nicht übertreiben, sagt man mir immer wieder. Meine Antwort: Nichts wäre mir lieber, als hinterher sagen zu können, ich hätte übertrieben. Aber es fallen in diesen Tagen politische Äußerungen, die man nicht überhören und nicht wegwischen darf. Ich höre sie in Taxis, Restaurants, in diversen Läden – Haider hat es kraft seiner Schamlosigkeit geschafft, den Instinkt zum Bösen wieder salonfähig zu machen. Das Spießertum floriert. Der Boden für eine Entdemokratisierung ist zweifellos bereitet. Entschlossen dagegen zu wählen tut not.

Und ich hoffe, daß die Vernünftigen in diesem Land das einsehen werden.

Erika Pluhar,
am 3. Dezember 1995

(Nach den Gemeinderatswahlen wurde von der ÖVP und vornehmlich Wolfgang Schüssel eine vorgezogene Nationalratswahl provoziert. Aber die SPÖ unter Vranitzky errang dabei eine überragende Mehrheit.)

185

Wahrheit ist immer das Unverborgene

Das Kunstverständnis unserer Tage ist ein weitgehend artifizielles und, von der Werbung beeinflußt, aufs Formale, die äußerliche Ästhetik ausgerichtetes. Ohne jetzt die Form zu mißachten oder ihren Stellenwert als zu gering einzuschätzen, geht es mir vorrangig um den Inhalt, und zwar den persönlicher Natur. Ich widerspreche schlicht diesem allseits vorgegebenen Zwang zur Abstraktion (oder ist es etwas in mir, das da widerspricht? – vorgenommen habe ich mir nichts dergleichen).

Der Begriff AUTOR beinhaltet den Begriff SELBST. Ich entdecke meine eigene Kompetenz im Erfahrenen, in den Geschichten meines Lebens. Und das mit aller Offenheit, aber ohne Preisgabe oder Voyeurismus – solches läßt sich nur beim Verhüllten finden. WAHRHEIT IST IMMER DAS UNVERBORGENE sagt Heidegger.

Rein Artifizielles hat mich persönlich noch nie und in keinem Bereich interessiert, das muß anderen Leuten vorbehalten werden. Ich liebe das Authentische. Ich möchte berichten.

So gesehen bin ich wohl keine Literatin, kein Romancier. Aber als Autorin würde ich mich bezeichnen. Das lappt auch hinüber in mein immer noch vorhandenes Schauspielersein. Ich nutze diese Profession, indem ich mich möglichst selbst interpretiere, mit eigenen Liedern und Texten auf Bühnen und vor Menschen trete. In der Deckungsgleichheit von Inhalt und Interpretation – Inhalt und Schreiben – liegt meine Stärke. Das weiß ich mittlerweile.

(Sie formulierte schriftlich, wonach man sie bei Erscheinen ihres Buches MARISA im Februar 1996 ihrer Meinung nach ständig fragen würde. Es geriet gleichzeitig zu einer Selbst- und Stand-

ortbestimmung. – Mittlerweile aber hat sie auch einen in keiner Weise autobiographischen Roman geschrieben und nennt sich selbst ohne Skrupel »Schriftstellerin«. Dieses Selbstbewußtsein zu finden brauchte bei der ins Bewußtsein der Öffentlichkeit gebrannten Definition »Schauspielerin« eben seine Zeit.)

Marisa – Rückblenden auf eine Freundschaft

Diese »Rückblenden« ergeben mit Sicherheit keinen Tatsachenbericht, obwohl die angegebenen Schauplätze und handelnden Personen authentisch sind. Während der Arbeit an dem Buch habe ich mich mit dem Phänomen »Erinnerung« intensiv auseinandergesetzt und – zumindest in meinem eigenen Fall – deren Verschiebungen, Auflösungen, Zusammenführungen am konkreten Beispiel eindringlich erfahren. Die Erinnerung selbst entfernt sich von der Tatsache und »dichtet«, indem sie verdichtet. Ich habe mich dem bewußt anheimgegeben, bin den Eindrücken und Bildern nachgegangen, die plastisch in meinem Erinnern aufzuspüren waren, ohne auf deren absoluter Wahrheit zu bestehen. »Wahrheit« als einfache Tatsache gibt es nicht. Das Schreiben dieses Buches hat es mich erneut gelehrt.

Dennoch ging es mir um einen Aspekt von Wahrheit, als ich mich entschloß – gegen innere Widerstände und gleichzeitig auf seltsame Weise gedrängt –, das Vorliegende niederzuschreiben. Es ging mir um die Widersprüche innerhalb dessen, was wir augenscheinlich und eindimensional wahrnehmen, also als »wahr« begreifen.

Und in diesem Fall vor allem im Hinblick auf einen Menschen, der sich ganz und gar öffentlich machen ließ und den

Mechanismen der persönlichen Vermarktung vollkommen erlag. Dieser Mensch war meine Freundin Marlies Moitzi, die als Marisa Mell und Filmstar eine Zeitlang so etwas wie Weltruhm erlangen konnte. Heute weiß man nicht mehr viel von ihr, die Vergeßlichkeit der Medien funktioniert ebenso gewalttätig wie ihr Interesse.

Wir beide sind einander in ihrer letzten Lebensphase nochmals so nahe gekommen, daß ich nach ihrem Tod nicht aufhören konnte, ihr Leben zu bedenken. Und ich begann es aufzuschreiben, einzig und allein aus meiner Sicht. Formal hielt ich mich an die Technik filmischer Rückblenden, es entstand eine Art von Szenario – also eine Folge von »Szenen«, in denen Zeit und Raum eine kurze Konstante ergeben und die weitgehend von Dialogen bestimmt sind. Ich konnte in dieser Form meinen Erinnerungsbildern am ehesten gerecht werden, obwohl – oder gerade weil – es des Bündelns und Erweiterns der vorhandenen Eindrücke bedurfte. Ich habe also auch »erfunden«. Aber keiner dieser »Rückblicke« ist aus der Luft gegriffen. Sie beruhen sämtlich auf den wirklichen Stationen unserer Begegnungen, wobei lange Strecken ihres Lebensweges außer acht gelassen werden mußten. Gerade in den Jahren ihrer beruflichen Erfolge, ihrer sogenannten »Glanzzeit«, trafen wir einander kaum, hatten wir uns zeitweise völlig aus den Augen verloren.

Genau an diesem Blick auf ihr vergangenes Leben war mir gelegen. An dem Blick auf das, was ohne öffentlichem Glanz geschah und gerade deshalb ihre menschliche Präsenz und auch Gefährdung offenbarte. An einem Blick, der aus dem wohl Einsichtigsten resultiert, was Menschen verbinden kann: Freundschaft. Und auf die Rechtschaffenheit unserer Freundschaft verließ ich mich, als ich daranging, das Buch zu schreiben.

188

(Im Februar 1996 erschien ihr Buch »Marisa. Rückblenden auf eine Freundschaft«. Zu dessen Präsentation im Wiener Max-Reinhardt-Seminar – die Schauspielschule, in der sie und Marisa Mell einander achzehnjährig kennengelernt hatten – schrieb sie diesen Text.)

Zur Literatursendung des Schweizer Fernsehens am 23. April 1996

Ich habe mich entschlossen, das neue Buch von Mario Vargas Llosa, »Tod in den Anden«, vorzustellen. Ich schätze diesen Autor; nach der Lektüre von »Die Stadt und die Hunde« vor einigen Jahren wurde ich eine treue Leserin seiner Bücher.

Trotzdem kann ich nicht behaupten, daß »Der Tod in den Anden« zu meinen Lieblingsbüchern gehört. Es befaßt sich so eindringlich mit allen Dimensionen menschlicher Grausamkeit, daß es mir stellenweise schwergefallen ist, weiterzulesen.

Kurz zum Inhalt. In einem gottverlassenen Nest in den Hochanden, genannt Naccos, wo an einer Schotterstraße gebaut wird und Bauarbeiter hausen, sind zwei Polizisten stationiert, der Gendarm Lituma und sein Gehilfe Tomas. Sie sollen das mysteriöse Verschwinden von drei Menschen aufklären. Erstens wird die rauhe, unzugängliche Gegend von Terroristen des »Leuchtenden Pfades« gewalttätig beherrscht, was zum Gegenterror von Militär und Polizei führt. Zweitens leben die Indios dort in irrationaler Verbundenheit mit alten Mythen, was ebenfalls unbeschreibliche Greueltaten auslöst. Die beiden Polizisten geraten bei ihren Nachforschungen bis hin zu rituellem Mord und zur Menschenfresserei.

Vargas Llosa ist in der Lage, Szenen von archaischer Grausamkeit fast gelassen, aber mit erzählerischer Kraft zu beschreiben – ich als Leser mußte ab und zu passen und unterbrechen. Zum Beispiel schildert er die systematische Ermordung und Ausrottung einer gefährdeten Tierart, der Vikunjas. In einem Reservat wurden sie von einem stummen und zurückgebliebenen Jungen liebevoll betreut. »Ein Reservat, das der Imperialismus erfunden hat«, sagen die Terroristen und metzeln die sanften Tiere nieder, während der Junge lautlos auf den Knien für sie um Gnade fleht ...

Oder die Ermordung einer ausländischen, Peru leidenschaftlich liebenden Wissenschaftlerin und Umweltschützerin ...

Oder die zweier junger, argloser Touristen ...

Natürlich spiegeln die Schilderungen wahnwitzigen linken Terrors Vargas Llosas politische Einschätzung und Haltung wider, hatte er – der früher Linksgerichtete – doch plötzlich für eine konservative Partei als Präsident kandidiert (und verloren). Er spricht von einer »kollektiven Psychose« der verarmten Bevölkerung, durch die jahrtausendealte Mythen und Atavismen wieder lebendig geworden seien.

Wohl um den Leser und sich selbst zu retten, hat der Autor das Buch mit einer herzerfrischenden Liebesgeschichte durchflochten. In den langen Nächten in ihrer Hütte erzählt der Polizeigehilfe Tomasino – so nennt ihn der Korporal Lituma, der Vargas Llosas Lesern aus anderen Büchern bereits bekannt ist – von seiner Liebe zur Prostituierten Mercedes und ihrer beider Erlebnisse, bis diese ihn verlassen habe. Gottlob beschert das Buch wenigstens im Hinblick auf die beiden ein Happy-End, man benötigt es förmlich, nachdem alles andere sich in unglaublichem Grauen auflöst.

Ein wunderbar geschriebenes, schwer genießbares Buch, das sich dem Thema Gewalt – violencia – ohne Scheu hingibt.

Für mich ist eine Spur Skepsis stets unvermeidbar, wenn man sich diesem Thema mit derart akribischen Beschreibungen widmen <u>kann</u>. Wenn man das schafft. Sei es in der Literatur oder im Film. Ob das nicht nur mit einer gewissen Lust an der Sache möglich ist, frage ich mich immer.

Aber Vargas Llosa scheint seine Beschreibungen nicht zu genießen, er behält zu ihnen die Distanz der eigenen Betroffenheit. Eher flüchtet er stilistisch in eine fast sachliche Kühle, läßt nur seine Protagonisten sich aufregen.

Und vor allem den Leser.

(Die schriftliche Vorbereitung auf ihre Äußerungen in der Literatursendung des Schweizer Fernsehens, Zürich. Sie saß dort in einer Runde mit – unter anderem – Peter Hamm, Andreas Isenschmid und Daniel Cohn-Bendit.)

Welche Form ist vollkommener
als die eines Steines
oder Blattes?

*(Ihr Beitrag für das Büchlein »Design-Gedanken«, im September
1996 vom Österreichischen Institut für Formgebung herausgegeben. – Paul Valéry sagt: »Ein Kristall, eine Blume, eine Muschel
heben sich ab von der gewöhnlichen Unordnung der Gesamtheit
der wahrnehmbaren Dinge.« Sie fand dieses Zitat später.)*

Gedanken zum Gestalten

Werte Anwesende –
Ich bin kein Fachmann – beziehungsweise keine Fachfrau –,
und Sie müssen sich heute, wo es um DESIGN geht, die
Worte eines Menschen gefallen lassen, der diesem Begriff
nicht kritiklos gegenübersteht.
Ich will mit meinen Gedanken zum Gestalten in einem Bereich ansetzen, wo ich mich beruflich über Jahrzehnte auf-
gehalten habe, nämlich in der Schauspielerei. Eine Rolle zu
gestalten ist dort die übliche Forderung. So nennt man es,
wenn ein Schauspieler eine im Stück vorgegebene Figur mit
seiner eigenen Persönlichkeit in Einklang zu bringen versucht. Daraus entsteht dann eine Bühnen-Gestalt – die
menschlich-optische Hülle über einem möglichst unver-
wechselbaren Charakter.
Aber auch im Theater hat unser – lassen Sie es mich so nennen – »Design-Zeitalter« Fuß gefaßt. In modernistischen
Aufführungen wurde es gang und gäbe, sich vorerst und vorrangig des äußerlichen optischen Eindrucks zu vergewissern.

192

Es führt dazu, daß dabei oftmals <u>Karikaturen</u> entstehen. Die Menschen-Darstellung wird verdrängt. Das äußerlich Überzeichnete soll die Inhalte transportieren – statt eine dem Inhalt gemäße Form zu suchen, die <u>Gestalt</u> wird.

Und jetzt bin ich schon im Kern meines Unbehagens angekommen.

Inhalt benötigt Form, ja. Form ohne Inhalt jedoch kann bestenfalls Signal sein oder Karikatur – meist ist es Plunder, und letztlich wird daraus Gerümpel. Abfall. Kein Wunder, daß unsere Wegwerfgesellschaft sich so eng mit dem Design verbunden hat. Um Dingen Kaufkraft zu verleihen, die dann möglichst schnell wieder auf dem Mist landen sollen, muß man sie rein optisch zum Anreiz werden lassen. Eine inhaltsreiche Qualität – von was auch immer – gäbe auch den Formen Dauer und Beständigkeit, und solches ist dabei nicht gefragt.

In sogenannten künstlerischen Bereichen wird ähnlich vorgegangen, indem man sich modernistisch verhält. Und nichts ist letztlich reaktionärer als das Modernistische. Für mich ist es immer wieder verblüffend, wie wenigen das aufzufallen scheint und wie oft ich mit dieser meiner Meinung geradezu anecke, vor allem bei Kulturverantwortlichen. Ich bleibe jedoch dabei: Was weder Vergangenheit noch Zukunft berücksichtigt, sondern ausschließlich der Gegenwart huldigt, ist reaktionär. Verhindert Entwicklungen und Reifeprozesse. Und <u>so</u> handelt, wer in der Kunst modernistisch vorgeht und Mode, Trends, die »Szene« und den Zeitgeist bedient. Verkaufsschienen also, reine Augenblicks-Vermarktung. Auf diese Weise entstehen die Unmengen inhaltsleerer, formalistischer Eindrücke, die uns von allen Seiten bedrängen – sei es in der bildenden Kunst (es gibt kaum noch genügend Kellerräume in den Museen, um so viel Schrott zu horten) – sei es in der Literatur (wo die sogenannten Experten sich ständig stilistisches Wissen und formale Forderungen um die Ohren hauen und vom Schreiben – außer einer theoretischen – wenig Ahnung haben) – sei es am Theater oder in der Musik. Immer der – ebenfalls sehr reaktionäre – Begriff NEU. Neues Theater, Neue Musik, Neue Ästhetik. Wo »das Neue« und »die Jugend« ständig herhalten müssen, ist Vorsicht angesagt. Jedes faschistoide System gebärdet sich so und kommt auf diesen Schienen gefahren. Und schauen Sie sich die heutigen Vertreter solcher rechtslastiger politischer Strömungen an. Sie sehen aus wie Jungmanager, ganz vom »frischen Wind« der Erneuerung geschoren oder gefönt, im Designerlook gekleidet und durchgestylt. In fatal ähnlicher Weise liebt man es zur Zeit, die Schauspieler auf den Bühnen einzukleiden, und meist ohne Rücksicht auf das jeweilige Stück. Wenn nur »neu« und »ganz anders« genannt werden kann, was man damit anstellt, uniformiert man im Design dieser Tage, uniformiert man modisch.

Bei Ansichten wie der von mir eben geäußerten kann man sich dessen sicher sein, selbst als reaktionär und hinterwäldlerisch eingestuft zu werden. Und das besonders im heutigen Videoclip- und Event-Klima des Theaters, ich weiß, wovon ich rede. Man wisse nichts vom Puls dieser Zeit, heißt es dann, sei eben nicht mehr »modern«.

DIE MODERNE ist nie neu. Sie bestimmt einen Standort. Sie greift zurück und blickt voraus. Sie entzieht sich der Zeit, um sie überschauen zu können. Sie ist nicht punktuell im Jetzt verhaftet, sie fließt. Der Aspekt, sich zu erneuern, ist ihr selbstverständlich. Was lebt und lebendig ist und nicht in modischen Abziehbildchen erstarrt, gestaltet sich immer wieder neu, ohne seine Neuheit betonen zu müssen. Es bleibt MODERN. Modern ist und bleibt etwas. Modern: das ist dauerhafte Beschaffenheit. Die Stücke von Tschechow, die Bilder der Frida Kahlo, die Kammermusik von Schubert oder Bartók – um nur einiges zu nennen – waren und bleiben in diesem Sinn modern. Während nichts rascher und unerbittlicher altmodisch wird als das Modernistische. Weil dieses formal wirken will und ohne Inhalt ist. Nur die Inhalte bewirken, daß die Form sich erhält. Die wahllose Formenvielfalt erschlägt sich selbst.

Ähnlich gefährdet strukturiert sich mehr und mehr der Mensch selbst – zumindest in unserer westlichen Kulturlandschaft. Er gestaltet sein Leben fast ausschließlich nach formalen Aspekten. Kleidung, Wohnungseinrichtung, ein fitgetrimmter Körper, das Auto, die Lokale, ja sogar Essen und Trinken werden mit äußerster Akribie und hohem ästhetischen Anspruch ausgewählt und perfektioniert. Was auf der Strecke bleibt, ist Lebensqualität. Sie bedarf eines Lebensinhaltes, der von äußerlichen Forderungen weitgehend unabhängig bleiben kann. Bedarf eines von inneren Bedürfnissen gestalteten Lebens, das außerhalb des Zeitgeistes angesiedelt ist und deshalb eine geistige Sicht ermöglicht.

Wir gestalten nahezu alles zu Tode. Die Natur, die Architektur, Stadt und Land. Das Ländliche wurde rustikal, das Urbane gestylt, die Natur zum Park, das Bewahrte und zufällig Erhaltene schick restauriert und zum Museum. Der fast gewaltsame Trend, Ausstellungen und Museales zu frequentieren, bereitet mir mittlerweile Unbehagen. Als wollte der Mensch auch seine kulturellen Bedürfnisse in einem Kultursupermarkt stillen, im überreichen Warenangebot dahingeschleust werden, unfähig, etwas davon wirklich wahr- oder anzunehmen. Daß man dort war, zählt. Erlebt hat man dort nichts.

Überhaupt – gerade der Begriff »Erlebnis« wird auf grauenvolle Weise mißbraucht. Wir gestalten Erlebnisse! Ich staune auch dabei immer wieder. Daß diese Perversion einfach nicht zur Kenntnis genommen wird. Die Menschen stürmen Erlebnisparks, Erlebnisstädte, Erlebnisurlaube, Erlebniskaufhäuser – und erleben dabei nichts, nur das Vorgegebene. Die wesentlichste Komponente eines Erlebnisses ist jedoch seine Unvorhersehbarkeit und geheimnisvolle Konstellation. Es gestaltet sich selbst. Und gleichermaßen, meine ich, läßt sich das auf die gültige FORM AN SICH übertragen: Sie entstand. Sicher nicht ohne das Dazutun einer formenden Hand, eines formenden Verstandes, einer formenden Urkraft, einer formenden Schöpferfreude, wie auch immer. Aber das Entstehenlassen ist Teil jeder wirklichen künstlerischen Tat, auch wenn man noch so sehr – wie auch ich – für »Kunst kommt von Können« plädiert. Und nicht nur im Umfeld von Kunst ist es so, alle Bereiche des Menschlichen bedürften eines Wachsens und Werdens, das von Kalkül, Erfolgsdruck und Anpassungsmechanismen in Ruhe gelassen wird. Bei dem etwas Gestalt wird – und eben nicht gestaltet.

Wenn wir Inhalte erlauschen, ergibt sich die Form. Sei es für unser Leben, für unseren Lebensraum, für das Geflecht unserer Beziehungen, für den uns begleitenden alltäglichen Gegenstand und für unser großes Werk. Die Substanz zählt, nicht das Ornament.

Ich kann nicht anders – ich muß meine Worte mit einem Appell beenden.

Das Designen und Gestalten kann nicht mehr losgelöst von Menschheitsfragen betrachtet werden. Genauso, wie die Wirtschaft mittlerweile philosophisch gesehen werden muß – weit mehr als ökonomisch. Wir sind bereits zu sehr in den Händen dieser Lebensfaktoren, sie beherrschen uns zu tiefgreifend, als daß wir ihnen nicht auch umfassend antworten müßten. Geschmäcklerische oder profitäre Gesichtspunkte gehen an jeder Antwort vorbei und treiben uns tiefer in die Leere. Nichts ist leerer als ein vollgeräumter Raum. Ohnehin haben wir's bereits eng auf unserem Erdball, räumen wir ihn aus. DESIGN als übergeordnete Verantwortung gesehen würde das in Form bringen, dem Gestalt geben, was unserem Leben dinglich nötig ist und es begleitet. Es würde sich jedoch weigern, uns im Krimskrams unnötiger Formen und Bilder ersticken zu lassen.

Das nämlich ist es, was mit uns geschieht.

(Sie hielt diesen kleinen Vortrag am 9. September 1996 in den Ringstraßen-Galerien zur Eröffnung eines »Design-Gedanken-Pfades« und der Präsentation des Büchleins »Design-Gedanken«, beides vom Institut für Formgebung – ÖIF – veranstaltet.)

– in Wien, am 19. November 1996

Lieber Claus Peymann –

Ich war verreist und konnte Ihren Brief erst heute lesen.

Vielleicht hätten wir einander unabhängig vom Theater begegnen müssen. Dann wäre es möglich gewesen, Positionen im Gespräch zu klären und erwachsen miteinander umzugehen. Das Schauspielereiklima ist all dem eben nicht förderlich, zwingt zu Knechtschaft oder Revolte.

Vielleicht gut, daß wir nach zehn Jahren immerhin diese Briefe schreiben und eine winzige Ecke der Welt ein wenig freundlicher geworden zu sein scheint.

Vielleicht sollte man das nicht unterschätzen.

Ich grüße Sie herzlich.

Erika Pluhar

(»Liebe E. P. – vielen Dank für Ihren Mut, zusammen mit Salman Rushdie DES MAUREN LETZTER SEUFZER zu lesen. Für das Burgtheater war das ein wichtiger und großer Abend. Manchmal sind es die Ereignisse am Rand, die plötzlich die Mitte bilden. Schade, daß der Abstand zwischen uns im Laufe der vergangenen zehn Jahre so groß geworden ist. Viel Glück für Sie und Grüße – Claus Peymann«.

Auf diesen Brief vom 11. November hatte sie geantwortet. Leider konnte die kleine Welle von Versöhnlichkeit nicht verhindern, daß Peymann bei seinem Weggang aus Wien – 1999 – medial nochmals den ganzen alten, dumm-beleidigenden Dreck aufrührte, nur um im Gespräch zu bleiben, und sie dadurch auch wieder zu kritischen Kommentaren gezwungen wurde, die ihr bereits zum Halse heraushingen.)

Am 29. Oktober 1996 hatte sie mit Salman Rushdie auf der Bühne des Burgtheaters aus seinem Buch »Des Mauren letzter Seufzer« gelesen. Er auf englisch – sie las dieselben Passagen auf deutsch. Das Theater war zum Brechen voll und glich einem Sicherheitsbunker. Alle Besucher wurden einzeln durchsucht, man mußte den Abend mit großer Verspätung beginnen. Das Publikum reagierte jedoch mit Begeisterung.

Erika Pluhar
Antonio V. D'Almeida
FOR EVER
25 classic songs

für Udo

Aufgenommen im November 1996
bei Numerica, Paços de Brandão/Portugal
Tonaufnahme und Mischung: Fernando Rocha
Mastering: Othmar Eichinger, Wien
Produktionsleitung: Harald Perschy
Grafik Design: Günther Stotz
Coverphoto: Michael Panhofer
Photos: Carolyn Aigner
Produziert von Erika Pluhar für E. T. E.

Im Grazer Gefängnis Karlau geschah es zum ersten Mal, daß ich mit Antonio D'Almeida englischsprachige Lieder sang – es geschah, um einen der Insassen speziell zu erfreuen. Dieser liebt seit seiner Jugend die Sängerin Vera Lynn. Also wählte ich vier ihrer Lieder aus, Antonio machte sie sich schnell zu eigen, und wir sangen sie vor einem überaus aufmerksamen Publikum. Der speziell Besungene saß in der ersten Reihe und hatte feuchte Augen.
Als wir bei einem Konzert in Salzburg – dem die Eltern und die Tochter dieses Vera-Lynn-Liebhabers beiwohnten – als letzte Zugabe ein Medley ebendieser Lieder sangen, waren wir überrascht, welches Echo es hervorrief. Auch dem normalen Publikum (wobei man die Frage, was und wer »normal« ist, nie verstummen lassen darf) schien unsere Interpretation der Songs zu gefallen.

Während der Aufnahmen zur CD FOR EVER im Tonstudio von Fernando Rocha in Paços de Brandão.

Von da an wuchs meine Lust, alle Lieder dieses Genres, die mir je etwas bedeutet hatten, zusammenzusuchen und aufzunehmen. Lieder eines amerikanischen Traums, der uns in den Nachkriegsjahren überkommen hatte und sich nie erfüllte. Aber so sind Träume beschaffen. Und in den Liedern besteht ein Abglanz dieses Traumes weiter.

Ich traf also meine Auswahl, und Antonio D'Almeida suchte

nach seiner persönlichen musikalischen Umsetzung. »Jeder Barpianist spielt das – und oft sehr gut –, man muß wissen, warum dieser Kerl das macht«, sagte er grübelnd. Mit »diesem Kerl« meinte er sich selbst. Er begann im Laufe seiner Arbeit die ungewöhnliche melodische Inspiration, die faszinierenden Harmonien und rhythmischen Lösungen der Kompositionen tiefer wahrzunehmen und zu lieben.

Währenddessen rückte ich den oft gehörten Texten zu Leibe, entdeckte kaum je gesungene Vorstrophen und wandte mich innerlich davon ab, »Triviales« zu interpretieren. Wieder einmal wurde mir klar, daß Trivialität sehr oft nur durch triviale Betrachtungsweise oder Interpretation entsteht. Emotionen sind prinzipiell einfach. Wer sich zu dieser Einfachheit nicht bekennen kann, huldigt gern dem Sentimentalen. Und sentimentalische Gefühllosigkeit, der Horror vor dem Gefühl ist in. Läßt in unseren Tagen Leben an sich zur Trivialität werden – deshalb der zwanghafte Wunsch nach derart viel ästhetischer Verbrämung und Verpackung.

»Pah! Trivial!« verwarf Antonio ungeduldig meine Überlegungen. »Ein Wiener Schnitzel ist trivial – aber schmeckt doch gut, oder?«

Etwas differenzierter fanden wir uns schließlich bei der Feststellung, daß es Musik gibt, Texte gibt, die sich dem Geschmack des großen Publikums leichter einprägen und deshalb auch als »leicht« bezeichnet werden. Daß dieses Adjektiv a priori jedoch nicht unbedingt verächtlich oder herabsetzend verstanden werden muß – denn was gibt es Besseres als eine leichte Brise, einen leichten Wein, ein leichtes Herz, um nur einiges anzuführen. Eine »leichte Mahlzeit« zu sich zu nehmen bedeutet nicht, schlecht gegessen zu haben.

Im November 1996 war es soweit. In Paços de Brandão nahe Porto im nördlichen Portugal nahmen wir auf. D'Almeida kennt das Studio, kennt Fernando Rocha seit langem. In den Arbeitspausen konnte man durch einen großen Garten voller Orangenbäume spazieren. Wir arbeiteten konzentriert, mit wenig unnützem Zeitaufwand. Das Hotel lag direkt am Atlantik, nachts rauschte und dröhnte das Meer durch Schlaf und Traum.

FOR EVER, dachte ich. Wie die Stimme des Meeres nicht verstummt, so auch nicht die dieser Lieder. So weit unser kleines, menschliches »Für immer« auch reichen mag, sie werden uns begleiten.

Erika Pluhar

(Die Angaben und ihr Text im Booklet der CD »FOR EVER«.)

Alisa und ihr »Neuland«

Alisa Douers Buch über israelische Künstler österreichischer Herkunft trägt den Titel NEULAND. Und so heißt auch die Ausstellung, die wir heute eröffnen.

Beides – Buch und Ausstellung – erzählt jüdisches Schicksal, erzählt vom Schmerz des Emigrierenmüssens, von der Kraft des Lebenwollens, der Unzerstörbarkeit von Erinnerungen.

Ich will heute jedoch maßgeblich zum und über das Wirken meiner Freundin Alisa sprechen, von ihr erzählen. Und da wird mir dieser Titel NEULAND auch in anderer Weise bewußt, im Hinblick auf ein persönliches individuelles Leben unserer Tage – ihres nämlich.

Alisa Douer ist Israelin. Sie kam nach Wien, als sie einem behüteten, dem äußerlichen Anschein nach sorglosen Eheleben entfloh. Mit nichts anderem im Sinn als dem Drang nach Erneuerung und ohne zu wissen, wohin sie das führen würde. Also wurde sie vorerst Geschäftsfrau und selbständig – ihr erster Schritt in NEULAND also.

Um diese Zeit herum lernten wir einander kennen.

Und in den Jahren unserer sich verdichtenden Freundschaft bestaunte ich ihren ständigen und unermüdlichen Wandel, sie betrat ein Neuland nach dem anderen und gelangte damit gleichzeitig zurück zu ihren Wurzeln – ein Prozeß, den ich zum Teil begleiten und immer mit Faszination beobachten konnte.

Sie hörte auf, Händlerin zu sein, und erlernte in einem Alter, in dem andere das Erlernte bereits langsam wieder zur Seite legen, die Photographie. Sie bat mich als eine der ersten Personen, ihr Modell zu stehen – und nach dieser Photosession war mir klar, daß dies bei Alisa kein Ausflug bleiben würde. Sie betrat wieder NEULAND und wurde heimisch dort.

Gleichzeitig konnte man wahrnehmen, daß ihr anfänglich eher amorphes politisches und gesellschaftliches Bewußtsein sich schärfte. Aus der exotisch-schönen, schwarzgrau gelockten, olivehäutigen Israelin wurde – die Jüdin. Sie begann, Geburt, Bestimmung, Geschichte, Holocaust, individuelle Haltung, Schicksal und Wehrhaftigkeit neu zu überdenken und für sich selbst zu definieren. Ich sah neben mir die Freundin aus dem Schlaf einer gesicherten Gegenwart in den Schrecken und in die Verunsicherung der Vergangenheit aufbrechen – für sie nochmals NEULAND.

Und schließlich trat immer deutlicher ein Weg hervor, der voll und ganz der ihre wurde. Aus der Synthese von feinsinniger Photographie, tiefem Interesse am Menschen an sich und der Annäherung an Schicksal und Überleben jüdischer Künstler und Intellektueller entstand Schritt für Schritt ihr Werk – das mittlerweile eine unverwechselbare Kontur besitzt.

Eines der ersten Fotos, das Alisa Douer von ihr gemacht hatte, zierte jahrelang die Wände neben Tabaktrafiken. Auf dieser Werbecollage eines österreichischen Massenblattes geriet sie unverhofft zum Mittelpunkt österreichischer Prominenz, umringt von Niki Lauda, Peter Handke, Thomas Muster, Reinhard Fendrich, Christine Nöstlinger, Annemarie Moser-Pröll.

Sie bereiste die halbe Welt, spürte allerorten jüdische Menschen auf, die emigrieren und überleben konnten, ließ sie zu Wort und Bild kommen. So manchen in hohem Alter und knapp vor seinem Tod. Sie sammelte Zeitgeschichte in Form menschlicher Zeugnisse. Hat ein in Büchern und Ausstellungen manifestiertes DENK-MAL geschaffen – vielleicht einprägsamer und zukunftsweisender als so manches mühsam erdachte und installierte MAHN-MAL unserer Tage.

Ihre Photographien, ihre unermüdliche Suche nach individuellem Zeugnis, die Erlebensberichte von Vertreibung und Entwurzelung erzählen von menschlicher Überlebenskraft. Und machen gleicherweise Wahnsinn, Verfolgung, den Irrwitz und die Bedrohung von Rassismus und Faschismus gegenwärtig und sichtbar.

Freundschaft bedeutet auch, einander Wegbegleiter zu sein und Erfahrungsprozesse Seite an Seite zu erleben. Deshalb hoffe ich, daß Sie mir verzeihen, wenn ich meine kurze Ausführung mit den letzten Zeilen meines letzten Buches abschließe – meine ich damit doch auch Alisas Motivation, das NEULAND der Vergangenheit zu erforschen, formuliert zu haben: Solange wir uns erinnern, herrscht Leben. Vergessen ist Sterben. Ist Tod vor der Zeit.

(Mit diesen Worten eröffnete sie die Photoausstellung ihrer Freundin Alisa Douer am 13. März 1997 im Jüdischen Museum in Wien. Das gleichnamige Buch – NEULAND – Untertitel »Israelische Künstler österreichischer Herkunft« – erschien im Picus Verlag.)

Zu Therese Giehse

Ich bin Therese Giehse in meiner Schauspielervergangenheit nur ein einziges Mal begegnet. Besser gesagt: bei einer einzigen gemeinsamen Theaterarbeit. Es war das im Jahre 1972 in München an den Kammerspielen. Erwin Axer, der große polnische Regisseur, inszenierte Tschechows ONKEL WANJA, und ich spielte die Elena. Für mich wurde das einer meiner ganz wenigen Ausflüge, weg vom Wiener Burgtheater, und es ergab sich dabei die Konfrontation mit Schauspielern, die mir bis dahin nur dem Namen nach bekannt gewesen waren.

Unter ihnen befand sich Therese Giehse.

Natürlich wußte ich seit der Schauspielschule alles über sie und trat ihr mit der Scheu entgegen, die ein Mythos einem einflößt. Diese Haltung hat sie selbst mir jedoch schnell ausgetrieben, indem sie vom ersten Tag an auf ganz einfache Weise freundlich zu mir war. Im Lauf der Proben und Vorstellungen haben wir uns – ich glaube, das sagen zu dürfen – auch wirklich befreundet. Natürlich immer mit der Distanz des Respektes und der Hochachtung, die ich ihr gegenüber empfand. Sie lernte meine – damals noch sehr kleine – Tochter kennen, scherzte mit ihr, und das Kind mochte sie. Manchmal aßen wir gemeinsam zu Abend.

Aber am beeindruckendsten waren und blieben für mich die Begegnungen mit Therese Giehse, die vor Beginn jeder Vorstellung stattzufinden pflegten. Ich selbst war jemand, der immer früh ins Theater kam, ich ließ mir gerne Zeit, um langsam in das Stück hinüberzuwechseln. Aber jedesmal, wenn ich eine Stunde vor Beginn an Therese Giehses Garderobentür klopfte, um ihr »Guten Abend« zu sagen, saß diese bereits völlig umgekleidet im bäuerlichen Gewand der alten Hausdienerin vor mir, das dunkle Kopftuch ums Gesicht geknüpft, ihre Hände im Schoß gefaltet. Eine seltsam tiefe Stille schien sie zu umgeben. Zwar wechselten wir ein paar Worte, meist sogar heiterer Natur – aber jedesmal ging ich leise davon, als hätte ich ein Geheimnis berührt. Und wenn ich sie anschließend, während der Vorstellung, auf der Bühne beobachtete – sobald ich gerade nicht selbst zu spielen hatte oder mich umkleiden mußte, versuchte ich alle ihre Szenen aus der »Gasse« mitanzusehen –, setzte sich diese geheimnisvoll ausstrahlende, stille Konzentration fort. Sie erfüllte ihre unverwechselbare herbe Stimme, ihren schweren Gang, das blasse, entschiedene Gesicht. Aber im besonderen ihre stumm nebenherlaufenden Aktionen, die ich auf der Hinterbühne aus nächster Nähe mitverfolgen konnte. Wenn sie Tee in eine Untertasse goß, um ihn abzukühlen – die Tasse mit beiden Händen hielt und langsam daraus schlürfte, kleine Zuckerstücke

Mit Therese Giehse und Cornelia Froboess in der Münchner Aufführung von »Onkel Wanja«, Regie Erwin Axer.

dazwischen knabberte –, dann hatte ich alle Gier und Konzentration eines Menschen vor Augen, der sein täglich Brot mit Mühe erringen muß und für den Genüsse nur einfacher Natur sein können. Jedesmal aufs neue fasziniert sah ich ihr zu. Da geschah etwas vor meinen Augen und blieb gleichzeitig völlig in sich gekehrt. Sie <u>lebte</u> ein anderes Leben.

Diese Beschreibung der Schauspielerei ist üblich. In Wahrheit vor mir gesehen habe ich sie selten, und nie so eindringlich wie damals, in den Sommermonaten 1972, bei Therese Giehse.

Wir haben uns danach, bis zu ihrem baldigen Tod, nicht mehr wiedergesehen.

(In München kam es 1997 zu einer Therese-Giehse-Ausstellung, und man bat sie um einen Erinnerungsbeitrag für den Katalog.)

Zu »Am Ende des Gartens«

Frage 1: Wie bei den meisten jungen Mädchen war Ihr Frauwer-
den gespickt mit Ängsten, Problemen und Lernprozessen – keine
romantischen Jungmädchenjahre, sondern Selbstverlust, Mager-
sucht und enttäuschte Jugendlieben. Konnten Sie auf Grund Ihrer
eigenen Erfahrungen Ihrer Tochter über diese schwierige Zeit hin-
weghelfen bzw. was können junge Mädchen aus Ihrer Geschichte
lernen?

Leider kann man eigene Erfahrungen nicht wirklich an junge
Menschen weitergeben, sie müssen sie selbst machen. Ich
hoffe jedoch, daß es mir möglich war, meiner Tochter in
schwierigen Phasen das Richtige gesagt zu haben. Und zur
Stelle gewesen zu sein – also ein Ansprechpartner. Aber ich
weiß aus eigener jugendlicher Erfahrung, daß ein Buch, zur
rechten Zeit gelesen, Anstoß und Wegweiser sein kann. Man
begegnet Büchern, wie man Menschen begegnet. Darauf
gründet sich eine gewisse Hoffnung, daß auch »Am Ende des
Gartens« auf einige junge Mädchen – besser: Menschen –
trifft, die ein aktuelles Problem darin widergespiegelt finden
und das für sich nutzen können. Ich habe die Geschichte meiner Jugend auch erzählt, um auf das Symptomatische darin
hinzuweisen. Mehr als diesen Hinweis jedoch kann man nicht
beabsichtigen.

Frage 2: Gab es auf Ihrem Weg, das andere Geschlecht zu erforschen
(nach Verhaltenheit, Hingabe, Eroberung, Macht, Trophäen-
sammlerei), Knackpunkte, nach denen Sie sagen konnten: »Jetzt ist
meine Suche zu Ende … jetzt kenne ich mich aus«?

Auskennen gibt es nicht, solange man lebt. Das macht das Lebendigsein aus. Die Suche ist nie beendet. Aber es gab bei mir
den Punkt, an dem ich mit einer Plötzlichkeit, als fiele ein

Schleier, wußte, was es bedeutet zu <u>lieben</u>. Den Anderen zu lieben und nicht seine eigenen Vorstellungen von ihm. Und dies nicht nur im Hinblick auf das andere Geschlecht. Männer wurden in späteren Jahren zu meinen besten und treuesten Freunden – nachdem ich die Frage der Sexualität mir selbst eindringlich gestellt und erfüllend beantwortet hatte. Denn die Beantwortung und nicht die Verdrängung dieser Frage ist entscheidend, um Männer wahrnehmen und lieben zu können. Leider leben viele Frauen mit lebenslanger Frustration, und das ist für mich auch bei Forderungen der Frauenemanzipation eine schlechte Antriebsfeder. Das andere Geschlecht zu erforschen bedeutet auch, <u>sich selbst</u> zu erforschen.

Frage 3: Sie schreiben über den Dominikanerpater Diego: »… jedes Wort traf ihre Seele – eine Seele freilich, die auf der Suche war, offen für Auslegungen und Beschreibungen, die nicht dem Engen, Miefigen und Trübseligen der alltäglichen Lebenskonstellationen galten, sondern dem seltenen, herrlichen Durchscheinen göttlich schöner Wunder. Vor allem dem Wunder der Liebe. Sie wurde dem Geringfügigen enthoben und auf das Licht einer großen Fügung aufmerksam, nach dem sie sich immer schon gesehnt hatte.« War es das Unerreichbare, Mystische, Geheimnisvolle, das Interesse weckte und welches es zu erobern galt? Ist nicht genau hier für junge Menschen (besonders Mädchen) auch die Gefahr gegeben, in Sektenstrukturen gefangen zu werden?

Diego war ein Kulturphilosoph und ohne jede Gebundenheit an fundamentalistische religiöse Strukturen. Er hat mir <u>das Geistige</u> des Lebens, und auch der Liebe, bewußt gemacht. Er hat von der Weite, dem Ungesichertsein gesprochen und nicht von der Enge eines Glaubens. Was junge – und auch ältere – Menschen in die Sekten zieht, ist das genaue Gegenteil. Sie wollen <u>was</u> <u>Sicheres</u>. Ihre Ängste und Verlorenheit in einem vorgegebenen »spirituellen« Zuhause aufheben. Da kommt es dann zu diesen idiotischen Bilderbuch-Gotteslehren, von denen ja auch das Christentum nicht frei ist. Und zu einer totalen Abhängigkeit. Denn das Gefühl der Geborgenheit <u>in</u> <u>einer</u> <u>Fiktion</u> ist Droge.

Frage 4: Udo Proksch als charismatischer Mann, Energiezentrum, phantastisch, kulinarisch-genußvoll – was haben Sie aus der Beziehung zu ihm schöpfen können, und wie stehen Sie heute zu ihm? Was hatten Diego und Udo gemeinsam, worauf sprachen Sie bei beiden an?

Diego und Udo Proksch waren Gegensätze und haben gegensätzliche Pole in mir berührt. Udo hat mir von <u>der</u> <u>Welt</u> erzählt, die er erobern und verändern wollte. Er war mir ein Lehrer des Irdischen und ein absoluter Mann-Mann. Ich habe diese Bereiche durch ihn, und später André Heller, so gut kennengelernt, daß ich sie eines Tages ohne Bedauern wieder verlassen konnte. Aber Freund bin ich ihm geblieben, er ist der Vater meines einzigen Kindes, und wir besuchen ihn regelmäßig im Grazer Gefängnis – das erstaunlicherweise auch ein Platz großer Innigkeit werden kann.

Frage 5: Was ist für Sie heute der Sinn des Lebens? Haben Sie ihn gefunden, oder suchen Sie noch?

Der Sinn des Lebens bleibt für mich <u>das</u> <u>Leben</u>.

(Am 10. September 1997 wurde sie gebeten, für das Vorarlberger Medienhaus – WANN & WO Verlag, »Die junge Zeitung am Sonntag« – Fragen zu ihrem Buch »Am Ende des Gartens – Erinnerungen an eine Jugend« zu beantworten.)

8. September 97, Wien.

Lieber Paul, lieber Charly –

Ein paar »grundsätzliche« Gedanken, die mir persönlich für einen Aufenthalt auf der PLATTFORM unerläßlich sind und die aus dem Treffen am Dienstag resultieren.

Sie sollte nur von Menschen des Kulturlebens bestiegen werden, die selbständig sind – und das im wahrsten Sinn des Wortes. Also frei von Eigeninteresse (das natürlich jeder für sich selbst auch haben muß, aber nicht an dieser Stelle, und nicht ausschließlich). Bei aller Vielfalt von Meinungen muß bei kniffligen aktuellen Themen ein Grundkonsens gefunden werden. Ich bin gegen zuviel Detailarbeit, sehr für detaillierte Information. Die Gruppierung muß aus erfahrenen und – nennen wir's ruhig so – publikumswirksamen Leuten bestehen. Die sind eben meistens nicht mehr blutjung. Auch die Ausländerfrage würde ich in diesem Fall unberücksichtigt lassen, es geht auf dieser Plattform nicht um Minderheiten, sondern ums Gegenteil. Um eine gewisse, offen gezeigte Form von Macht gegen die »Mächtigen«. Trotzdem bin ich entschieden gegen die üblicherweise praktizierte Politikerschelte und Beschwerde (der Brief von Ruiss und IG Autoren zum Beispiel – so was halte ich für ganz und gar unproduktiv). Trotz der wohl mit allen geteilten Überzeugung, daß der Staat weiterhin »in die Pflicht« genommen werden soll, damit er die Kultur nicht klammheimlich der Wirtschaft überläßt. Woraus nur Un-Kultur entstehen kann, der verschmähte Begriff vom »Verlust des Geistes«. (»Was ist Geist?« – ich hätte Holzbauer gern geantwortet: »Was ist ein Haus?«) – Gut, also trotzdem geht mir das ausschließliche Pochen auf Subventionen auf die Nerven. Kunstförderung ist für mich letztendlich nicht rein soziale Hilfe. Kunst soll gefördert werden – nicht einer, der sagt, er sei Künstler. Ich weiß, wie differenziert und komplex dieser Punkt behandelt werden muß – er scheint mir der kniffligste überhaupt zu sein.

Der letzte Abend hat Widersprüchliches in mir zurückgelassen, meine alte Skepsis bei Menschengruppierungen (schon bei zweien bin ich skeptisch) wiederbelebt. Aber noch will ich die Flinte nicht ins Korn werfen.

Wovor ich nochmals und dringlich warnen möchte, ist ein Medienzirkus. Meine anfängliche Vision einer würdevollen Pressekonferenz ohne Einzelstatements hat sich etwas zerbröselt – was, wenn J. zu kreischen beginnt usw?…

Weiterhin am wichtigsten erscheint mir das direkte Gespräch mit den höchsten Verantwortlichen, und das geht sicher nur in kleinem Kreis, die »Plattform« als abwesende, aber wohlinformierte Größe hinter sich. Ich war gestern aus anderem Grund bei Wittmann* und habe ein wenig berichtet. Tut mir leid, der Mann hat mir wieder gefallen. Man sollte möglichst bald mit ihm und Klima ein Gespräch führen. Über Konkretes, für das man sich informiert – aber auch über Prinzipielles, das ins Allgemeine geht. Der Allgemeinzustand ist mir persönlich stets der betrüblichste.

So, in Kürze mein derzeitiger Eindruck. Ich will ihn Euch wissen lassen, da ich so aus dem Hut »Sprecherin« wurde. Für eine Woche bin ich auf einer Lesereise, kann also am geplanten »Grundsatzpapier« nur mit diesen meinen Grundsätzlichkeiten teilhaben. Ab Donnerstag nächster Woche bin ich wieder erreichbar.

Ganz herzliche Grüße von der Erika.

(An den ehemaligen Kritiker und heutigen Autor Paul Blaha und den ehemaligen österreichischen Innenminister Karl Blecha, die Initiatoren der PLATTFORM KULTUR. Beide hatten auch dar-

214

auf bestanden, daß sie »Sprecherin« neben Blaha würde. – Aus dem
Ganzen entwickelte sich später ein kleiner, ihr sehr sympathischer
Kreis, der in größeren Abständen, aber regelmäßig im Gasthaus
»Karrer« in der Neustiftgasse zusammentrifft und einige gut und
»prominent« besuchte Podiumsdiskussionen organisierte. – * Dr.
Peter Wittmann war zu diesem Zeitpunkt Staatssekretär für Kul-
tur, Europa und Sport.)

– in Wien, Ende September 1997

Liebe Schulfreundinnen!
Mein Gott, damals im Gymnasium hätte ich bezweifelt, je ein
vierzigjähriges Maturatreffen zu erleben. Man hat sich ja ge-
danklich mit Greisinnen nicht beschäftigt … Drum tut es mir
echt leid, daß ich heute nicht sehen kann, wie lebendig Ihr alle
seid – und Euch nicht fragen kann, wie's jeder so geht.
Während Ihr jetzt beisammen sitzt, sitze ich in Köln auf einer Bühne und singe. Bei Liedern wie »Trotzdem« und »Laß
es zu« und »Was heißt das nur, ich werde alt …« denke ich
diesmal mit Sicherheit ganz speziell an Euch. Die Waltraud
wird so lieb sein und meine Zeilen vorlesen – also bitte ich
Euch jetzt, die gewiß vor Euch stehenden Gläser zu erheben
und Euch – irgendwie in meiner Anwesenheit – zuzuprosten.
Auf das Leben mit all seinen Auf und Abs, mit seiner dahin-
fliegenden Zeit, seinen Schmerzen und Schönheiten. Auf unsere Erinnerungen und die uns verbleibende Zukunft.
Weiß der Teufel – und wir sehen uns bei einem fünfzigsten
Maturatreffen alle wieder! Dann werde ich, glaub ich, nicht
mehr singend unterwegs sein und bin dabei!!
Seid alle einzeln umarmt – von Herzen meine Grüße!
Eure Erika

215

Meine Damen und Herren,
ich möchte Sie herzlich zu unserer KULTURPOLITISCHEN
AUSSPRACHE begrüßen. Mit der Hoffnung, daß es auch
wirklich zu einer Aussprache – will heißen: einer im Gespräch
geborgenen Meinungsvielfalt – kommen möge.

»Jessas, scho wieder eine Plattform!« habe ich in den letzten
Monaten, seit Gründung unserer Gruppierung (um es mal so
zu nennen), immer wieder hören müssen. Prinzipiell stehe ich
diesem Stoßseufzer auch mit totalem Verständnis gegenüber.
Ständig wurde und wird auf Plattformen geklettert, um diverse gemeinsame Interessen zu demonstrieren.

Lassen Sie mich deshalb Folgendes, nur im Ansatz, klarstel-
len.

Auch wir haben diese – quasi – Überschrift gewählt, weil uns
nichts Besseres eingefallen ist, um eine lockere, nicht vereins-
meierische, unparteiliche Gemeinsamkeit zu benennen.

Die für mich persönlich wichtigste Unterscheidung – vielleicht auch nur Vision, das wird die Zukunft zeigen – ist in
unserem Fall das völlige Wegfallen von Eigeninteresse. Jeder
Kulturschaffende, jeder in der Kultur Tätige hat selbstverständlich Eigeninteressen. Sie sollen aber nicht mitgenom-
men werden, wenn diese Plattform bestiegen wird. Hier soll
ohne persönliches Gepäck der freie Rundumblick gewährleistet sein. Hier soll es um Anliegen, Forderungen, Kritik oder
Impulse gehen, die nicht – wie weidlich erlebt – lobbyistisch
und machtbewußt vom einzelnen genutzt werden. Hier soll
im Überblick wahrgenommen und gedacht werden, und ich
glaube das im Sinne aller sagen zu können, die sich bisher auf
diese Plattform begeben haben.

Ich bin jetzt so frei, Ihnen unser Grundsatzpapier – das der
Presse bereits übermittelt wurde – nochmals vorzulesen.

*(Mit diesen Worten eröffnete sie am 28. Januar 1998 die erste Po-
diumsdiskussion der »Plattform Kultur«. Sie fand im obersten
Stockwerk des sogenannten Ringturms statt, von dem aus man einen herrlichen Blick über die Stadt hat. Die Räume gehören einer
österreichischen Versicherung.)*

Bruno Kreisky und die Parabel vom politischen Geschick

Nur wenige Male bin ich Bruno Kreisky persönlich begegnet.
Wir begrüßten einander bei einigen öffentlichen Anlässen,
die meist nur dazu angetan sind, wenige und nichtssagende
Worte zu wechseln. Einmal saß ich zwischen ihm und Peter
Vogel im »Demel« – ich weiß nicht mehr, zu welcher Gele-
genheit, aber ich erinnere mich an einen unerhört witzigen
Dialog zwischen den beiden und an mein eigenes befangenes
Stummsein.

Ein einziges Mal jedoch besuchte ich Bruno Kreisky im
Kanzlerbüro. Ich hatte um diesen Termin gebeten, weil die
Gerüchte meiner angeblichen Liebesaffäre mit Hannes An-
drosch mir das Leben schwer machten. Ich – und nicht nur
ich – hatte den Eindruck eines lancierten, vielleicht sogar von
der SPÖ lancierten Gerüchts, um von anderem abzulenken.
Mit entsprechender Wut im Bauch betrat ich also das weit-
läufige Zimmer am Ballhausplatz. Kreisky kam mir langsam
und eindrucksvoll entgegen, begrüßte mich mit Wärme und
Herzlichkeit.

Was folgte, kann als Lehrstudie dessen betrachtet werden, wie
diplomatisches Vorgehen funktioniert. Höchstwahrscheinlich
wußte er genau, weshalb ich kam. Er nahm meine Anklage

Mit Bruno Kreisky und Peter Vogel im »Demel«.

mit freundlicher Gelassenheit entgegen – entkräftete nicht, bestätigte nicht. Zog mich aber mit sanfter Gewalt ins Gespräch und in den Bann seiner Persönlichkeit, deren männlicher Charme mir durchaus nicht verborgen blieb. Er sprach mit mir über das Theater, über Literatur, zeigte mir einen eben erstandenen »Hundertwasser« und fragte, wie mir das Bild gefiele. Nicht ganz seiner Meinung, geriet ich mit ihm in eine ausführliche Diskussion über bildende Kunst, später über künstlerisches Schaffen an sich. Kaffee wurde serviert, im Hinblick auf den meist übervollen Terminkalender eines Bundeskanzlers saßen wir recht lange beisammen.

Und erst, als ich die große Treppe wieder abwärts schritt, wußte ich, wie willig ich ihm auf den Leim gegangen war. Wie gekonnt er mich von der eigentlichen, dringlichen Situation, deretwegen ich seine Hilfe suchte, abzulenken imstande war. Wie das Strahlen seiner Person mein Dilemma verdecken und unsichtbar machen konnte. Als ich durch den Volksgarten zu meinem Auto ging, ertappte ich mich bei einem Lächeln. Ich belächelte mich – und lächelte aus Zufriedenheit. Dieser Nachmittag bei Kreisky war's mir wert gewesen, auch wenn dabei nicht das herauskam, was mir vorschwebte. Und ich erkannte in dieser kleinen Parabel die Größe seines politischen Geschicks.

Jahre später. Dem alten und kranken Mann stiegen bei seiner Abschiedsrede Tränen in die Augen, und er hielt sie nicht zurück. Kein Politiker vor oder nach ihm hat mir je etwas Schöneres, Ehrlicheres, Reiferes gezeigt als er mit dieser ungeschützten, mutigen Äußerung von Schmerz. Das hatte mit Geschicklichkeit nichts mehr zu tun. Er weinte über die Welt und verbarg es nicht.

Erika Pluhar

(Ihr Beitrag für ein 1998 geplantes und 1999 erschienenes Anekdoten-und-Geschichten-Buch über Bruno Kreisky.)

Nestroy

Als Schauspielerin war ich von Jugend an nicht wirklich konditioniert, Nestroy-Rollen zu spielen. Meine Stimme war zu dunkel, ich war zu groß gewachsen, als daß mich jemand – um ein Beispiel zu nennen – als Salome Pockerl besetzt hätte. Nachträglich tut mir das leid. Und ich überlege sogar, ob es vielleicht rundum an Phantasie gemangelt hat, in meiner Weiblichkeit immer nur die tragische Russin oder den klassischen Vamp zu suchen.

Wie auch immer, diese Fragen liegen hinter mir.

Ich erinnere mich an zwei Nestroy-Frauenfiguren, die ich denn doch auf die Bühne brachte. Sehr jung – ich war etwa vierundzwanzig – spielte ich eine der beiden Palpiti-Töchter im »Lumpazivagabundus«. Und Jahrzehnte später – es war dies sogar meine letzte Aufgabe am Wiener Burgtheater – gab ich die Frau von Zypressenburg im »Talisman«.

Aber ich habe Nestroy schauspielerisch nie in der Weise erfahren, wie er mich als Theaterautor stets beeindruckt hat. Diese Mischung aus Witz und schonungslos kritischer Sicht auf Menschen und Zustände – dazu die geniale Theaterpranke eines Praktikers, der wußte, wie sich's auf einer Bühne und mit einem Publikum verhält … Es wäre zu wünschen, daß das zeit-gemäße Theater irgendwann wieder in der Lage wäre, Zeit so zu beleuchten und dabei Zeitloses zu äußern. Nestroy hat seine Zeit nicht widergespiegelt – er hat sie in ein scharfes Licht gestellt, betrachtet und kommentiert. Kritische (oder sich selbst als kritisch bezeichnende) Theaterautoren oder -autorinnen unserer Tage tun genau das, was Nestroy nie eingefallen wäre. Sie holen den Schmutz, über den sie befinden wollen, auf die Bühne. Spiegeln wider. Setzen nichts dagegen. Nestroys Kritik war Seziermesser und Predigt in einem, er beließ es nie beim Aufzeigen von Zuständen – er mißbilligte sie. Diese Mißbilligung bediente sich der Ironie, des beißenden Witzes, auch der Tragik. Aber nie entstand dieses Sich-Suhlen in dem, was man anzugreifen behauptet – ein wesentlicher Irrtum heutigen Theaters, heutigen Kulturschaffens, wenn es meint, kritisch mit der Gegenwart umzugehen.

Ich habe damals den »Lumpazivagabundus« mit Attila Hörbiger als Knieriem – auch als ich in einer späteren Version nicht mehr die Palpiti-Tochter spielte – immer wieder, ich glaube an die zehnmal, gesehen. »Einen Jux will er sich machen« mit Meinrad und Konradi war eine Offenbarung für mich.

Obwohl noch mit schwerer, schwermütiger Jugendlichkeit behaftet, erkannte ich sehr früh, daß der gescheite Humor Türen öffnen kann, an die man mit blut- und urinrünstiger Humorlosigkeit vergeblich klopft. Nämlich Türen ins Menscheninnere hinein. Dorthin, wo vielleicht beim einzelnen ein klein wenig Einsicht und Selbstbesinnung entstehen kann. Und keinerlei öffentlich-äußerlicher »Skandal« als Begleiterscheinung nötig ist. Achim Benning hat immer wieder Nestroy mit dieser Haltung inszeniert, wobei er keineswegs auf kulinarische Blödelei verzichten mußte.

Leider gab es für mich nie die Möglichkeit, eines von Nestroys herrlichen Couplets zu singen. Das »Kometenlied« zum Beispiel. Oder das »Die Männer haben's guat – haben's guat – haben's guat« der Salome Pockerl. Und, und, und … Vielleicht auch deshalb habe ich in den letzten Jahren begonnen, meine eigenen Lieder wienerisch, mit Freude an der Hetz zu texten und Kritik einfließen zu lassen, die durch den Dialekt Menschen unprätentiöser und direkter erreichen kann. Wer weiß, vielleicht war es die jahrzehntelange Nestroy-Couplet-Askese, die mich heute versuchen läßt, meiner Zeit in meinen Liedern ein wenig nestroyisch auf's Maul zu schauen?

Abgesehen von einigen wenigen veralteten Mustern innerhalb seiner Stücke ist Nestroy ein moderner Autor geblieben.
Sind seine zeitgemäßen Ansichten zeitlos geworden. Hat er
doch das Allgemein-Menschliche angeprangert und keine
modische Empörung gepflegt. Wenn es möglich wäre, diese
Tradition auf sehr persönliche Weise weiterzuführen? Als eine
Art Widerstand gegen die Larmoyanz und Unappetitlichkeit
bestehender »engagierter« Zeitgeistkritik?
Schön wär's.

Erika Pluhar, im März 1998 in Wien

*(Für den Musiker Georg Wagner, der am Burgtheater tätig war
und ist, hat sie dieses sehr persönliche Vorwort zu seiner mehrbän-
digen Ausgabe von Nestroy-Couplets geschrieben.)*

Die Frau im nächsten Jahrzehnt

Mit meinen neunundfünfzig Jahren habe ich schon mehrere
Jahrzehnte Frausein hinter mir. Dieser Umstand erfüllt mich
mit einiger Skepsis, wenn es darum gehen soll, für die näch-
sten zehn Jahre, und damit in das nächste Jahrtausend hinein,
Wünsche und Erwartungen für die Frauen zu formulieren.
Natürlich habe ich im Laufe meines Lebens immer wieder
feststellen können, daß sich einiges positiv verändert hat. Wie
Frauen jetzt ihre Kinder zur Welt bringen dürfen, zum Beispiel: den Kindesvater zur Seite, der Säugling nie vom warmen
Körper der Mutter entfernt. (Ich betone dieses, weil ich selbst
die Geburt meiner Tochter so nicht erleben durfte.) Wie
Frauen jetzt entscheiden dürfen, in welcher Form sie ihr Lie-
besleben (um es schlicht so zu nennen) gestalten. Wie Heirat

oder unsanktioniertes Zusammenleben nicht mehr von der Gesellschaft, sondern vom persönlichen Wunsch diktiert wird. Aber. Habe ich denn – sogar bei diesen Veränderungen nur im privaten Bereich – nicht elitär beobachtet? Gilt das alles auch für die breite Masse der Frauen?

Wenn meine Beobachtungen gar andere Bereiche berühren – die des Beruflichen, Politischen, Geistigen (verzeihen Sie diesen unpopulären Begriff, für mich ist er bestimmend) –, dann bleibt in jeder Hinsicht ungeheuer viel zu wünschen übrig. Es hat sich zwar die sogenannte Karriere- oder Power-Frau entwickelt, aber diese Fehlentwicklung entstand vor allem im Blickwinkel und Jargon der Medien und auf Kosten der tatsächlichen weiblichen Kraft. Emanzipatorische Ghettoisierungen werden gefördert, Unfug wird breitgetreten, um Selbstverständnis zu unterbinden.

Und mit diesem Begriff bin ich dort angelangt, wohin seit je, und nicht nur für das nächste Jahrzehnt, meine Erwartungen und auch meine Wünsche zielen. Meine Erwartungen und Wünsche als Frau, die ich bin. Und als Mensch, dem an der Menschheit – trotz allem – immer noch liegt. Ich wünsche und erwarte dringlich SELBSTVERSTÄNDNIS. Daß Frausein endlich selbstverständlich sei und kein Exklusivthema.

Ich möchte eines Tages Folgendes nicht mehr mitansehen oder miterleben müssen: das Jahr der Frau, Frauenrubriken und -magazine in Presse und Fernsehen, Frauenliteratur, Frauentheater, ein Frauenministerium, die Alibifrau in Talkshows und Diskussionen, die Vorzeigefrauen in der Politik. Ich möchte erleben dürfen, daß die Geschlechtlichkeit nur noch als Bereicherung im Miteinander wahrgenommen wird. Daß sie jedoch bei Kompetenz, Leistung, Begabung, Fähigkeit irrelevant geworden ist. Eine Utopie, ich weiß. Erwartungen und Wünsche sind jedoch immer utopisch.

Dieses Porträt – von Nurith Wagner-Strauss fotografiert – nutzte sie längere Zeit als Pressefoto und auf dem Cover eines Taschenbuches und der dazugehörigen Lese-CD, die sie im Eigenverlag herausbrachte.

Ganz real aufs Zukünftige geschaut möchte ich die Frauen auffordern, ihr menschliches Selbstverständnis strikter zu behaupten. Sich weder ins Weibchen- noch ins Power-Eck drängen zu lassen. Allen modischen, trendgerechten, medial erzeugten FRAU-Aspekten zu mißtrauen. Sie dienen dem Markt, also der Macht, also dem männlichen Prinzip auf Erden. Laßt euch nicht auf die Schaufel des Konsums nehmen und von den Existenzfragen der Spezies Mensch hinwegschaufeln. Frauen sind Menschen, demgemäß mit allen Scheußlichkeiten und Besonderheiten des Menschlichen ausgestattet und so zu allem und jedem fähig – oder unfähig. Wie Menschen es eben sind.

Diese einfache Schlußfolgerung wird mir Sicherheit auch im nächsten Jahrzehnt immer wieder kompliziert in Frage gestellt werden. Die Antwort kann nur von Frauen kommen, die selbst und ohne Frustration verstehen gelernt haben und auf lebendige Weise mitten im Leben stehen. Also ohne innere Einschränkung selbstverständlich selbständig geworden sind.

Erika Pluhar
Januar 1998

(Ein Beitrag zur niederösterreichischen Landesausstellung 1998 »Aufmüpfig angepaßt«. Man bat sie, für den Katalog ihre »Erwartungen und Wünsche für die Frauen im nächsten Jahrzehnt« zu formulieren. Die Ausstellung fand vom 9. Mai bis 1. November 1998 auf Schloß Kirchstetten statt.)

JAHRAUS – JAHREIN

Vor sieben Jahren habe ich eine erste CD mit »unseren« Wiener Liedern produziert. Damals waren »wir« noch DAS TRIO – Antonio V. D'Almeida, Peter Marinoff und ich. Schwungartig hatte ich plötzlich im Dialekt meiner Kindheit und Jugend zu texten begonnen, und die beiden (ein Portugiese! und ein gebürtiger Bulgare!) hatten hervorragend »wienerisch« komponiert.

Auch als Peter Marinoff – viel zu früh, viel zu sehr vermißt – im Jahr 1992 starb, blieben diese Wiener Lieder Teil meines Programms. Mit D'Almeida sowieso. Aber auch der junge Musiker und Gitarrist Klaus Trabitsch, mit dem ich zu arbeiten begann, wurde mir auf diesem wienerischen Weg ein unschätzbarer Begleiter.

Immer wieder entstanden neue Lieder, und ich blieb dabei fast ausschließlich und hartnäckig beim Wiener Dialekt. Dessen unprätentiöse Direktheit, die Leichtigkeit, mit der im Wienerischen auch Schwerwiegendes formuliert werden kann – ja, mir widerstrebte es plötzlich, mich ohne die humorvolle Frische oder schlichte Ernsthaftigkeit des Dialektes überhaupt mit einem Liedtext zu beschäftigen. Außerdem konnte er mich überraschenderweise zu einfachen Kompositionen verleiten.

Es kam zu dem Entschluß, »der wienerischen Lieder zweiter Teil« ebenfalls als CD herauszubringen. Unser neues, noch nie im Studio aufgenommenes Repertoire umfaßte vierundzwanzig Lieder. Die Kompositionen großteils von D'Almeida, aber auch zwei echte »Trabitschs« dabei und – wie schon erwähnt – einige bescheidene kompositorische Beiträge von mir selbst.

Also trafen wir Anfang April 1998 im Studio Numerica,

Paços de Brandão (Portugal), zusammen – das nämliche Studio, in dem ich bereits die englischsprachigen FOR-EVER-Lieder aufgenommen hatte. Zum ersten Mal sollte es hier zu einer Zusammenarbeit von D'Almeida und Trabitsch kommen, den portugiesischen Akkordeonisten Paulo Jorge hatte Antonio empfohlen. Die sofortige musikalische Übereinstimmung dieser drei Musiker wurde mir zu einem Erlebnis. Aus verschiedenen musikalischen Welten kommend, entstand durch ihre jeweilige, ganz spezielle Qualität, ihr Können, ihre Einfühlung sehr schnell eine mich sicher umhüllende musikalische Einheit.

Es lag mir daran, mit dieser Einspielung erneuernd und universal auf das Wiener Lied hinzuweisen. Neben traditionell Wienerischem sind einige Kompositionen unbekümmert von Elementen des Jazz, aber auch jiddisch-russisch, karibisch und brasilianisch beeinflußt. Ebenfalls unbekümmert (im Hinblick auf überregionale Verständlichkeit) habe ich mir den Wiener Dialekt eindringlich und deftig, so wie ich selbst ihn sprach und spreche, in den Liedtexten ans Herz genommen.

In einer Zeit, die uns die Europa-Idee – vornehmlich aus wirtschaftlichen Gründen – nahelegt bis aufoktroyiert, geht es meiner Überzeugung nach mehr denn je darum, authentische regionale Kultur zu verteidigen und zu ehren. In diesem besonderen Fall eben die des Wienerischen.

Erika Pluhar

Wien, 14. April 1998

(Ihr Text im Booklet der CD JAHRAUS, JAHREIN.)

– am 21. Mai 1998, in Wien.

Lieber Paul,

ich möchte den gestrigen Abend denn doch kurz kommentieren (wobei Marias herrliche Bewirtung keines Kommentars, nur euphorischen Dankes bedarf!).

Wie ich Ihnen schon gesagt habe, war mir die Anwesenheit der beiden Journalisten bei einem Treffen dieser Art gar nicht angenehm. Nicht aus persönlichen Gründen. Aber diese Einblicke ins Beraten sollte man ihnen nicht liefern, meine ich. Weil es ja immer zu üppigen, ausufernden Tiraden im einzelnen führt, die an sich in Ordnung sind, aber noch nicht vor irgendein mediales Auge gehören. Den Medien sollte nur ein gemeinsam gefundenes Resultat überantwortet werden, beim Finden sollten sie nicht zusehen dürfen. Das nur als Anmerkung zu meinem Gefühl des Unbehagens dabei.

Dann zur PLATTFORM selbst. Ihre Frage nach deren Fortsetzbarkeit habe ich gut verstanden. Viele der anfänglich Beteiligten haben sich bereits wieder aus dem Staub gemacht. Und ich frage mich, inwieweit die starken Einzelinteressen (von Anfang an habe ich versucht, diese Gefahr aufzuzeigen) es möglich werden lassen, die von uns geforderte »moralisch-ethische« Überordnung je zu erreichen. Damit meine ich nicht ein Ausklammern konkreter Detailfragen, ich warne nur vor dem Aufgesogenwerden ins tägliche Hickhack. Dem muß sich jeder Einzelne in seinem Bereich stellen, das kann – und soll! – die Plattform, wie ich sie sehe, nicht leisten. Ich fände es traurig, wenn wir beim Erstellen von Unterschriftenlisten landen würden – das gab's immer schon, zu jedem Thema und von immer denselben Leuten. Mir schwebte eben vor, daß diese Plattform eine Instanz werden könnte, die auf Dauer nervös macht. Und die berät. Nicht auch wieder zu einer dieser kurzlebigen Empörungsvereinigungen wird, die den Medien gefallen und meist das Gewicht und die Ernsthaftigkeit jeder Frage, jedes Problems desavouieren.

Ich schreibe Ihnen diesen Brief auch deshalb, um so vielleicht eine Fortsetzung unseres Vorhabens anzuregen. Wie wäre es, wenn wir uns nach den Zusammenkünften zu <u>niederge-schriebenen</u> Kommentaren, Einsprüchen, Vorschlägen, Aus-führungen – wie auch immer – aufraffen würden? Nach jedem Treffen schriftliche Zeugnisse in Händen hätten und sam-meln könnten? Formulierungen, die – festgehalten und nicht mehr vom Tisch zu fegen – sowohl die Vielfalt als auch das Gemeinsame der Plattform dokumentieren und das Erstellen jedes Textes erleichtern würden?

Das nur als Vorschlag. Sollten Sie dafür sein, lieber Paul, könnte dieser mein Brief gleich die Runde machen. Denn so würde ich mir das irgendwie vorstellen. Daß wir alle hinter-her nachlesen könnten, was da jeder so nach Hause getragen hat. »Schwampf« (= nicht Deutlichwerden des Gesagten, Ge-meinten) würde dann wegfallen …

Im übrigen müssen wir beim nächsten Zusammensein sicher nochmals und ernsthaft die Überlebens- und vor allem LE-BENS-Chance dieser Plattform überdenken. Und wer eigent-lich sich auf ihr befindet.

Zu dem »Papier«, das Sie jetzt so eilig und alleine erstellen müssen, trage ich mit diesem Brief natürlich nicht bei, hoffe aber, daß kompetente Helfer zur Stelle sind.

Ein herzlicher Gruß –   E. P.

(Ein Brief an Paul Blaha, nachdem es ein »Plattform«-Treffen in seiner Wohnung in der Weyrgasse gegeben hatte. – Sie ist mittler-weile per Du mit ihm, ihre Angsthaltung, die sie als junge Schau-spielerin dem renommierten Kritiker gegenüber einnahm, ist einer schönen Freundschaft gewichen.)

Hat Zeitunglesen Zukunft?

Mich nach der Zukunft des Zeitunglesens zu befragen entbehrt nicht einer gewissen Ironie. Bin ich doch jemand, der seit einigen Jahren regelmäßiges Lesen von Tageszeitungen und Wochenzeitschriften bewußt aufgegeben hat. Und das – es sei hinzugefügt –, ohne an Informationsmangel zu leiden. Trotzdem möchte ich diese Haltung, mit der ich gewiß ziemlich allein auf weiter Flur dastehe, gerade hier ein wenig erläutern.

Ich habe für mich erkannt, daß die wahllose Fülle diverser Informationen mir den Blick auf das Wesentliche trübt. Als das Wesentliche betrachte ich – um es kurz und einfach zu sagen – den Zustand der Welt und unserer Gesellschaft, das Wahrnehmen politischer und ökologischer Deformierungen und Gefahren, genaue Beobachtung kultureller Entwicklungen, sei es national oder international. Ich bin ziemlich fest davon überzeugt, daß jedes zeitungsverlegerische Interesse, den wirtschaftlichen Erfolg – also Auflagezahlen, also Quoten, in welcher Form auch immer – zu steigern, diese von mir zitierten Informationen verwischt, wenn nicht gar verdrängt. Sensationsberichte und Zeitgeistramsch sind die Feinde von Einsicht und Überblick. Sie fesseln den Zeitungsleser, im wahrsten Sinn des Wortes. Er kann auf Dringliches, wahrhaft Bestürzendes, Bedrohliches nicht mehr bewegt reagieren.

Für mich hat das Methode. Sicher nicht klar definiert oder gar teuflisch absichtsvoll. Aber der Instinkt dafür ist da. Menschen abzulenken und für Menschheitsfragen blind werden zu lassen. Sie sind dann leichter zu manipulieren. Und Manipulation ersetzt ja in unserem sogenannten freien Westen mittlerweile jede alte Form von Diktatur.

Trotz dieser – ja, düsteren Prognose glaube ich aber gleichzeitig an die Zukunft des Zeitunglesens. Die Trägheit, sich aus eigener Kraft und Umsicht zu informieren, wird nicht geringer werden. Der kulinarisch aufbereitete Müll innerhalb des Gebotenen wird ansteigen. Die Sucht, sich in der Maßlosigkeit des Bericht-Erstatteten zu verlieren und nicht mehr Richtig von Falsch unterscheiden zu müssen, wird weiter um sich greifen. Man fühlt sich am Puls der Zeit, wenn man eine Zeit-ung liest, und das beruhigt angesichts des ständigen Verlustes eigener Lebenszeit.

Sollten sie nicht eines Tages vom Internet-Surfen verschlungen werden – und auf diesem Gebiet kenne ich mich zuwenig aus –, wird's den Zeitungen also auch weiterhin nicht an Lesern mangeln. Nicht an der kleineren Schar intellektuell Ausgerichteter und nicht an der Masse der Yellow-Press-Primitivleser.

Vor allem, wenn ich im Flugzeug sitze und meine Mitreisenden betrachte, fällt es mir auf: Dieses Blatt in der Hand und vor dem Körper ähnelt dem guten alten Feigenblatt. Es schützt. Schützt vor echter Konfrontation und vor der Angst.

(Unter dem Titel »Erika Pluhar: Quoten sind die Feinde der Einsicht« erschien dieser Beitrag am 5. Oktober 1998 in der ersten Nummer der neuen Wochenzeitschrift »Format«.)

18. Dezember 1998
(für »Die Welt«)

Mir ist diese Theaterkeilerei Peymanns nur noch fürchterlich langweilig. Nun ist es für mich hierzulande unnötig und absurd geworden, auf seine Anwürfe überhaupt zu reagieren, mein Standpunkt ist weitgehend bekannt. Und das Ganze ist ein so alter, abgegriffener Hut, daß ich mich wundere, wie es ihm doch gelang, die Medien wieder dafür zu interessieren. Nun darf man aber nicht vergessen – er hat seinen ganzen Karriereweg immer wieder auf diese Weise beleuchtet. Also ist ziemlich klar, daß bei der zur Zeit herrschenden milden Dämmerung um seine Person ihm so was wohl dringlich nötig wurde.

Ich persönlich lebe in den letzten Jahren fernab dieses angeblichen Theater-»Kulturkampfes« (der maßgeblich in den Medien ausgetragen wird), ich lebe selbstbestimmt, vorrangig als Autorin und Sängerin, und wohltuend losgelöst von diesem dummen Hickhack. Peymann kann sich's wohl nicht vorstellen, daß ein Mensch des Theaters – zumindest ein dort gewesener, wie in meinem Fall – ohne Neid und Positionsgerangel existieren kann. Ich tue es. Ich freue mich immer, wenn Schauspieler gut sind und eine Inszenierung gelingt. Und ich freue mich besonders, wenn ich gar nicht dabeisein muß. Seit langem möchte ich nicht mehr im Theaterbetrieb an sich beheimatet sein. Aber es lag mir immer daran, an der »Burg« meine Pflicht zu erfüllen. Meine Soloabende haben volle Häuser gebracht, ohne viel zu kosten; wenn ich spiele, ist das Haus ebenfalls voll. Ich war also mein Geld wert. Am 28. Februar 1999 (da werde ich sechzig) nehme ich mit Gorkis »Kinder der Sonne« meinen Abschied vom Burgtheaterensemble und im großen und ganzen auch von der »abendfüllenden« Schauspielerei.

Ich habe an Peymann immer das ihn umgebende <u>Milieu</u> kritisiert und nie einzelne Arbeitsergebnisse (die sind am Theater wandelbar und mir schlichtweg nicht so wichtig). Aber mit diesem Milieu wollte ich nichts mehr zu tun haben – es bestand aus kindischem Kleinkrieg, sinnloser Unterjochung und dummer Egomanie. Das hat mit meiner Auffassung von Leben und Wirken nichts zu tun. Und in diesem Licht sehe ich auch diese letzte Wiener Sensationsaufwallung Peymanns. Sie hat mit Leben oder Kunst nichts zu tun. Ist lautes Gebrüll auf dem Jahrmarkt der Eitelkeiten, um etwaige Mängel und Fehlentscheidungen zuzudecken oder gar nicht erst sichtbar werden zu lassen.

Ich hätte gedacht, daß Peymann nach all den Jahren hier in Wien sich ein wenig vom Humor und der Selbstironie in dieser Stadt abgeschaut hat. Das war aber offensichtlich nicht der Fall. Ein verbiesterter Theatermacher wandert schimpfend weiter – so, wie er kam.

(Peymann hatte sie in einem resümierenden Abschiedsinterview im »Profil« noch einmal persönlich ins Visier genommen. Nach einer diesbezüglichen Anfrage der »Welt« formulierte sie ein Statement für weitere Erkundigungen dieser Art in der Bundesrepublik Deutschland.)

Menschenwürde und Lebensqualität
(Der behinderte Mensch)

Schon in der Schule haben mich im Physikunterricht die sogenannten kommunizierenden Gefäße tief beeindruckt. Das Phänomen, daß bei verschiedenartiger Form, verschiedenartigem Ansehen, die in der Tiefe alles verbindende Flüssigkeit in jedem Gefäß die nämliche Höhe erreicht.

Für mich ist das zu einer Parabel geworden. Das Menschliche schlechthin – und ich glaube, wir alle wissen, was damit gemeint ist, auch wenn ich diesem Begriff nichts an Erklärung hinzusetze – verbindet im Tiefsten und steigt in gleicher Weise hoch. Ohne Ansehen der Form und Ausgestaltung individuellen Lebens.

Nun leben wir aber unter dem Diktat der Zeit und diverser Bemächtigungen. Schon immer war dies das Los des Menschen. Schon immer gab es eine der Menschlichkeit zuwiderhandelnde Kraft auf Erden. Ob wir die jetzt als den guten alten Teufel bezeichnen oder zu den beherrschenden Faktoren Machtstreben oder Profit gelangen – zu allen Zeiten gab es sie, und stets ging sie mit dem Erblinden für menschliche Belange Hand in Hand. Zu allen Zeiten gab es Gewaltausübung und Vernichtung einfachen Menschseins. Mehr noch: Geschöpfseins. Zu allen Zeiten versuchte <u>der</u> <u>Herr</u> <u>der</u> <u>Welt</u> – nennen wir's schlicht so – den Menschen auszugrenzen. Den machtlosen, kindlichen, funktionsuntüchtigen – also <u>behinderten</u> Menschen auszugrenzen.

Wir leben derzeit nur noch leistungs- und erfolgsorientiert. Immer mehr Menschen bleiben auf der Strecke. Alles wird Wettlauf, es geht nur noch ums Gewinnenmüssen. Deshalb werden die Verlierer Legion. Überall steigt die Armutsgrenze. Arbeitslosigkeit wird weltweit zur Norm. Mafia, wohin das

Auge reicht – auch und vor allem im legalen Bereich. Also Bündnisse der Ausbeuter – wobei die Ausgebeuteten meist kaum noch wissen, was ihnen geschieht. Von den Medien wurde diese Struktur einer materialistisch-leistungsorientierten Gesellschaft derart in alle Köpfe hineinmanipuliert, daß jeder, der aufgeben und zurückbleiben muß, sich nur noch schämen kann. Sich ausgegrenzt fühlt. Als <u>Behinderter</u>, der den rasanten Lauf zum Platz an der Sonne nicht mehr schafft. Als Nicht-mehr-Mensch.

Wobei jedoch die Frage offen bleibt, wer da nun in Wahrheit behindert ist. Ob diese in unseren Tagen vielzitierten Begriffe wie: Effizienz – Mobilität – Wirtschaftlichkeit – Aktivität – Kreativität – Spitzenleistung – Internationalität – Marktbestimmtheit – Karriere – Erfolgsbilanz – Quote – Verkaufszahl – Medienpräsenz (alles Vokabel unserer heutigen, westlichen – ja! – Diktatur) – ob das nicht behindertem, fehlgesteuertem, wahn-sinnigem Menschsein entspringt?

Für mich selbst habe ich diese Frage schon längst mit JA beantwortet.

Für mich selbst habe ich aber auch hinzugefügt: Dieses JA darf nicht Zustimmung bedeuten, sondern sollte Grundlage einer bewußteren Haltung zur menschlichen Existenz werden. Und wie jede aufrichtige Haltung muß sie vor allem den persönlichen Bereich formen oder verändern, alles andere ist Show. Gerade weil ich den größten Teil meines Lebens als Schau-Spielerin zugebracht habe, reagiere ich empfindlich auf Hergezeigtes, das den Mechanismen im Inneren nicht entspricht. Kann mich Kritik an Systemen oder Engagement für's Gute und Schöne zur Weißglut bringen, wenn ich solches im privaten, persönlichen Umfeld nicht bestätigt sehe. Der kleine Bereich von Ehe, Familie, Freundeskreis, Beruf, wie auch immer, ist Keimzelle jeder weltweiten Exaltation.

Und exaltiert ist's geworden, vom Informationswust aufgebläht und verrückt vor Sensationsgier.

Meine Vision gilt der Menschenwürde. Gilt dem Anhalten-
dürfen. Dem Erfolglos-sein-Dürfen. Einem Hohelied der
Muße und Bedürfnislosigkeit. Einer neuen Sicht im Hinblick
auf unser Angesehensein. Einer neuen Beurteilung von Lebensqualität.

In meinem eigenen Umfeld, im Privaten, aber auch bei Konzerten und Lesungen, bei allem, was direkten Kontakt mit
Menschen ermöglicht, versuche ich diese Lebens-Einstellung
wachzurufen. Ein Bewußtsein dafür zu wecken, daß wir
Menschen ansehnlich sein können, auch wenn uns keiner ansieht – oder es uns keiner ansieht. Daß Berühmtsein oder in
Talkshows veröffentlichte Pseudoschicksale mit Menschenle-
ben so wenig zu tun haben wie ein Stofftier – oder gar Tama-
gochi – mit einem atmenden Geschöpf. Daß In-Sein das
Blödeste ist, wozu Menschen sich je überreden ließen. Weil
sie sich dabei in einer Äußerlichkeit geborgen fühlen, statt in
sich selbst Halt zu finden.

Nun weiß ich sehr wohl, wie schwer letzteres ist. In sich selbst
Halt zu finden. Noch dazu, wenn die eigene Existenz durch
Erfolglosigkeit, vergebliche Jobsuche, Kündigung, alle Formen der Selbstentwertung bedroht ist. Wie dabei Selbstbewußtsein bewahren oder erhalten?

Es geht nur mit einer anderen Einstellung zum Menschsein.
Nicht Erfolg oder »Du hast es geschafft!« (schrecklichster
und häufigster Satz in allen Seifenopern) macht Menschenwürde aus. Ein bewußtes, ruhevolles, liebevolles Da-Sein – in-
tensives Wahrnehmen der Gegenwart und ihrer Geschenke,
die nichts mit einem Warenhauskatalog zu tun haben, weil
ein schöner, wahrgenommener Herbsttag ohnehin alles andere
in den Schatten stellt – das Besinnen auch auf Vergehen und

Tod und nicht nur deren Verdrängung – all dies ist eines Menschen würdig und kostet nichts. Bedarf keines Prestige-Autos, keiner Gesellschaftskolumne, keines dicken Bankkontos. Dafür würde genügen, »sein Auskommen« zu haben. Aber wie verpönt dieser Begriff geworden ist! Wird doch heutzutage propagiert, mit nichts mehr auszukommen, sondern immer wieder dringlich etwas haben zu wollen, weil man es angeblich haben muß. Wir ersticken in einer Fülle, die nichts mit der Fülle des Lebens zu tun hat. Wir, hier, in unserer westlichen Zivilisation, während man auf dem Großteil der Erde hungert oder verhungert. Zwischen diesen Extremen kann nur Verantwortlichkeit für das eigene Leben etwas wie eine Lösung sein. Der Versuch, sich von den Suggestionen profitären Wahns freizumachen. Immer wieder zu entdecken, daß es des Kaisers neue Kleider nicht gibt, daß er nackt ist. Daß wir unter unserer mühsamen Hülle von Ansehen, Prestige, Status ebenfalls nackt sind. Daß wir leben, um eines Tages zu sterben, und daß dieses Leben ein Geschenk ist, das es anzunehmen gilt. Nicht zu ver-leben. Daß wir selbst uns Leben schenken können, statt es zu ver-schenken.

Große Worte! höre ich dazu sagen, sehe dieses gewisse Angeekeltsein, wie es Gesichter, die sich zu retten versuchen, füllen kann. Ja, große Worte. An kleinen Worten haben wir genug, die uns Lebensferne aufschwatzen, uns ständig berieseln und letztlich einer Gehirnwäsche unterziehen. Der sogenannte Puls der Zeit läßt uns Gegenwart überhören. Das Mitmischen im Kuchen des Zeitgeistes, die Erfüllung aller Trenderfordernisse, all dies, wovon ich oben schon sprach, entfernt uns vom Leben.

Und wie schaut es denn bei ihr selber aus? höre ich jetzt fragen. Was tut sie denn anderes, als in einer Zeitschrift zu schreiben, sich mit Worten zu äußern, mitzumischen, mit

Büchern, CDs und Konzerten nach Käufer- oder Besucherzahlen zu schielen? Sie hat's leicht, über Lebensqualität zu faseln, weil es ihr höchstwahrscheinlich an nichts fehlt. Man kann gut über Menschenwürde befinden, wenn man selber nicht im Dreck steckt oder erfolgreiche Abschlüsse braucht, um nicht gefeuert zu werden. Die Gute wird sechzig, kriegt ihre Burgtheaterpension, sitzt in einem schönen Altwiener Haus, schreibt gemütlich vor sich hin, geht ab und zu singend oder lesend auf irgendwelche Bühnen, holt sich also weiterhin ein gerüttelt Maß an Selbstbestätigung und Beweihräucherung – und auch Kohle. Die kann leicht reden.

Ja, ich höre das alles sehr genau, weil ich mir das alles auch selber sage. Und es in mein Gefühl für Verantwortlichkeit mit hineinnehme. Gerade weil dieser Freiraum (er ist nicht so groß – ein Trüpplein Menschen lebt von mir, ich arbeite hart –, aber er ist groß genug) mir die Möglichkeit gibt, in Ruhe nachzudenken, mir Überblick zu verschaffen, mich zu konzentrieren, stelle ich mir selber nach. Überprüfe ich meine tat-sächlichen Tage. Versuche ich mir immer wieder auf die Schliche zu kommen. Übe ich sie, diese bereits erwähnte Haltung bewußteren Menschseins. Übe ich, mich in ihr aufrechtzuhalten. Es ist eine tägliche Übung. Man hat nie ausgelernt. Und jedes Leben hat ausreichend Schmerz und Hürden auf Lager. Eine öffentliche, anerkannte, quasi erfolgreiche Position führt daran nicht vorbei. Daheim, allein, Aug in Aug mit seinem Bild im Badezimmerspiegel, da erst beweist sich Lebenskraft. Die Fähigkeit zur eigenen Lebensqualität. Inwieweit man unermüdlich weiterlieben, sich freuen oder ärgern kann. Oder ob man aufgibt und zu Stein wird.

Ich werde versuchen, einer solchen Versteinerung (in mir und um mich) mit meiner Existenz und mit meinen Worten entgegenzuwirken, solange ich bei Kräften bin. Wohl wissend, wie hilflos man vor der Riesenmanipulation des Kommerzes und dessen verführerischen Leitbildern dasteht. Vor dieser gewaltigen Maschinerie, die nur Lebensersatz anbietet und es »Highlife« nennt. Vor der Ausweglosigkeit des Sterbens nicht nur der Natur um uns, auch der in uns. Und wohl wissend, daß man einen Weg geht, auf dem einen nur wenige begleiten, mit beschränkter Einflußnahme und ohne jede Handhabe, irgend etwas realpolitisch – gesellschaftsimmanent – auf breiter Ebene umzusetzen. Nur noch am Leben und lebendig. Und einer unterirdischen menschlichen Gemeinsamkeit, analog zur Parabel von den »kommunizierenden Gefäßen«, gegen alle Vernunft weiterhin trauend.

Macht das nicht Visionen aus? Daß man sie trotzdem hat?

Erika Pluhar
Oktober 1998

(Dieser Artikel erschien in der Rubrik »Visionen«, und mit dem Titel »Wider die Versteinerung des Menschseins«, im Januar 1999 in der Zeitschrift »Natur«.)

Matilda,

die Protagonistin des Romans, ist eine zweiunddreißigjährige Frau, bei der alles dem widerspricht, was derzeit weiblich »en vogue« ist. Körperlich und seelisch. Nicht gerade schlank, verheiratet, ohne berufliche Verwirklichung. Aber auf der Suche nach ihrer Wirklichkeit. Die sie in Traum, Erfindung, halluzinativen Zuständen ebenso – oder mehr – zu finden meint als in der sogenannten Realität.

Und das ist wohl auch das Analoge mir – was man ja bei meinem Schreiben stets erwartet. Autobiographisch ist das Buch in keiner Weise, es ist eine erfundene Geschichte, die ich – schreibend – auch für mich selbst entstehen ließ. Ein Vorgang, der mir die Entstehungszeit zu einer äußerst ereignisreichen werden ließ. Im Mich-darauf-Einlassen.

Natürlich aber trieb es mich thematisch (wie jeden Menschen, der schreibt) in meine Themen. Also:

1. Was ist Realität?
2. Was bedeutet Liebe und Sinnlichkeit?
3. Gibt es die Ausrichtung auf einen Menschen dabei überhaupt?
4. Was bedeutet Schreiben?
5. Aspekte des Frauseins – die partiell mit auffressender Besitzgier Hand in Hand gehen können (Pauline, die »andere Seite der Medaille«).
6. Gibt es Bindung und Freiheit? Ist diese Dualität lebbar?

Die Geschichte mündet in kriminalistischer Spannung, über die ich aber nicht sprechen möchte – sie soll dem Leser vorbehalten bleiben.

(Mit dieser Notiz bereitete sie sich auf die Präsentation und Lesungen vor, als ihr Roman MATILDAS ERFINDUNGEN Ende Januar 1999 erschien.)

240

Conférences für GEMEINSAM,
die Lieder-Rückschau

Wir begrüßen Sie heute zu einem etwas anderen Konzert –
einem, daß für uns beide schon in der Vorbereitung sehr viel
Vergangenheit aufgerissen hat. Antonio D'Almeida und ich,
wir arbeiten seit etwa zwanzig Jahren miteinander. Und haben beschlossen, uns zu erinnern. Und zwar mit unseren
frühen und früheren Liedern. Wir wollen dabei ziemlich
chronologisch vorgehen, ganz im Sinne unserer gemeinsam
erlebten Biographie. Kann sein, daß dieser Abend Sie ein wenig wundern wird – er ist nämlich unerhört jung, gemessen an
den zwei »alten Krachern«, die Sie da vor sich haben. Er ist
voll des Glaubens an Liebe, Freiheit und menschliche Vernunft. Und teilweise auf rührend naive Weise kämpferisch.
Trotzdem halte ich etwas von diesen vergangenen Liedern,
und es freut mich, sie Ihnen heute nochmals präsentieren zu
können.

Ich habe Antonio bei der Produktion der ersten Langspielplatte mit meinen eigenen Liedtexten kennengelernt. Die
hieß NARBEN. Und eines meiner ersten Lieder hieß TROTZ-
DEM. Es sollten weitere Trotzdem-Lieder folgen, weil dieser
Begriff mein Leben mehr und mehr zu begleiten begann, aber
auf der NARBEN-Platte formulierte ich es zum ersten Mal.

1. Trotzdem

Ein damals von der Frauenbewegung sehr heftig übernom-
menes Lied hatte ich ursprünglich nur mir selbst vorgesun-
gen, sogar den kompositorischen Entwurf dafür geliefert. Bei
unseren Proben dachte ich: »Na ja, da ist noch kein alter Hut
draus geworden – das kann man unzähligen Frauen eigentlich
nach wie vor guten Gewissens raten: ›Frau, lauf weg!‹«

2. Frau, lauf weg!

Eines der ersten Lieder, das Antonio für mich komponiert hat, war ein Trauerlied. Ein Mensch, der mir sehr nahe stand, hatte den Freitod gewählt, und ich erinnerte mich mit einem Text an diese Nacht. Es war mein erster großer Vertrauensbeweis, daß ich Antonio diese Zeilen vertonen ließ. Und wie er es tat, hat auch irgendwie unsere gemeinsame musikalische Zukunft bestimmt. Weil ich diese Musikalität, dieses Musikverständnis, diese Meisterschaft nicht so schnell wieder von meiner Seite lassen wollte.

3. Die Nacht

Dann habe ich durch Antonio die Musik Portugals kennengelernt. Es folgen jetzt einige portugiesische Kompositionen. Zum Beispiel ein Lied, das dort die Nelken-Revolution rund um den 25. April 1974 begleitet und bestimmt hat, haben wir folgender Art umgesetzt und auch zum Titellied einer gemeinsamen, in Lissabon produzierten LP gewählt:

4. Über Leben

»Canoa« heißt einer der berühmtesten Fados. Der Fado ist ein wenig eine dem Wiener Lied entsprechende Volksliedform, nämlich auch auf eine Stadt, in diesem Fall Lissabon, konzentriert. Folgende Komposition habe ich mir einfach zu eigen gemacht – aus »Canoa« – Boot – wurde bei meinem Text »Gemeinsam«.

5. Gemeinsam

Jetzt ein sehr alter Fado, der Ende des vorigen Jahrhunderts von der berühmten Sängerin Severa kreiert wurde. Bei uns das »Lied vom Schreien«.

6. Lied vom Schreien

Noch ein Fado, von Luis Tinoco, einem zeitgenössischen Komponisten.

7. *Gewesen*

8. *Wohin gehen die Tage?*

Jetzt wieder zu Antonios Kompositionen. Wir sind damals natürlich eine Weile lang auch in die sogenannte Friedensbewegung hineingeraten – die ja anfänglich auch Bewegtheit ausdrückte. Als die Strukturen zu erstarren begannen und auch dabei Profilierungsstrategien sichtbar wurden, ließen wir das schnell wieder sein. Ein Lied aus dieser Zeit hat für mich trotzdem nicht an Brisanz verloren. (Anekdote von Antonio, der beim »Soundcheck« eines Friedenskonzertes, während des infernalischen Getöses eines Schlagzeugers, neben mir ruhig sagte: »Lieber Krieg!«)

9. *Jetzt*

Die nächste LP, die Antonio musikalisch leitete, hieß »Liebende«. Hier das gleichnamige Lied. Und anschließend zwei weitere, die sich dem Thema »Liebe« auf verschiedene Weise nähern.

10. *Liebende*

11. *Saudade*

12. *Das Lager der Nacht*

13. *Laß es zu*

(Pause)

1. *Weiter*

Antonio selbst hat einen Fado komponiert, der in Portugal so bekannt ist, als hätte es ihn schon ewig gegeben. Er hat ihn für seinen Freund Carlos do Carmo geschaffen, der ein ganz wunderbarer, moderner Fado-Sänger ist, nach einem Text des berühmten, leider schon verstorbenen Dichters Ary dos Santos, den ich noch kennenlernen durfte. Trotzdem habe ich es gewagt, dieser wunderschönen Komposition einen eigenen Text zu geben. Und daraus ein sinnliches Liebeslied werden zu lassen.

Mit Antonio V. D'Almeida über den Dächern von Lissabon, etwa 1980, ganz zu Beginn ihrer »gemeinsamen« Zeit.

2. Mein Haus

Im Gegensatz dazu die »kleine Liebe« …

3. Die kleine Liebe

Als auch in Österreich die großen Friedenskonzerte aufgebrandet sind und die Bewegung »Künstler für den Frieden«, war ich anfangs glühend dabei. Und rückblickend gibt es für mich keine rührend-enttäuschendere Geschichte als folgende: Ich wollte das Burgtheaterensemble zu einem Friedenschor vereinen! Und hatte dafür zu der Komposition eines chilenischen Freiheitskämpfers einen Text geschrieben. Der aber gab mir gleich mal eine sehr unfriedliche Abfuhr und hat mir seine Komposition verboten. Das Ensemble reagierte natürlich eher hämisch als bereit. Schließlich aber tröstete mich

Antonio mit einer eigenen Komposition, und ein kleines Häuflein Burgschauspieler sang dann doch tapfer beim Friedensfest diese Hymne. Ich nannte sie kraft all der Erfahrungen, die ich mit ihr gemacht hatte, die »Hymne an das Unerreichbare«.

4. Hymne

5. Jahrhundertlied

Ein Lied war durch Jahre Bestandteil unseres Programms. Und vor allem bei unseren Gastspielen in der damaligen DDR hatten wir unglaubliche Reaktionen darauf. Was mir sehr zu denken gab. Ich hatte unsere westlichen Zustände angeprangert – und im faschistischen Sozialismus traf das alles scheinbar ebenfalls den Nagel auf den Kopf. Es ist eben des Menschen ewiger »Tanz auf dem Vulkan«.

6. Tanz auf dem Vulkan

7. Das Leben siegt

Unser ständiger und geliebter Gefährte in all den Jahren und bei all diesen Liedern war Peter Marinoff, ein wunderbarer Musiker und Gitarrist, ein wunderbarer Freund. Eines Tages brachte er Neues in unser Repertoire – das heißt, er regte es an (die Akazibam-Geschichte).

8. Akazibam-Lied

Die Geschichte vom Entstehen dieses unseres ersten »eigenen« Wiener Liedes erzählen (die vorbeisausenden blühenden Akazienbäume während der Eisenbahnfahrt, Peter mit seiner Gitarre). Meine seither anhaltende Hinwendung zum Wiener Dialekt – Sprache meiner Kindheit und auch privaten Gegenwart – beim Texten unserer Lieder. Das Absurde des Wienerischen in Beispielen. – »Sat's as e a« – »was ma san« – »allan heißt allein« usw.

9. Laß mi allan

Und jetzt eine Art Weiterführung oder Erneuerung der damaligen sogenannten Protestlieder. Irgendwie blieb mir angesichts politischer Strömungen manchmal die Heiterkeit des Wienerischen im Hals stecken. Und plötzlich kam's zu Liedern wie dem folgenden:

10. *Da ziagt's am d'Schuach aus (beginnen mit: »Daß mir an Haider hab'n, der e nur a Würstel is, des machert nix – aber daß es eine Meinung gibt ...« usw.)*

11. *Die Helden*

Zugaben: *Hearst, Schatzerl*
 Vergänglichkeitslied
 Kleines Abschiedslied

(Am 20. Februar 1999 hatte sie in Salzburg, in der Aula der alten Universität, ein Konzert mit Antonio D'Almeida. Es hieß: »Gemeinsam durch zwanzig Jahre. Eine Rückschau in Liedern«. Sie mußten das alte Programm neu erarbeiten, und sie hatte ihre Zwischentexte schriftlich konzipiert. Um sie dann frei zu sprechen. – Im November 1999 setzten sie diese »biographischen« Konzerte fort.)

KULTUR im ORF

Eines kann ich von mir behaupten: Ich bin ein ständiger und aufmerksamer Beobachter des ORF. Mein Haus ist noch nicht verkabelt, und ich besitze keine »Schüssel«. Also sehe ich – außer wenn ich auf Reisen bin – ausschließlich das österreichische Fernsehen. Und die Art und Weise, wie man in dieser öffentlich-rechtlichen Anstalt mit Kultur und Kulturinformation umgeht, macht mich nicht glücklich. Wohlgemerkt – »Kultur« im Sinne von Kunst und gehobener Unterhaltung, also nicht die Allerweltsmassenkultur, die einem aus dem Fernsehen an sich entgegenströmt. Letzteres soll heute nicht Thema sein. Ist aber meiner Meinung nach oft viel zu sehr Thema der Kultursendungen. Mir ist unverständlich, warum man nicht im Bereich der Kultur – nicht <u>wenigstens</u> im Bereich der Kultur – diese Quotenjagd bleiben lassen kann. Noch dazu bei einem Nichtprivatsender! Ich habe mir von Buchverlegern erklären lassen – wenn ich über die Leseunlust der Menschheit gejammert habe –, daß der Prozentsatz von Lesern immer der gleiche gewesen und geblieben ist und diese immer eine Minderheit waren. Zu allen Zeiten. Und analog dazu glaube ich, daß die wirklich kunstinteressierten und kunstverständigen Menschen ebenfalls zu einer sich prozentual kaum verändernden Minderheit gehören, daß es »Kunst für alle« nicht gibt. Trotzdem müßte das Fernsehen diese Minderheit, die so klein nicht ist, berücksichtigen. Und nur bei qualitätvoller Berichterstattung oder Eigenproduktion wäre es möglich, neue Interessenten hinzuzugewinnen und sie zu Wissenden werden zu lassen. Aber sicher nicht durch das Hinunterklettern in zeitgeistige Niederungen. Meine Uraltbetrübnis ist und bleibt, daß das Fernsehen nicht – wie ganz früh angenommen – zu einem Instrument der Heran-Bildung

247

geworden ist. Sondern das genaue Gegenteil. Das Fernsehen – machen wir uns nichts vor – verwüstet. Läßt den Standard menschlicher Wahrnehmungsfähigkeit und Sensibilität ständig sinken, raubt systematisch Differenzierungsvermögen. Ich glaube aber auch nicht an die Notwendigkeit von »Schund für alle«. Die großen Unterhaltungssendungen müßten nicht auf diesem Niveau der absoluten Verblödung stattfinden und hätten trotzdem Quote. Davon bin ich überzeugt. Unterhaltung sollte der Kultur voll zugerechnet werden.

Aber ich schweife ab. Zurück in den schmaleren Bereich der von uns heute zu besprechenden Kultur. Der Kultur im ORF. In der letzten Zeit natürlich maßgeblich präsentiert durch »Treffpunkt Kultur«*. Ich selbst hab da einen fatalen Versprecher, der mir immer wieder unterläuft, ich sage in der Eile »Willkommen Kultur«. Und ich meine, daß dieses Zusammenrutschen zweier an sich so verschiedener Informationssendungen mir nicht ganz von ungefähr passiert. Ich glaube nicht, daß die Popularisierung, das Schicke, Trendbezogene, Schnoddrig-Zeitgeistige unser Kulturverständnis hebt. Vielleicht die Quoten (woran ich auch nie so recht glaube). Und ich glaube ebenfalls nicht, daß im Kulturressort nur Filme oder Dokumentationen ermöglicht werden sollten, die in gleicher Weise ein modisches, trendabgesichertes Niveau nicht übersteigen. Das Auseinanderklaffen von Hauptabendfilm und »Kunst-Stücken« zum Beispiel ist für mich symptomatisch. Mir hat das einmal einer der obersten ORF-Verantwortlichen mit dem »Verlust der Mitte« erklärt, und das finde ich ebenfalls symptomatisch. Auch in »Treffpunkt Kultur« schwanken die Beiträge mir zu sehr zwischen Beliebigkeit und Insider-Kunstanspruch. Ich versuche oft, die Sendung zu sehen, als wäre ich jemand, der mit der Kultur in diesem Land direkt – also schaffend oder sie ständig erlebend – nichts zu tun hat. Ich würde mich indigniert abwenden. Die haben Sorgen!, würde ich mir sagen. Oder: Das sind Wahnsinnige! Worüber streiten die? Man mißverstehe mich nicht. Ich plädiere nicht für Allgemeinverständlichkeit von Kunst, wie zuvor schon erwähnt. Aber sie sollte Appeal haben – ohne sich anzubiedern. Der ahnungslose Zuschauer sollte von einer fernen Ahnung überkommen werden und nicht nur widerliche Kunst- oder Theaterkeilereien erleben, das Sensationsgestreite einer kleinen Gruppierung, die auf ihren Pfründen beharrt. Ich meine, daß wir uns viel Gedünse darüber ersparen könnten, ob nun Werbung Kunst ist oder inwiefern die Barbie-Puppe kulturelles Erbe sein wird. Und diese kostbaren Sendezeiten zur seriösen Information darüber nutzen sollten, wo und in welcher Form es im Bereich der Kunst zu Ergebnissen kommt und wie diese entstehen. Man kann mir natürlich kraft meines Alters die Fähigkeit absprechen, überhaupt noch zu wissen, was alles in unseren Tagen in den Bereich »Kunst« gehört. Ich bin diesen Einwand – oder diese Maßregelung – gewöhnt. Aber ich nehme beides, ehrlich gesagt, nicht ernst. Ich weiß, daß das Durcheinander von Kunst und Alltagsschrott in der Zeit nicht wirklich zu sortieren ist. Trotzdem, tut mir leid, halte ich etwas von meinem eigenen Sensorium dafür. Und vor allem, wenn es um die Präsentation von Kunst im Fernsehen geht. Oder um den künstlerischen Wert filmischer oder dokumentarischer Eigenproduktionen. Und sehr viele Menschen aus den Kulturredaktionen haben dafür ebenfalls ihr Sensorium, ihre präzise Beurteilung, man erkennt es immer wieder an entsprechendem Aufseufzen und Schulterzucken. Immer so, als müsse man das »notwendige Übel« akzeptieren. Mir will das nicht in den Kopf. Notwendig ist die eigene Stellungnahme. Die vor allem. Und ich wünsche mir für die zukünftige Kulturabteilung im ORF mehr Widerstand gegen Trends und Erfolgsschienen, mehr persönliche Anteilnahme und Überzeugung, mehr Selbstbewußtsein und Eigeninitiative. Dann wird es Vielfalt geben. Und nicht einfältiges Übernehmen vorgegebener Erfolgs- oder Sensationsmuster. Der Puls der Zeit hat auch etwas mit dem eigenen Herzschlag zu tun.

(Dieses Referat schrieb sie für die von der »Plattform Kultur« organisierte Podiumsdiskussion »Über die Kultur im ORF«. Sie fand am 24. Februar 1999 im Panoramasaal einer Wiener Versicherung – im obersten Stockwerk des Ringturms am Schottenring – statt. Die neugewählte Kulturintendantin des ORF, Haide Tenner, war anwesend. – * Eine einfach gestrickte Vorabend-Informationssendung des ORF heißt »Willkommen Österreich«.)

Abschied von der »Burg«

Ich weiß, daß unser Dr. Blasche, mein lieber Freund Gerhard, jetzt eine ganz wunderbare Rede halten würde, er würde Ihnen erzählen, wie viele Rollen genau und was alles ich in den vierzig Jahren Burg gespielt habe, er selber hat mir bedauernd gesagt: »Erika, jetzt hab ich mich sooo gut vorbereitet.« Aber er hat mich auch verstanden, als ich ihn gebeten habe, keine Rede zu halten. Daß niemand eine Rede halte. Nur ich selbst ein wenig rede. Sicher hätten mich die Worte anderer sehr geehrt – aber Ehrungen zu Lebzeiten erinnern mich immer an Nachrufe. Und man braucht mir ja nicht nachzurufen, ich stehe ja noch leibhaftig da. Also lassen Sie mich Ihnen versichern, daß dieser heutige Abschied vom Burgtheater für mich keinen Abschied von Lebensintensität bedeutet. Daß es kein

»Abschied« vom Theater und Geburtstagsfeier, nach einer »Kinder-der-Sonne«-Vorstellung am 28. Februar 1999.

wehmütiger Abschied ist, in dem Gefühl, man sähe einander nie wieder. Es ist nur der Abschied aus einer Struktur, die mein Leben jahrzehntelang bestimmt hat – und von der ich mich jetzt befreie. Ich danke den Göttern, daß sie meinen kindlichen Wunsch erfüllt haben – damals nach dem Krieg, als ich das zerstörte Burgtheater vor mir sah und mir dachte: »Dort möchte ich einmal Schauspielerin sein!« Es gab für mich reiche und erfüllende Zeiten hier, in denen das von mir Dargestellte und von mir Erlebte sich geheimnisvoll berührten. Und meine seltsame Liebe zu diesem Theater wird wohl nie vergehen. Verändert hat sie sich, wie jede Liebe, die Teil des eigenen Lebens wurde. Und jeder Liebe muß man zeitweise dabei zusehen, wie sie sich verirrt und okkupieren läßt. Und Geduld dabei haben. Dieses Theater, und das Theater an sich, wird sich wieder »darappeln«*, glauben Sie mir. Es wird sich wahrhaft erneuern und dazu keinen »neuen Geist« brauchen. Jeder, der daran nicht glauben kann, soll das Theater lieber bleiben lassen. Und von allen, die weiter leidenschaftlich am Theater arbeiten, wünschte ich mir – wenn ich einen Wunsch frei hätte –, die Zeit mit all ihren zeitgeistigen Deformierungen nicht nur widerzuspiegeln, sondern sie kraft einer eigenen Vision zu beantworten. Neue Formen zu suchen und zu bejahen – aber den modischen, medienwirksamen Torheiten eine Absage zu erteilen. Modern im Sinne von »zeitlos« zu werden. Keinen egomanischen, menschenverachtenden Guru zu dulden, nur Könner und Wissende hoch zu achten. Sich – bei aller Abhängigkeit in diesem Beruf – gegen jede Form der Knechtschaft zu wehren. Aus sich selbst nie »Material« werden zu lassen, immer ein denkender, fühlender, sich empörender Mensch zu bleiben.

Ich danke allen, die mir die Jahre am Burgtheater durch die Kraft ihrer Persönlichkeit verschönt haben, sei es mit mir auf – oder hinter der Bühne. Ich freue mich über alle Gemeinsamkeiten, die es hier für mich gab. Und ich verstehe nach wie vor jede Angst, Unsicherheit und Verzweiflung, die kämpferische Einhelligkeit am Theater eben fast unmöglich macht. Und nicht nur am Theater, wie man weiß. Aber bleiben wir Einzelkämpfer, und das an jedem Tag, der uns mit ein wenig Mut segnet. Ich wünsche diesem Theater das Beste. Lebt wohl.

(Das Konzept zu einer Rede, die sie am 28. Februar 1999 auf der Bühne des Akademietheaters hielt, und zwar nach der Vorstellung von Maxim Gorkis »Kinder der Sonne«. Mit diesem Abend – genau zu ihrem sechzigsten Geburtstag – verabschiedete sie sich vom Ensemble des Burgtheaters, dem sie vierzig Jahre lang angehört hatte. – * »Darappeln« heißt im Wienerischen »sich wieder erholen«.)

Fünf bis sieben Sätze zu Jörg Haider und seinem Kärntner Wahlerfolg

Was man in der allgemeinen Siegerlaune völlig beiseite läßt, ist die Tatsache, daß 58 Prozent der Kärntner Haider nicht gewählt haben. Diesem Prozentsatz an Vernunft in unserem Lande vertraue ich weiterhin. Wenn! Ja – wenn die Printmedien ihre Hofberichterstattung und ihren vorauseilenden Opportunitätskotau vor einer eventuellen neuen Machtsituation schnellstens wieder einstellten. Die Haltung unserer angeblich »freien Presse«, deren Wendehälse zur Zeit munter rotieren, ist das wirklich Bestürzende an dieser ganzen Angelegenheit. Das Mediengeschrei um Haider erzeugt ihn. Er selbst ist und bleibt ein freches Nichts, eine Art Hohlraum, der zum Sammelbecken undifferenzierter Maulerei geworden ist. Nur weil er selbst geschickter, heuchlerischer, schamloser zu maulen versteht als jeder der – zugegebenermaßen recht zahlreichen – Staatsbürger, die lieber schimpfen als nachdenken. Aber Nachdenklichkeit und Besonnenheit in unserem Land wird sich davon letztlich nicht unterkriegen lassen, dessen bin ich gewiß. Und dafür werde ich mich einsetzen.

Erika Pluhar

Sonntag, 14. März 1999

Liebe Frau Stroh – auch wenn's jetzt mehr als genau sieben Sätze geworden sind – ich brauche die ganze Länge dieser Aussage, wenn Sie mich schon was aussagen lassen wollen. Also bitte genau so. – Montags bin ich bis ca. 12 Uhr mittags noch zu erreichen.

(Bei der Kärntner Landtagswahl am 7. März 1999 hatte Jörg Haider mit 42 Prozent einen bestürzenden Erfolg errungen. Wird

er Landeshauptmann? ... Er wurde. – Nach der Wahl bat Alex-
andra Stroh von »News« sie um eine Stellungnahme, die die Zeit-
schrift dann im obigen Wortlaut abdruckte.)

Was bewirken wir, und was können und sollen wir als Künstler bewirken?

Um einen Beitrag zu obigem Thema gebeten, muß ich ihn leider mit grundsätzlichen Fragen beginnen: Wann können wir
von uns behaupten, Künstler zu sein? Können wir überhaupt
jemals behaupten, wir seien Künstler? Kann irgend jemand
von sich selbst als von einem »Künstler« sprechen? Ist jemand,
der sagt, er sei Künstler, deshalb ein Künstler?
Mit diesen Fragen hat mich mein sogenanntes künstlerisches
Leben hinreichend konfrontiert. Und ich habe sie mir mittlerweile dahingehend beantwortet: daß Kunstausübung – wie
ich beobachten konnte – nicht unbedingt zur Künstlerschaft
führen muß. Daß man eben <u>in</u> der Zeit den Künstler nicht
von der Streu unterscheiden kann. Daß erst der nachträgliche
Überblick uns den Künstler definiert. Daß nichts mich mehr
zurückscheuen läßt als selbsternannte »Künstler«. Daß ich
diesen Begriff lieber beiseite lasse und mich um Professionalität kümmere. Alles weitere wird sich weisen. Oder nicht. So
meine diese Fragen abschließende Feststellung.
Ich lobe mir das Handwerk, den gekonnten Einsatz der vorhandenen Mittel, und ich kann Dilettantismus nicht gut leiden. Ist das erstere vorhanden und das zweite vermieden, hat
man bereits einiges er-wirkt.
Inwieweit nun Kunstausübende oder künstlerisch Tätige auf
Erden etwas bewirken können, das liegt auch weitgehend
daran, worum es dem einzelnen überhaupt geht. KUNST,

wenn man auf dieser Benennung besteht und sie um ihrer selbst willen betreibt – also »l'art pour l'art« –, bewirkt meiner Meinung nach sehr wenig. Den Beifall von Experten und Insidern vielleicht, wenn's gut geht, einen Verkaufserfolg innerhalb des »Kunstmarktes« oder eine gute Rezension im Feuilleton. Das hat Auswirkung auf den »Künstler« selbst und vielleicht auf seine Sammler oder Sponsoren.

Damit man mit seiner »Kunst« aber menschlich etwas bewirken kann, muß sie menschlich sein. Will heißen: die Belange unseres menschlichen Daseins durchsichtig werden lassen. Ich meine – und stehe damit in der Künstlerschaft ziemlich allein da –, daß nur jemand, dem Menschsein ein größeres Anliegen ist als »Künstler«sein – daß nur so jemand diese Wirkung erzielen kann, die bewirkt, daß andere sich ermutigt fühlen, der Wirklichkeit entgegenzutreten, sie zu durchschauen und zu ertragen und letztendlich für eine Weile zu verwandeln. Denn nur darum geht es, wenn Sie mich fragen. Und nicht um durchgreifendes politisches Bewußtmachen oder um die Veränderung des Menschen an sich. Beides wird nie gelingen. Wenn man mit teuren und großartigen Mitteln manipuliert, entstehen immer nur Blindheit und Verirrung. Wenn der schlichte und direkte Weg beschritten wird, verbleibt man in einträchtiger Minderheit.

Also. Was bewirken wir – wenn wir mit dem, was wir tun, auf Menschen einwirken wollen?

Im besten Fall Nachdenklichkeit. Oder ein wenig Freude.

Was können wir bewirken?

Im schlimmsten Fall Peinlichkeit – wenn wir das, was wir tun, nicht können.

Was sollen wir bewirken?

Nicht als »Künstler« und »Kasperln« zu gelten, die eine von der Gesellschaft höflich ausgesparte und wirkungslose Ecke der Welt bewohnen, in der sie sich wichtig machen dürfen. Wenn wir es schaffen, ohne Wichtigtuerei die eigene Wirkung verantwortungsvoll zu überprüfen, dann bewirkt das zumindest, daß wir halbwegs ernst genommen werden. Und wie ich schon sagte: Alles weitere wird sich zeigen. Oder eben nicht.

Wien, am 2. Mai 1999

(Zum zehnjährigen Bestehen des Aktionstheaters Ensemble wurde unter anderem auch sie für ein zu diesem Anlaß geplantes Paperback um einen Beitrag gebeten.)

Fragebogen über Österreich

1. In welchem Bundesland leben Sie derzeit?
In Wien.

2. In welchem Bundesland würden Sie gerne leben?
In Wien.

3. Welche Region Österreichs beeindruckt Sie besonders?
Wien und Umgebung. Also die Stadt selbst, die Hügel des Wiener Waldes, die Ebenen dem Osten zu, die Weinhänge an der Südstrecke, die Auen und Flußlandschaften der Donau, die für mich zutiefst österreichischen Täler von Triesting und Piesting – Reichenau, Gutenstein usw. Das Eingebettetsein einer Großstadt in eine Vielfalt von sehr rasch erreichbaren und dennoch erstaunlich naturbelassenen Landschaften und noch nicht allzu verstörten dörflichen Gebieten.

4. Gibt es für Sie das typisch Österreichische?

Typisch österreichisch erscheint mir das Faktum, daß die Österreicher zum größten Teil »Tschuschen« sind – also einem Völkergemisch entstammen. Vor allem unsere östlichen Nachbarländer haben uns mitgeprägt. Das macht den kreativen und originellen Reichtum des Österreichers aus, fördert aber gleichzeitig auch alle negativen Aspekte – vor allem die des Fremdenhasses und des »Mia-san-mia«-Denkens. Der Österreicher gleicht in meinen Augen einer Sumpflandschaft: mit üppigsten Blumen gesegnet – aber auch gefährlich!

5. Worauf in Österreich oder an Österreich sind Sie als Österreicher besonders stolz?

Auf die Stadt Wien. Sie ist eine der schönsten Städte der Welt.

6. Welche österreichische Persönlichkeit (historisch oder aktuell) beeindruckt Sie besonders? Für welche typisch österreichischen Eigenheiten steht diese Person?

Ich liebte die vor einigen Monaten verstorbene Wirtin des »Gmoa-Kellers«, Frau Grete Nowak – wegen – oder trotz – ihrer Eigenheiten, die für mich (im teilweise schon oben angeführten Sinne) »typisch österreichisch« waren. Sie stammte aus einem protestantischen ungarischen Dorf, bestimmte aber ihr Begräbnis so, daß eine protestantische Pastorin und der befreundete katholische Generalvikar Schüller es gemeinsam bestritten. Trotzdem waren Grete Nowak Rassismen nicht fremd. Sie hatte einen unversiegbaren Humor und ein liebevolles, großzügiges Herz. Trotzdem konnte eine sture Unnachgiebigkeit sich bei ihr ab und zu ziemlich brutal äußern. Diese krassen und offen ausgelebten Gegensätze innerhalb der charakterlichen Möglichkeiten eines Menschen wollen

Mit Grete Nowak, als dieser – wenige Wochen vor ihrem Tod – eine hohe Aus-
zeichnung der Stadt Wien verliehen wurde.

mir als sehr österreichisch erscheinen. Natürlich ist einzu-
wenden, daß dies schließlich zur Kondition der gesamten
menschlichen Spezies gehöre. Aber nicht umsonst entrang
sich gerade einem österreichischen Dichter die prominente
Feststellung, daß die Seele »ein weites Land« sei. Und die
österreichische Seele scheint da eben noch ein wenig »weiter«,
unüberblickbarer, undurchsichtiger, schattierter und – ich

komme gerade im Hinblick auf die näherrückenden Natio-
nalratswahlen auf dieses Wort zurück – <u>gefährlicher</u> zu sein,
als wir wahrzunehmen bereit sind. Heute wie damals.

Erika Pluhar
16. Juni 1999

*(Im Rahmen eines »Österreich-Extras«, Erscheinungstermin 25.
Juni 1999, hatte die Zeitschrift »News« einen Fragenkatalog für
»prominente Österreicher, vornehmlich aus der Kultur« ausgear-
beitet und auch sie gebeten, ihn zu beantworten.)*

Marafona. Ein Film

Drehort und Idee:

Portugal, Beira Baixa. Ein Landstrich nordöstlich Lissabons, zur spanischen Grenze hin. Castelo Branco ist die Hauptstadt in diesem Gebiet, Monsanto etwa eine Autostunde davon entfernt. Ein Felsmassiv, das von einer lusitanischen Burgruine gekrönt wird und auf dessen Flanke ein Dorf lagert, Aldeia do Monsanto.

Die dortige Pousada (ein staatliches Hotel mit nur zehn Zimmern) ist mit ausschlaggebend für die Handlung des Films.

In Monsanto wird traditionell eine Art Puppe verkauft, die Marafona heißt. Diese Puppen gibt es in verschiedenen Größen und Ausstattungen, es sind mit Frauenkleidern umhüllte Kreuze. Die Gesichter zwischen den Kopftüchern sind weiße, gesichtslose Flächen. (Die genaue Historie dieser »Marafonas« müßte noch eruiert werden.)

Jedenfalls nennt man außerhalb Monsantos, in ganz Portugal, eine »böse Frau« MARAFONA.

Die Personen der Handlung:

Die Frau

Katharina Künstler, eine österreichische Pianistin von einiger Weltgeltung. Um die 40. Ledig, kinderlos.

(Besetzungsidee: Regina Fritsch)

Der Mann

Elias Schweigmann, erfolgreicher Werbefachmann, Art Director der bekannten Wiener Werbeagentur »Malais und Schweigmann«. Lebt in Wien. Ebenfalls um die 40. Verheiratet, zwei Töchter.

(Besetzungsidee: Herbert Föttinger)

Der Engel

Luis Pio, pensionierter Kulturbeamter dieser Region, lebt in Castelo Branco. Um die 55. Verheiratet, Tochter, Enkelkind. (Besetzung: ebendieser Luis Pio)

Die Musik (Kunst)

Maria Joáo Pires, weltberühmte portugiesische Pianistin. Besitzt in dieser Gegend ein Haus und eine Farm. Mitte 50. (Besetzung: ebendiese Maria Joáo Pires)

Der Dämon

Antonio Febral, ein Schäfer. Lebt in den Felsen um Monsanto. Um die 60. Ohne Familie. (Besetzung: Antonio V. D'Almeida)

Die Hexe

Amelia Santos, eine Marafona-Verkäuferin. Besitzt ein kleines Steinhaus in Monsanto, mit nur einem Zimmer. Um die 60. Stellt Marafona-Puppen her und verkauft sie in den Gassen des Dorfes an Touristen. Alleinstehend. (Besetzung: Erika Pluhar)

Grundriß der Handlung:

Der Film beginnt in einem Bahncoupé des Schnellzugs von Lissabon nach Castello Branco. Katharina und Elias sitzen einander am Fenster gegenüber.

Erste Einstellung (und Basis der Titel): der Blick auf das Tejo-Tal, an dem die Bahn entlangführt. Eine zum Teil menschenleer und archaisch anmutende Flußlandschaft.

Dann geraten die Profile von Mann und Frau ins Bild.

Elias ist immer wieder mit seinem Handy beschäftigt. Wir erfahren auf diese Weise von seinem Beruf. Seine Ehefrau ruft ihn an, er spricht zärtlich mit einer seiner Töchter. Dabei wird klar, daß er zu Hause vorgegeben hat, in Portugal eine Photoserie für luxuriöse Unterwäsche zu überwachen. Er führt diese

Gespräche ohne Scheu neben Katharina, das Lügen fällt ihm leicht. Deren Reaktionen sind nur ihrem Gesicht abzulesen und offenbaren Irritation und Schmerz. Nach außen hin gibt sie sich gelassen, ist aber die Schweigsamere.

Wenn Katharina im Bild ist, entsteht Klaviermusik – die immer wieder vom Läuten des Handys und von der Manager- und Werbesprache Elias' unterbrochen und aufgelöst wird. Der Gegensatz dieser beiden Welten (Künstlerschaft und Managertum) soll unter anderem den Film prägen.

Am Bahnhof von Castelo Branco werden die beiden von Luis Pio abgeholt. Er ist Berater und Freund der weltberühmten portugiesischen Pianistin Maria Joáo Pires, die hier in der Gegend ein Landgut bewohnt. Katharina – selbst eine bedeutende Pianistin – ist mit ihr befreundet und nahm die Einladung an, sie hier zu besuchen. Elias, der – obwohl verheiratet – seit Jahren Katharinas Geliebter ist, beschloß, diese zu begleiten. Unternehmen sie doch ohnehin immer wieder »heimliche« Reisen zu zweit.

(Diese Fakten sind während der Eisenbahnfahrt und im Gespräch mit Luis Pio ohne langweiliges Expositionsgerede aus den Dialogen zu erfahren.)

Joáo hatte also Luis Pio gebeten, Katharina und deren Freund abzuholen und in die Pousada nach Monsanto zu bringen. Dort hat sie den beiden ein Zimmer reserviert.

In Luis Pios Auto fährt man durch die flachwellige Landschaft. Durch den kleineren Ort Idanha Velha und weiter. Bis schließlich dieser magische Felsen vor ihnen aufragt – MONSANTO –, in den das Dorf mit seinen alten Steinhäusern hineingewachsen ist. Die Pousada selbst ist neueren Datums, aber unauffällig. Elias und Katharina beziehen ihr Zimmer. Luis Pio hat sich verabschiedet – mit dem Hinweis, sie tags darauf zu Joáo zu bringen, da diese sie zum Mittagessen erwarte …

Plötzlich sind also Katharina und Elias der archaischen Wucht dieses Felsmassivs, dieses Dorfes überlassen. Sie steigen zur Ruine hoch und begegnen auf ihrem Weg Marafona-Verkäuferinnen – Erkundigungen über diese seltsamen Puppen – Katharina kauft eine Marafona, kauft sie einer älteren Frau ab, die vor ihrem kleinen Steinhaus sitzt ...

Außerhalb des Dorfes, der Höhe zu, begegnet ihnen ein Schäfer, der am Rande des Pfades eine kleine Herde hütet ... Sie stehen im Abendlicht auf der Burgruine und schauen über die Ebenen, bis tief nach Spanien hinein ...

Wind, Felsen, Weite. Die kleine Pousada als einziger Hort der vertrauten Zivilisation. Hier wird sich die Agonie einer falsch gelebten Beziehung entrollen.

In Joáos Landhaus wird Elias die Gemeinschaftlichkeit der beiden Künstlerinnen in der Musik, in der Kunst – und vor allem in der Natur – erleben und sich qualvoll ausgeschlossen fühlen.

Am Ende – »Dämon« und »Hexe« haben auf geheimnisvolle Weise diese Beziehungskämpfe wahrgenommen und in sie eingegriffen – verläßt Elias Schweigmann verfrüht Monsanto. Katharina Künstler bleibt allein zurück.

Das Schicksal der »bösen Frauen« (= der selbständigen, künstlerischen, eigenverantwortlichen, unkonventionellen – also »starken« Frauen), die den Mann nie in eine Ehe locken wollen, aber in der Freiheit <u>Liebe</u> verlangen, macht sie selbst zur <u>Marafona</u>.

Dies als erste und ungefähre Skizze.

Obwohl die Geschichte – äußerlich gesehen – vielleicht handlungsarm wirken mag, sollte sie sich für jeden, den innere menschliche Vorgänge interessieren, spannend wie ein Krimi entwickeln. Das wäre jedenfalls der Anspruch.

Gleichzeitig könnte der ganze Film zu einem pianistisch-musikalischen Erlebnis werden (von den beiden Weltpianisten Maria Joáo Pires und Antonio V. D'Almeida gestaltet und betreut).
Also eine Einheit von Bild, Wort und Musik.

Einiges zur Realisation:
Das minutiöse Drehbuch könnte bis Herbst 1999 erstellt werden.
Gewünscht wäre die auf langjähriger gemeinsamer Erfahrung aufbauende Zusammenarbeit mit Jutta und Karl Kofler.
Das Team sollte möglichst klein sein, um Intimität zu garantieren, und von den beiden ausgesucht werden.
Produktionsleitung: Jutta Kofler.
Assistenz: Dr. Isabella Suppanz.
Drehbuch und Regie: Erika Pluhar.
Die Pousada müßte zur Gänze angemietet werden, die anderen Quartiere sollten sich möglichst ebenfalls in Monsanto befinden.
Drehzeit: drei bis vier Wochen, Mai oder September.
Kosten: Reisen, Gagen, Material (35 mm), Schnitt, Tonaufnahmen (Klaviermusik, von Maria Joáo Pires und Antonio V. D'Almeida gespielt).
Nur Originalschauplätze, nichts an äußerlichem Aufwand.

Erika Pluhar,
im Juli 1999

(Dieses Filmprojekt hatte sie nach einer Portugal-Reise im März 1999 entwickelt und allen vorherigen Erfahrungen trotzend dem ORF vorgelegt. Die derzeitige Kulturchefin des ORF, Frau Haide Tenner, befürwortete jedoch das Projekt und will es realisieren. Für das Jehr 2000 liegt ein Drehbuchauftrag vor.)

Meja na reki – Grenze im Fluß

benannte Isabella Suppanz ihr einwöchiges Theaterfest hier in Bad Radkersburg, das in diesem Sommer zum fünften Male stattfindet und das ich heute eröffnen darf. Sehr weise hat sie diesen Namen gewählt, mit all ihrer den Freunden wohlbekannten Fähigkeit, tiefere Zusammenhänge schnell zu erkennen und ihnen auch zu vertrauen.

Wir befinden uns hier auf einer Brücke mit Geschichte. Seit 1919 ist Bad Radkersburg unmittelbare Grenzstadt. Am Ende des Zweiten Weltkrieges wurde die Eisenbahn- und Straßenbrücke zerstört. Erst 1959 hat der damalige österreichische Bundeskanzler Figl eine Behelfsbrücke eröffnet, und die Radkersburger Brücke wurde zur internationalen Grenzübertrittsstelle. Nach dem Bau der neuen Grenzbrücke aber nahmen deren Eröffnung 1969 die beiden damaligen Staatspräsidenten Jonas und Tito gemeinsam vor, was auch den Anstoß zum Ausbau der Beziehungen zwischen Österreich und Jugoslawien gab.

Aber dann gab es Krieg. Und seit 1991 ist es der souveräne Staat Slowenien, den diese Brücke mit Österreich verbindet. Beachten Sie bitte das Wort VERBINDET.

Wenn eine Grenze im Fluß verläuft, muß eine Brücke geschlagen werden, damit Menschen zueinander kommen können. Brücken sind es, die uns verbinden. Nicht nur von Ufer zu Ufer, von Land zu Land – auch von Mensch zu Mensch gibt es nur das eine: Brücken. Jede Vereinigung ist kurzfristige Illusion. Erhält man aber eine Brücke, dann bleibt Verbindung erhalten. Nicht umsonst werden in jeder kriegerischen Auseinandersetzung sofort und vorrangig Brücken zerstört. Ob das nun der wahnwitzige Krieg zwischen Staaten ist oder der zwischen Familien oder einer zwischen zwei Menschen.

Krieg kann sich nur verinnerlichen und behaupten, wenn die Brücken zerstört sind. Über Brücken liefert man Nachschub, auf Brücken verteidigt man und trifft man aufeinander, entsteht Konfrontation. Ohne Brücken entsteht Isolation, Aushungern, Entfremdung. Die Brücke entspricht dem Dialog. Wenn zwei nicht mehr miteinander reden, wurde die Brücke zwischen ihnen weggesprengt. Sie können einander nur noch vernichten oder vergessen.

Zwischen Bad Radkersburg und Gornja Radgona gibt es die Brücke, auf der wir jetzt stehen. Und die Grenze verläuft genau in der Mitte des Flusses unter uns. Eine »fließende« Grenze also. Eine »natürliche« Grenze, die bei aller Genauigkeit wendig und weich ist, die einen Bereich ab- oder eingrenzt, ohne auf einer starren Grenzlinie zu beharren. Und das ist Isabellas »Grenze im Fluß« – »Meja na reki«.

Die Notwendigkeit des Sich-Abgrenzenmüssens ist uns allen vorgegeben, weil wir sind, was wir sind: jeder ein abgeschlossenes, in sich geschlossenes, unbetretbares Sternensystem inmitten der Unendlichkeit und gleichzeitigen Endlichkeit des Lebens. Man kann uns zwar okkupieren, sich unserer bemächtigen, uns kolonialisieren – aber keiner kann uns unsere Einsamkeit nehmen. Die Einsamkeit, in der wir Geburt und Tod erleben müssen, ist immer mit uns. Deshalb wird es auch immer eine Grenze zwischen uns geben, auch in Zeiten der tiefsten Liebes-Vereinigung gibt es sie. Und mit ihr immer wieder die Möglichkeit des Aufkeimens von Verhärtung und Trennung, von Krieg und Zerstörung. Könnten wir doch – könnte der Mensch an sich – und ich sage das angesichts eines Krieges, der nicht weit von hier unser zivilisiertes europäisches Bewußtsein wieder einmal ad absurdum geführt, uns beschämt und entsetzt hat! – könnten wir doch diese strömende, lebendige, sanfte Grenze, wie sie der Fluß unter uns bildet, beherzigen. Im Abgrenzen unseres Eigenlebens – im Nichtausgrenzen des Anderen und Andersartigen – im Aneinandergrenzen von Kulturen, Religionen und Sprachen – im Begrenzen totalitärer Ansprüche – im Aufheben von Grenzen, die ehemals Eigen-Art schützen sollten – könnten wir bei alldem doch immer die fließende und natürliche Entschiedenheit eines Flußlaufs bewahren.

À propos Flußlauf … »Lebensläufe« ist das Motto des heurigen Theaterfestes und fügt unserem gemeinsamen Aufenthalt auf dieser Brücke, über diesem Fluß, noch ein weiteres Sinn-Bild hinzu. Möge also die kommende Woche auf das schönste dahin-laufen und allen Vorhaben mit reichlicher Anteilnahme gewogen sein. Ich erkläre das Theaterfest »Grenze im Fluß – Meja na reki 1999« hiemit für eröffnet.

(Sie hielt diese kurze Eröffnungsansprache am 18. Juli 1999 auf der Brücke zwischen Bad Radkersburg und Gornja Radgona. Man hatte die Grenze für diesen Spätnachmittag geöffnet, eine österreichische und eine slowenische Blaskapelle marschierten musizierend aufeinander zu und spielten dann gemeinsam einen von Michael Rüggeberg eigens für diesen Anlaß komponierten Marsch, den dieser auch selbst dirigierte. Menschen aus beiden Stadtteilen konnten die Brücke ungehindert betreten und bildeten gemeinsam das Publikum.)

Was bringt uns das Jahr 2000?

Ich meine, daß uns das Jahr 2000 nichts anderes bringen wird, als die Zeit uns von jeher brachte: nämlich Veränderung. Wie genau diese Veränderung sich auf uns auswirken und wobei sie am drastischsten sichtbar werden wird, ist nicht abzusehen. Aber eines steht für mich fest: daß die Zeit mit Zahlen nicht einzufangen und zu beherrschen ist. Dieser spektakuläre Jahrtausendeinschnitt, den wir uns setzen, auf den Menschen teils panisch, teils profitgierig reagieren, der die ganze Welt in Erregung und Unruhe versetzt – der Zeit selbst ist er völlig egal. Sie fließt – oder beharrt in sich selbst – wie auch immer. Wir durchschauen und erfassen sie nicht. Fühlen uns von ihr getrieben und versuchen deshalb, sie rechnerisch in den Griff zu bekommen.

Dieses Jahr 2000 wird ein Jahr wie jedes andere sein und das bringen, was uns zusteht oder eben nicht erspart bleibt. Der Menschheit ebenso wie jedem einzelnen von uns.

Erika Pluhar,
am 23. Juli 1999

(Marek Wysoczynski, der Direktor des Franciszkanskie Centrum Kultury, Gdánsk, bat sie brieflich um Beantwortung dieser Frage, der eine Ausstellung gewidmet sei. Angeblich hätte er auch Antworten von Senta Berger, O. W. Fischer, Susan Sarandon, John le Carré, Hildegard Knef und Lech Walesa erhalten ...)

Sommerlektüre

Für mich unterscheidet sich Sommerlektüre in keiner Weise von meiner üblichen Sucht zu lesen. Ich benötige täglich einige Nachtstunden – es ist dies meine Zeit des Lesens –, um in die Welt eines Buches einzudringen und auf diese Weise, nennen wir's ruhig so, der Welt zu entfliehen. Kürzer gesagt: Ohne zu lesen, könnte ich sie nicht ertragen. Die Welt.

Ich greife also bei meiner Empfehlung für anderer Leute Sommerlektüre ziemlich willkürlich in die Fülle dessen, was sich in meiner Bibliothek und meinen Ad-hoc-Einfällen quasi auf den ersten Blick anbietet.

Lesen Sie zum Beispiel Lily Bretts EINFACH SO. Es ist ein ausgezeichnet geschriebener Roman. Er fällt, ohne penetrant zu sein, in den Bereich bester Frauenliteratur (– ich sage das, obwohl schreibende Frauen, dem Himmel oder besser den Frauen sei gedankt, mittlerweile kein Ghetto à la Rowohlts ehemals so not-wendiger Reihe »Neue Frau« oder dergleichen mehr brauchen, sondern zum Selbstverständnis innerhalb der Schriftstellerei geworden sind). Und Lily Bretts Buch ermöglicht einen völlig neuen Zugang zu einer Thematik, der wir uns durch die Jahre schweren Herzens ergaben: der der Vergangenheitsbewältigung. Die Eltern der Protagonistin Esther haben den Holocaust, also Auschwitz, überlebt – analog zu denen der Autorin. Diese kam 1946 in Deutschland zur Welt, die Familie übersiedelte nach Australien. Jetzt lebt Lily Brett in New York. Auch Esther lebt in New York. Es sind die autobiographischen Bezüge, die das Buch so ungewöhnlich lebendig machen. Esthers Kampf gegen den Schatten des Holocaust, den das Schicksal der Eltern nicht endenwollend auf ihr eigenes Leben wirft, hat nichts Larmoyantes und viel Humor. Ohne tragische Geste wird Tragik sichtbar. Ohne in ihrem sehr weiblich-sinnlich bestimmten Leben irgend etwas qualvoll zu verabsäumen – liebevoller Mann, Tochter, tolle New Yorker Wohnung –, hat Esther dennoch den seltsamen Beruf gewählt, für eine Zeitung Nachrufe zu schreiben. Sie lebt zwischen Lebensbejahung und der Konfrontation mit Entsetzen und Vergänglichkeit. Und diese Balance prägt das ganze Buch. Und ich glaube, es tut uns gut, von dieser Balance zu erfahren. Um sie vielleicht bei uns selbst ein wenig an Stelle der Verdrängungen zu setzen.

Und lesen Sie JOHN IRVING. Er ist meiner Meinung nach einer der besten Geschichtenerzähler unserer Tage. Ich kann Ihnen jedes seiner Bücher empfehlen. Dieser Reichtum an Einfällen, diese unerschöpfliche Lebensfülle, die ihm zur Verfügung steht – eine ständige Mixtur aus Recherche und Phantastik – es reißt mich jedesmal wieder hin. Und daß seine Bücher ständig Bestseller sind, kann in diesem Fall meine Begeisterung nicht trüben. Irving ist einer, der den Literaturbetrieb niemals verinnerlichte. Der schreiben will, erzählen will. Der so qualitätvoll ist, daß er unbekümmert sein kann.

Irving lebte einige Zeit in Wien – ich glaube, als Student. Wie auch immer – seine Eindrücke dieser Stadt, des Wienerischen und Österreichischen an sich glitten in einige seiner Bücher (»Laßt die Bären los!« und »Das Hotel New Hampshire« zum Beispiel). Ich las dies mit besonderem Genuß und fand die hiesige Atmosphäre – von einem Amerikaner immerhin – auf einsichtigste Weise beschrieben. Will heißen: mit einer Einsicht, die eine gewisse Liebe voraussetzt. Er muß recht gern hier gelebt haben.

Eines meiner Lieblingsbücher von Irving bleibt »Gottes Werk und Teufels Beitrag«. »… kein bißchen feministisch und doch ein flammendes Werk für Frauen. Das mache mal einer nach«, schrieb ein Rezensent der »Zeit« darüber, und ich stimme ihm zu. Möchte diese Definition sogar auf John Irvings gesamtes Werk erweitern. Hier ist es ein Mann, der intensiv von Frauen erzählt. Durchaus seine männliche Sicht beibehält, aber gleichzeitig das Weibliche zu erfühlen sucht. So gesehen, sind John Irvings Bücher äußerst lehrreich für Frauen. Aber nur, wenn sie versucht sind, Emanzipationsfundamentalismus gegen tieferes Verständnis des Männlichen und ihrer selbst einzutauschen.

(Ihre vorbereitenden Formulierungen für die Büchertiprubrik »Leselust« innerhalb der ORF-Fernsehsendung »Treffpunkt Kultur«. Sie gab das – frei gesprochene – Interview am 27. Juli 1999 in ihrem Haus.)

Kunst. Zeit. Gesellschaft

Meine Damen und Herren, Herr Bundespräsident,
Herr Bundeskanzler, werte Anwesende.
Fünfundzwanzig Jahre Brucknerhaus. Ein Brucknerfest.
Es wäre wohl wert, eine Festrede zu diesem Anlaß auch An-
ton Bruckner zu widmen. Ihn lebendig in diese Feierlichkeit
miteinzuschließen. Seinen Namen nicht nur noch museal
wahrzunehmen oder als verbrauchte Benennung unbeachtet
zu lassen – etwas, wozu wir alle so gerne und leicht neigen.
Nun ist aber meine musikalische Kompetenz zu gering, um in
bereichernder Weise über Anton Bruckner zu sprechen.
Außerdem wird er das – nach meinen Ausführungen – auf andere Weise selbst tun, und zwar kraft seiner Musik. In jedem
Fall die schönste aller Sprachen.
Trotzdem wollte ich hier und heute an Anton Bruckner nicht
einfach vorübergehen. Ich möchte seinen Namen jetzt gewis-
sermaßen beleuchten, kurz und eindringlich, als lebendigen
und unsterblichen Teil unserer Kultur.
Und sehen Sie – schon bin ich bei dem Begriff angelangt, an
dem ich selbst in letzter Zeit unermüdlich herumrätsle.
KULTUR.
Gibt es einen Begriff, der in unseren Tagen mehr behandelt
und gleichzeitig mißverstanden wird als diesen? Ich glaube
kaum. Schon festzustellen, was man mit KULTUR eigentlich
meint, erweist sich als erstes schwieriges Unterfangen. Also
pflegt man einen Doppelbegriff zu nennen, der der Sache
näher rücken soll. Man sagt KUNST UND KULTUR. Das wird
dann der irgendwie eingekreiste Bereich, den sich Politiker aller Fraktionen – zumindest verbal – ins Knopfloch stecken.
Darüber muß gesprochen werden, dabei muß es einen pseu-
doformulierten Anspruch geben, das gehört ins Vokabular de-

mokratischer Staatsführung. Gleichzeitig klammert man auf diese Weise die Un-Kultur menschlicher Verhaltensweisen in der Politik, die Kulturlosigkeit vieler politischer Entscheidungen gnädig aus.

Ich werde das jetzt auch tun und mich in meinen Reflexionen auf das Umfeld kulturellen und künstlerischen Schaffens beschränken. Und maßgeblich so, wie es sich mir in diesem unserem Land, der Republik Österreich, darstellt. Obwohl – meine unzähligen Konzert- und Lesereisen kreuz und quer durch Deutschland haben mir dort ein nicht allzu divergierendes Bild gewisser Grundtendenzen geboten. Und Portugal und seine kulturelle Situation kenne ich recht gut. Auch in dieser sich für unsereinen anfänglich südlich und andersartig äußernden Atmosphäre gibt es bestürzende Ähnlichkeiten bei grundsätzlichen Aspekten.

Mit dem Wort »bestürzend« habe ich mir beim Konzipieren dieser Rede in Eile etwas vorweggenommen. Etwas, das ich mir selbst erst langsam und behutsam reflektierend entschlüsseln wollte. Aber da ist es nun, dieses Wort.

Also. Alles in allem scheine ich bestürzt zu sein. Nicht nur. Und nicht en detail. Aber en gros kämpfe ich wohl mit einem Unbehagen, das in Bestürzung ausarten kann.

Eine Antwort auf diese meine Eröffnung kenne ich, ich kann sie nahtlos wiedergeben: »Das kommt, meine Liebe, weil du eben schon zu alt bist. Weil du das Neue, das Junge, die Entwicklungen dieser Zeit nicht mehr kapierst. Kultur geht jetzt ganz andere Wege, unsere Zeit erfordert eine neue, radikale Sicht. Mit den alten Vorstellungen wie ›geistig‹ oder ›höherführend‹ oder ›sinngebend‹ hat man nichts mehr am Hut, das sind Opas (oder, wie in deinem Fall, Omas) Uraltbegriffe. Kultur für alle, darum geht es. Kultur als Markenartikel mit Kaufkraft. Kultur als Event …«

Und spätestens bei diesem Begriff schreie ich auf und komme mit Wucht auf den ersten Hinweis, den des »Zu-alt-Seins«, zurück. Es gibt nichts Idiotischeres als Jugend-Diktatur, die man allseits furchtsam auf sich nimmt. Gescheite, höchst vernünftige, erfahrene Menschen reifen Alters lassen sich davon ins Bockshorn jagen. Natürlich ist es wichtig, daß junge Menschen neu sehen, was an Überkommenem auf sie zukommt. Natürlich soll Jugend alles nochmals neu erfinden dürfen. Aber sie darf deshalb nicht das kulturelle Terrain allein besetzen. Alter schützt bekanntlich vor Torheit nicht – aber auch nicht vor Wissen, Können und Kompetenz. Wie jedoch heutzutage, politisch und gesellschaftlich, den angeblichen Wünschen und Forderungen der »Jugend« hinterhergelaufen wird (ich sage »angeblich«, weil ich genügend junge Menschen und deren Wünsche und Forderungen kenne), das ist Jugendkult und hat wenig mit demokratischer Gesinnung zu tun. Geistig frische, aber ältere Menschen fürchten sich mittlerweile, berechtigter Kritik Ausdruck zu geben, um nicht »zum alten Eisen« geworfen zu werden. Und wieviel Schrott und Unfug kann sich auf diese Weise unwidersprochen behaupten!

Aber ich eile mir selbst schon wieder voraus, möchte ich doch Schritt für Schritt durch diesen Dschungel KULTUR einen Weg bahnen, der Ihnen meine Sicht wenigstens in Ansätzen deutlich machen könnte.

Und ich halte etwas von meiner Sicht, das sei hinzugefügt. Es ist die Sicht eines sechzigjährigen Menschen, der sein Leben kulturschaffend und zwischen Kulturschaffenden in diesem Land zugebracht hat, der Neugier und einen recht guten Intelligenzquotienten besitzt. Ich sage Ihnen das alles nicht aus Eitelkeit, sondern um auch Sie aufzufordern, sich selbst nicht allzu schnell zu verwerfen.

Aber weiter. Als gefährlichstes Hindernis für jede zielführende Kulturdiskussion drängen sich mir jedesmal wieder die sattsam bekannten »zwei Seiten« auf, die eben fast alles hat. Die – fast – Unmöglichkeit einer entschiedenen Balance zwischen den Extremen. Was ich zum Beispiel vorhin anführte – die Mutlosigkeit zur Kritik, wenn es sich um Jugendkultur und boomenden Zeitgeist handelt –, hat natürlich auch seine Kehrseite. Und zwar die allzeit bereite Erregung aus der reaktionären Ecke, die auch nicht eine Sekunde zurückscheut, laut zu werden und den »Skandal« perfekt zu machen. Das kann einen selbst sehr wohl zurückscheuen lassen. Sich mit solchen Leuten gemein machen zu müssen. Plötzlich einer Meinung mit Altnazis oder Jungspießern zu sein. Da hält man denn doch lieber den Mund.

Aber genau von diesem Vorgang profitieren wiederum allzu viele »aufregende« Künstler und deren »provokante« Arbeit. Ich habe diese Methode – um nur zwei beliebige Beispiele zu nennen, und die aus der Welt des Theaters – dazumal bei Peymann beobachtet und tue es bei seinem Enkel Schlingensief. Sie ist unfehlbar und schützt vor jeder Form von ernstzunehmender Kritik. Und es geht leicht. Es bedarf keiner großen Kunst, die Rechtsaußen-Mischpoche aus ihrer Ecke zu locken, die brüllen sofort los, weil sie simpel funktionieren. Und jede vernünftige, kompetente Kritik bleibt auf der Strecke.

Dazu kommt, daß die Medien sich allzu gern und geil auf einen solchen Zirkus stürzen und sehr oft selbst nicht auf kompetente Weise kritikfähig sind. Das Durcheinander zwischen kalkulierter Pseudoprovokation und ernstzunehmender Beurteilung könnte nur aus den Medien heraus sortiert werden, und dort fehlt es leider weitgehend am Über-Blick. Dort schreiben oder berichten in Kulturenklaven ebenfalls eine

Menge Zeitgeistgeschöpfe, die mit durchaus ähnlichen Profilierungsstrategien vertraut sind.

Aber zurück zu meinem vorherigen fiktiven Aufschrei. Er entrang sich mir nach dem Wort EVENT. Im Grunde nichts anderes als die englische Bezeichnung für »Veranstaltung«. Bei uns meist im Sinne von »Ereignis« benutzt. Das Ereignis und das Erlebnis sind zwei fundamentale Möglichkeiten innerhalb der menschlichen Existenz, deren Haupteigenschaft jedoch die der Seltenheit ist. Ja, man möchte behaupten, daß genau dies sie ausmacht: daß sie kaum oder vielleicht nie eintreten. In unserer Gesellschaft wurden sie zum Allgemeingut herabgeschändet. Jeder kann sich also seine Events oder Erlebnisse käuflich erwerben. Oder meint, daß er das könne. Erlebnisparks – Erlebnisreisen – Erlebnisstädte – Erlebnisausstellungen – Erlebnisräume – und so weiter und so fort, letztlich unentwegt Erlebnis-Events (um die beiden Begriffe krönend zueinanderzuführen). En masse torkeln Menschen durch das alles hindurch und entfernen sich mit jedem Schritt von der eigenen Fähigkeit, etwas zu erleben. Das Kaufhaus, der Supermarkt hat auch die Kultur erobert. Die Augen und Ohren, das gesamte Sensorium unserer Aufnahmefähigkeit, wird gewalttätig ins Konsumieren hineingeschleust, so sehr, daß es von unseren Sinnen nicht mehr zu bewältigen ist. Also trotten Millionen Besucher stumpf durch Ausstellungen, die man gesehen haben muß, ohne wirklich etwas zu sehen. Stehen sich Tausende Zuhörer die Beine in den Bauch und ergötzen sich bei einem riesigen Freiluftkonzert letztlich an ihrem eigenen Gebrüll, ohne wirklich etwas zu hören.

Gut. Um mich selbst nicht fundamentalistischer Einseitigkeit schuldig zu machen, sei gesagt, daß es dies alles natürlich auch geben kann und soll. Zirzensische Spiele, das Bad in der Menge, die Lust am Riesenaufwand, das große Spektakel gehören zum Menschen. Aber nicht zu »Kunst und Kultur« – wie ich es zu Beginn eingrenzte und wovon ja die Rede sein soll.

Das Betrübliche ist jedoch die Vermanschung dieser Event-und-Spektakel-Erlebniskultur (mir fällt dafür einfach kein kürzeres, die Sache ebenso umreißendes Wort ein) mit ernsthaften künstlerischen oder kulturellen Vorhaben. Und am betrüblichsten ist die politisch-staatliche Einschätzung des Ganzen. Was der Staat ohne mit der Wimper zu zucken und hochdotiert fördert, sind in unseren Tagen unzählige Veranstaltungen der oben geschilderten Art. Und das, obwohl das staatlich-rechtliche Fernsehen diesen Sektor menschlicher Bedürfnisse ohnehin allzu reichlich und Tag für Tag abdeckt. Was an kulturellen Ereignissen man zum Beispiel für das Jahr 2000 plant, trägt nach meiner Information eindeutig und trostlos ausschließlich diesen Charakter.

Ebenfalls trostlos war mir zumute, als ich den Entwurf zum sogenannten »Weißbuch« las, eine von Viktor Klima und Peter Wittmann in Auftrag gegebene Studie »zur Reform der Kulturpolitik in Österreich«. Mit Sicherheit ein löblicher, ein sehr wichtiger Versuch. Und hinzuzufügen ist, daß das endgültige, im Handel erhältliche Buch – nach Einflußnahme von Kulturschaffenden und deren persönlichem Einsatz – letztlich doch zu einem recht vertretbaren Ergebnis kam. Aber Grundtendenzen dieses ersten Entwurfs bestimmen dennoch und nach wie vor das Denken Kulturverantwortlicher.

Eine »Vision« hätte damit entwickelt werden sollen, so hörte man. Aber bereits das Namensregister der an diversen dafür erstellten Arbeitskreisen beteiligten Personen sprach Bände gegenteiliger Natur. Wie können Kultur-Manager, Marketing-Fachleute, Beamte und Kultur-Verwalter die Vision einer kulturellen, künstlerischen Neuorientierung entwerfen? Kaum ein Künstler oder Kulturschaffender war anfänglich am Zusammentragen dieses Maßnahmenkataloges beteiligt. Und er liest sich auch wie die Broschüre eines Wirtschafts- oder Werbeunternehmens. Da wimmelt es von Begriffen wie »Know-how«, »dynamisch«, »New Public Management«, »Planungsstrategien«, »Ziel- und Ergebnisorientierung«, »In- novation, Partizipation, Effizienz« – usw. usw.

Auch die ÖVP unter Morak huldigt der sogenannten »Kul- turwirtschaft«. Kultur also als Wirtschaftszweig. Okay. Aber man werfe kulturelles Management, Marketing-Kultur und – ich zitiere – »konzeptive, öffentlich nachvollziehbare Kultur- politik« bitte nicht in einen Topf mit dem Ermöglichen von Kunst. Man werfe bitte KUNST in überhaupt keinen Topf, sie kann nicht zubereitet werden.

Und sie ist <u>keine Mahlzeit für alle</u>.

Ich weiß, daß ich mit dieser Feststellung eine Art Sakrileg begehe. Da rühre ich an einen nervösen Punkt der sozialde- mokratischen Kulturpolitik, die auf Grundsätzen des Ge- meinwohls, der Liberalität, der Demokratisierung – also dem möglichst ungehinderten Zugang von allen zur Kultur – auf- baut. Klingt wunderschön, auch in meinen Ohren, denn es sind die Ohren einer lebenslangen Demokratin. Aber es hat mit künstlerischem Schaffen nichts zu tun. Kunst entsteht elitär, weil nur wenige, also im unpathetischen Sinn dieses Wortes auserlesene Menschen Künstler sind – wer immer sie auserlesen hat, das wird eines der völlig undemokratischen Geheimnisse des Lebens bleiben. Und weil eben nicht alle selbsternannten Künstler auch wirklich Künstler sind. Und weil eben nicht alle Menschen – obwohl sehr viel mehr, als die Quotensucht uns einreden möchte, aber eben nicht alle – Kunst verstehen, auch wenn man ihnen ungehindert Zugang zu jedwedem künstlerischen Ergebnis verschafft. Was auch so sein soll. Aber weil unendlich viele trotzdem auf diesen Zugang pfeifen und beim Musikantenstadl oder Open-Air-Rockkonzert oder in den diversen Disney-Worlds unserer Welt voll auf ihre Kosten kommen. Was ja auch Ausdruck der Kultur unserer Zeit ist. Was aber – und da komme ich zu einem kniffligen Punkt – mit Sicherheit keiner Förderung bedarf. »Kunst und Kultur werden immer stärker zu einem bedeutenden Wirtschaftsfaktor«, stand im Vorwort zum Weißbuch-Entwurf geschrieben. Und da haben wir's sofort, das Kuddelmuddel. Kunst kann kein Wirtschaftsfaktor werden. Sie entsteht oder nicht. Wobei unbestritten bleibt, daß Kunstausübende von ihrer Arbeit leben und Erfolg haben wollen und sollen und daß es dabei natürlich auch wirtschaftliches Denken gibt. Aber ein reiner Wirtschaftsfaktor kann nur die von mir zuvor beschriebene Event-und-Spektakel-Erlebniskultur sein. Die aber sollte sich doch wohl selbst tragen und nicht aus Steuergeldern finanziert werden. Die ist ja deshalb so, wie sie ist, weil sie Geld bringt. Warum also gerade dorthin Unsummen fließen lassen, wie das von staatlicher Seite aus immer wieder geschieht? Und warum andere Äußerungen von Kunst nur zulassen, wenn sie sich ähnlichen Marketing-Kriterien unterwerfen und sich auf unfreie Weise modernistisch gebärden? Da dreht sich dann der Spieß schauerlich um. Da gibt es dann zwar formal »Kunst«, aber keine unmanipulierte Künstlerschaft mehr.

Ich las im Weißbuch-Entwurf auch von einem »elitären Antimodernismus«, gegen den man sein müsse. Der gute Schreiber dieser Zeilen weiß wohl nicht, daß Modernismus zu allen Zeiten der Moderne widersprach. Daß Zeitgeist-Kunstschaffende selten den Geist ihrer Zeit überlieferten, daß – man verzeihe mir diesen »tradierten« Begriff – die

»großen Künstler« sich meist gegen ihre Zeit gestellt haben und das Gegenteil von Marketing betrieben. Kunst, die sich auf den Markt wirft, wird zur Ware. Die Begriffe »Kunst-Markt« und »Kultur-Betrieb« sprechen bei bewußter Analyse für sich. Und widersprechen grundlegend dem einzigen Motiv, das Kunst rechtfertigt: die Dimension der menschlichen Existenz zu erweitern. Nur deshalb hat der Mensch künstlerische Ausdrucksformen gesucht. Als »Wirtschaftsfaktor« sind Kunst und Kultur zu einem recht unnötigen und wenig bereichernden Seitenflügel innerhalb unserer Kaufhauswelt geworden. Man findet dort nicht viel mehr, als uns ohnehin umgibt. Also vorrangig Schrott.

Es gibt ein Zitat, das jedem halbwegs gebildeten Menschen wohlbekannt ist. »Wenn die Sonne der Kultur tief steht, werfen selbst die Zwerge lange Schatten«, sagte schon Karl Kraus. Man nickt wissend, bestätigend – und beschäftigt sich weiterhin mit unzähligen Zwergen, die ihre langen Schatten in die täglichen Kulturfeuilletons werfen.

Wie aber soll man auseinanderhalten, <u>wer</u> da nun ein Zwerg ist und wer nicht? Was zwergischer Ambition entspricht und was übergeordnet Bedeutung hat? »Woher nimmst du – oder nehmen Sie – die Sicherheit, das unterscheiden zu können? Wie kann das irgendwer beurteilen?« O ja, diese Frage klingelt mir ebenfalls laut im Ohr, und ich kenne sie gut. Eine Antwort darauf läßt sich kaum geben. Trotzdem möchte ich es hier versuchen.

Man kann zum Beispiel – Hausnummer – eine österreichische Kultursendung im ORF auf sich wirken lassen, indem man versucht, sie ernst zu nehmen. Sich dazugehörig zu fühlen und informieren zu lassen – »was sich so tut«, »wer grade in ist«, »was grade Erfolg hat«, »wer eingeladen wurde und ob er blöd oder g'scheit gesprochen hat«, welche Polemik ausgewalzt wird, was für kulturpolitische Fragen sich brisant stellen, inwieweit man selbst in der Lage wäre, mitzureden usw. Indem man – kurz gesagt – das Tagesterrain nicht verläßt. Ein Kulturbeamter oder -manager wird wohl weitgehend in dieser Sicht beheimatet bleiben, weil eine andere ihm verschlossen ist. Auch die meisten Kunstbeurteiler und Rezensenten benötigen diesen Tagesbereich zu sehr für ihre eigene Tätigkeit, um davon abweichen zu können. Und Politiker – wenn überhaupt – informieren sich meist genau in diesem Milieu. (Wobei ich gestehen muß, daß das Milieu der speziellen Sendung, die ich beim Schreiben dieses Textes im Sinn hatte, sich in letzter Zeit sehr zu ihrem Vorteil verändert hat. Aber egal, bleiben wir bei einer beliebigen Kultursendung.)

Nun behaupte ich, daß nur Menschen, die von Künstlerschaft etwas verstehen – es müssen deshalb nicht unbedingt ausübende Künstler sein –, die Fähigkeit besitzen, so eine Sendung (um stellvertretend für anderes bei diesem Beispiel zu bleiben) zu durch-schauen. Durch sie hindurch zu schauen, sie zu analysieren. Zu erkennen, daß schickes Geplapper nicht Gescheitheit ist. Daß modische Verpackung Lächerlichkeit in sich birgt und keinesfalls Geisteskraft. Daß Beiträge gewählt wurden, die fast akribisch genau Gegenwelten zu einer geistig-künstlerischen Welt entwerfen.

Aber diese Menschen werden auch – wenn es sich einstellt – sofort, übergangslos, unbedingt und leidenschaftlich das bejahen, was von Wert ist. Es passiert ihnen dann, wie ein Aufschrei.

Interessant ist bei einer derart ungeschützten, dahinwandernden Reflexion, wie ich sie aufschrieb und jetzt vor Ihnen entrolle, dieses schnelle innere Auftauchen von möglichen Einwänden, die man mir entgegenschleudern könnte. Keiner »schleudert« im Moment noch, Sie alle sitzen gezwungenermaßen schweigend vor mir, aber ich höre es dennoch. Ich weiß den Wortlaut. Ich weiß viel zu gut, was an Reaktion Begriffe wie »geistig-künstlerisch« oder »von Wert sein« bewirken. Das gehört sofort wieder ins Eck der »tradierten Formen«. Das wirft mich sicher für viele von Ihnen in ein und dieselbe Schublade mit den Salzburger Gedankengängen unseres Herrn Bundespräsidenten. Das »kann man so nicht mehr sagen«, das hat mit Innovation und Dynamik nichts am Hut, das ist altmodisches Gedünse. Daran ist nichts »neu«. Und Neusein ums Verrecken ist die Devise. Mit der Zeit gehen ums Verrecken.

Aber ist es nicht so, daß wahrhafte Erneuerung sich immer auch gegen die Zeit stellen muß und Kühnheit statt Trendgehorsam erfordert?

Es besteht zur Zeit (– nur zur Zeit? Vielleicht war es zu allen Zeiten so? Hat sich nur weniger aufgebläht, also ohne die heutige Herrschaft der Medien manifestiert?) – es besteht also eine seltsame, mir unverständliche Ablehnung all dessen, was letztlich menschliche Sehnsucht und Sinnsuche bestimmt und – wie schon zuvor gesagt – die mit Sicherheit einzig wahrhafte Motivation zur Kunst hin ist. Warum nur? Warum wirft der Mensch von sich, was er dann in Esoterik oder Religion läppisch-verblendet suchen muß? Im Menschen selbst wäre alles zu finden, in seinem Leben – und in seiner Kunst. Wenn Kunst Leben vermittelt und es erhöht. Nicht erniedrigt. Der Erniedrigungen sind auf Erden genug. Sie zu beschreiben – was Kunst immer tat und tut – sollte nicht bedeuten, sich ihnen neuerlich zu unterwerfen.

Ich weiß, daß natürlich auch ich die zeit-gemäßen, gesellschaftlichen und kulturpolitischen Fragen zur KUNST nur andeutungsweise herausarbeiten und nicht endgültig beantworten konnte und kann.

Aber lassen Sie mich Ihnen zum Abschluß keine allgemeinen, sondern sehr persönliche Worte sagen. Weil ich davon überzeugt bin – und bei Beobachtung unseres derzeitigen Wahlkampfes mit seiner so offensichtlichen und für den Staatsbürger zum Teil unerträglichen Fülle an Strategie, Kalkül, »Coaching« und Parolen werde ich es auf traurige Weise immer mehr – weil ich also davon überzeugt bin, daß nur eine sehr persönliche Meinung und Konfrontation für andere stellvertretend sein kann und dann den anderen Menschen vielleicht auch erreicht.

Der Jörg-Haider-Clan zum Beispiel ist vollkommen bei sich selbst, in seiner Welt aus Haß, Spießertum und Heuchelei zu Hause. Ist persönlich motiviert, auf eine gräßliche Weise ehrlich. Das macht den Erfolg dieses Systems aus. Die reden, wie sie denken. Und das wird von den anderen, wirklich demokratischen Parteien – zu denen ich die Freiheitlichen nicht zähle – einfach nicht adäquat, also mit einer erläuternden Offenheit, die für Menschen nachvollziehbar wäre, beantwortet. Und das jetzt noch zu tun, statt einander – also die anderen und sich selbst – mit öffentlichen Keilereien zu desavouieren, das möchte ich den Vernünftigen in der Politik (und ich meine ja, daß ich solche an diesem Vormittag vor mir sitzen habe) – das möchte ich Ihnen hier und heute, und sei es auch vergeblich, ans Herz legen.

Gut. Zurück zu meiner persönlichen Haltung im Kulturleben, die ich aber stellvertretend auch für andere beschreiben möchte. Also. Ich persönlich habe mir vorgenommen, mich furchtlos in dieses Eck des »Altseins« oder »Altmodischseins« werfen zu lassen, wenn's denn sein muß. Und zwar, ohne mich selbst auch nur eine Sekunde so zu fühlen. Aber geschützt vor modischem Unfug und Modernismen. Und sehr wohl in der Lage, die Unterscheidung zu reaktionärem Konservativismus mir selbst präzise belegen zu können. Und keineswegs willens, mich in diesem »Eck« zu bescheiden oder dort mein menschliches Prestige »um die Ecke« bringen zu lassen. Im Gegenteil. Willens, KULTUR weiterhin als kulturpolitische Herausforderung für mich selbst anzunehmen.

Ja. Nehmen wir »die Herausforderung unserer Zeit« durchaus an. Aber anders, als dieser von der Wirtschaftskultur – oder Kulturwirtschaft, wie auch immer – geprägte Slogan es wohl meint. Lassen wir uns dazu herausfordern, den präparierten, trendgerechten, machtangepaßten Leit-Bildern – sei es in der Kunst oder in der Politik – stets das Bild des Lebens entgegenzusetzen. Jeder von uns trägt es in sich.

Erika Pluhar
am 12. September 1999

(Im Herbst und Winter 1998 hatte sie sich immer wieder an einen Aufsatz über KULTUR gesetzt und ihn weitergeführt, um ihre eigene Position dazu zu klären. Vor allem, seit sie Sprecherin der PLATTFORM KULTUR geworden war, schlug sie sich beständig und noch eindringlicher als früher mit diesem Begriff und mit diesem Thema herum. Später nutzte sie diese Aufzeichnungen und aktualisierte sie für die »Festrede«, die sie am 12. September 1999 im Großen Saal des Brucknerhauses – anläßlich »25 Jahre Brucknerhaus« und zur Eröffnung des Brucknerfestes Linz – im Rahmen einer Festmatinee hielt. Diese Rede hatte große Breitenwirkung und führte unter anderem dazu, daß man sie im Wahlkampf als künftige Kulturministerin ins Gespräch brachte.)

17. September 1999

Für das Gespräch mit Heinz Sichrovsky, NEWS.

Wie Ihre Zeitung mich ohne jede Recherche als mögliche Kulturministerin »gehandelt« hat, das hat in abgeschwächter Form mit Menschenhandel zu tun. Nur: Mit mir wird es nie möglich sein, einen »Schachzug« zu tätigen, weil ich niemals die Figur in einem Spiel oder ein Püppchen in Klimas Hand (wie Ihr letztes Titelbild suggerieren will) sein werde.

All diese, jetzt medial abgehandelten Vermutungen entstanden wohl nur aus dem Faktum, daß ich in Linz eine Festrede hielt, die einigen auffiel – für mich eine Art von persönlicher kulturpolitischer Grundsatzerklärung –, und am folgenden Abend das »Kanzlerfest« besuchte, was ich noch nie zuvor getan habe. Ich tat es, um mich damit gegen eine politische Tendenz öffentlich zu machen, die unser Land von der rechten Ecke her besorgniserregend zu überschwemmen droht. Daß ich dann, plötzlich zwischen Scharping und Klima geschubst, gute Miene zum Blitzlichtgewitter machte, kann als einziges Indiz für die nicht überprüften Feststellungen in Ihrer Zeitung gegolten haben. Ich sprach mit unserem Bundeskanzler kein Wort über meine persönliche Situation, geschweige denn über ein politisches Eingreifen unter seinen Fittichen. Er fragte mich nichts, und ich denke an nichts weniger als an ein politisches Amt.

Auch verwundert es mich, daß man gerade nach meiner Linzer Festrede auf solche Ideen kam. Ich dachte, mit ihr eher nach vielen Seiten hin, und vor allem bei den Sozialdemokraten, anzuecken, da ich kulturpolitisch und politisch meine aufrichtige Kritik ungeschützt aussprach. Große Freude machte mir die Reaktion der vielen Menschen im Brucknerhaus, die ich so vehement zustimmend nicht erwartet hatte. Die Politiker in der ersten Reihe jedoch schienen mir eher betreten zu sein.

Sollte nach der Wahl am 3. Oktober überhaupt noch eine »rote« Möglichkeit bestehen, ein Kulturministerium zu schaffen und mich zur »Kulturministerin« zu küren, wäre ich – ganz abgesehen von meiner persönlichen Situation – heilfroh darüber. Aber erst nach einem entsprechenden Wahlausgang und einer konkreten Anfrage auf meinem Tisch wäre ich bereit, ernsthaft darüber nachzudenken.

Und deshalb jetzt weg von mir als Kulturministerin und hin zur politischen Situation. Den »richtigen Weg« als Slogan zu nutzen heißt noch lange nicht, ihn auch zu beschreiten. Und beim derzeit wütenden Wahlkampf sehe ich leider nur <u>falsche</u> Vorgangsweisen. Wobei die Vorgangsweise der Medien – und vor allem der Presse – alles übertrifft. Was Zeitschriften – von Ihrer bis hin zum angeblich »seriöseren« PROFIL – an vorauseilender Hofberichterstattung über Jörg Haider boten und bieten, das stilisiert ihn zur etwas andersartigen Lady Di unseres Landes hoch. Der einzige, aber gravierende Unterschied: Letztere diente nur der Quote. Haider, der im Fernsehen ganz privatim seinen Heuchel-Ehering zur Schau stellt, schwimmt zwar auf derselben Welle, aber diese Welle gefährdet unser Land. Ich selbst bin »ein Kind des Volkes« und weiß viel zu gut, daß ein Großteil seiner Wähler nicht so perfide strukturiert ist wie er und sein Clan. Es sind Menschen, die mit ihren kleinen, mühevollen und freudlosen Existenzen unzufrieden sind, die Angst haben und alles neidvoll betrachten, was ihnen die Medien als das »wahre Leben« vorgaukeln. Haider fällt in das Phänomen der »Schicksals«-Talkshows, dieser Unappetitlichkeiten à la VERA oder HERZKLOPFEN – um nur beim ORF zu bleiben und die noch gewaltigere Seelenmülllawine der deutschen Privatsender auszuklammern. Diese Herabsetzung, ja Schändung menschlichen Schicksals und menschlicher Emotionalität entspricht akkurat dem, was Haider und seine Gefolgsleute politisch tun. Sie beantworten menschliche Ängste, menschliche Sehnsucht, menschliche Unwissenheit mit kitschigen oder aggressiven Lügen.

Das einzige, was dagegen wirken könnte, wäre eine Aufrichtigkeit, die verstanden werden kann. Wenn es wirkliche Aufrichtigkeit gibt – und die gibt es in unserer gecoachten Werbe- und Strategiewelt fast nie –, können Menschen sie sehr gut verstehen. Aus Mangel an dieser weichen sie in billige Pseudowelten aus. Die Sozialisten haben verlernt, mit den Menschen zu sprechen. Sie sind nicht in der Lage klarzumachen, daß bei aller Fehlerhaftigkeit das soziale Gefüge unseres Landes in ihren Händen besser bewahrt ist. Wenn ich mir all diese Fernsehkonfrontationen anschaue, dann weiß ich, daß die Menschen meist nicht wissen, wovon gesprochen wird. Diese endlosen Insider-Wirtschaftskeilereien kapiert kein Mensch. Wenn man es ihnen nicht auf einfache Weise erklärt, können sie nie feststellen, wie gefährlich zum Beispiel dieses »Flat-tax«-Modell ist. Wenn man es ihnen nicht auf einfache Weise erklärt, dann werden sie den drohenden Sozialabbau unter den Freiheitlichen nicht glauben. Wenn man es ihnen nicht einfach erklärt, können sie ihre Angst vor Überfremdung und Arbeitslosigkeit nur in den Armen einer primitiven Agitation beruhigen. Weil man nicht »volksnah« – im besten und ehrlichen Sinn des Wortes – und einfach blieb, konnte der Primitivismus zur raffinierten Haider-Methode werden.

Und niemand mehr verwehrt sich dagegen. Man keift. Aber man verwehrt sich nicht. Ich werfe das den Sozialisten vor, aber auch den Grünen und dem Liberalen Forum. Von der

ÖVP spreche ich nicht mehr. Und ich werfe es vor allem auch den meinungsbildenden Menschen in unserem Land vor. Deren Erregungen, so verständlich sie meist sind, sind meist ebenso unklug. Wie wäre es zum Beispiel, wenn man einen Minister Schlögl und dessen Methoden erst dann mit aller Kraft bekämpfen würde, wenn man sicher sein könnte, daß nicht die gesamte Führung unseres Landes dieser Mentalität und Methode obliegt? Einen Schlögl kann man eines Tages zurückpfeifen, es gibt genügend Gegenkraft und Gegenüberzeugung innerhalb der Regierung. Unter einem Kanzler Haider oder Prinzhorn werden diese Kräfte ausgeschaltet.

Das Fehlen politischen Weitblicks in weiten Kreisen der sogenannten »Intellektuellen« hat, blickt man zurück, immer wieder politische Katastrophen wenn nicht beschleunigt, so doch zugelassen. Wenn wir wollen, daß unsere Demokratie erhalten bleibt, müssen wir die Situation in ihrer Gesamtheit zu erkennen versuchen. Müssen wir unsere Empörung dosieren und nur dort einsetzen, wo sie verstanden werden kann. Müssen wir die Angst vor dem Verlust von Lebensstatus und Arbeitsmöglichkeit der vor der Bedrohung unseres Staatswesens hintansetzen.

Seit Jahren sagt man mir, ich würde übertreiben.

Ich habe nie übertrieben, alles kam bedauerlicherweise Schritt für Schritt so, wie ich es voraussah.

Und ich übertreibe auch jetzt nicht. Das weiß ich leider.

(Sie wollte die mediale Aufmerksamkeit nützen, sich vor der Wahl am 3. Oktober 1999 in einem meinungsbildenden Blatt nochmals politisch zu äußern. Und sie hatte wieder nicht übertrieben. Bei dieser Nationalratswahl wurde die von ihr zitierte »Haider-Partie« zweitstärkste Partei im Land, ein vom Ausland kritisch und verständnislos kommentierter Rechtsruck Österreichs.)

ANNA

Am 4. Oktober 1999 – einen Tag nach der unseligen Nationalratswahl in Österreich, die den Sieg menschlicher Unvernunft und Würdelosigkeit feierte – trafen wir mittags im
Tonstudio Toegel in der Haberlgasse, Wien Ottakring, zusammen, um mit den Aufnahmen zu unserer neuen CD zu
beginnen. Kompositionen von Klaus Trabitsch, wienerisch
gehaltene Texte von mir. Wir kamen auf Anhieb sehr gut
vorwärts. Als wir den vierten Titel einspielten – das Lied »Die
unerfüllbaren Wünsche« –, wurden wir unterbrochen.
Ich erfuhr, daß meine Tochter Anna tot sei.
Wir hatten uns am Morgen auf die übliche Weise getrennt,
auch noch einmal arglos miteinander telefoniert. Sie starb an
akutem Herzversagen infolge eines Asthmaanfalls.
Sie war siebenunddreißig Jahre alt und liebte ihren fünfzehn-

jährigen Sohn und das Leben über alles. Und sie wurde von ihren Freunden – zu denen ich mich und ihren Vater hinzuzähle – auf das innigste wiedergeliebt. Ihre Welt war die der Menschenliebe, der klugen Toleranz, der Offenheit für alles Andersartige. Den Rassismus in unserem Land hat sie nie verstanden und darunter gelitten. Ihr Menschenumfeld war geprägt von verschiedenen Hautfarben, Sprachen, Kulturen. Und kaum wo konnte ich mehr Gemeinsamkeit erfahren und beobachten als gerade dort – bei ihr, um sie.

Ich habe mit Anna meine Tochter, aber auch meine Beraterin und Freundin, den wichtigsten Menschen meines Lebens verloren.

Trotzdem haben wir diese CD-Produktion nach etwa drei Wochen weitergeführt. Einige Lieder kamen hinzu. Und der bereits feststehende Titel »I gib net auf« wurde plötzlich mehr als nur das. Für mich wurde er zur Parole des Weiterlebens – nachdem ich mich dazu entschlossen hatte.

Erika Pluhar
Im Oktober 1999

Wien, am 31. Oktober 1999

Sehr geehrter Herr Bundeskanzler Viktor Klima –
d. h. lieber Viktor (unser Du-Wort ereignete sich derart plötzlich und zwischendurch, daß mir schwerfällt, es zu benützen – aber sei's drum.)

Vor vier Wochen starb meine Tochter. Seit ihrem Tod sehe ich
uns Menschen, unsere Existenz, das, was wir tun und ver-tun,
in einem schmerzhaften, aber glasklaren Licht. Ich kann deshalb einiges, was mir vorher möglich schien, jetzt nicht mehr
ertragen. Dazu gehört meine Anwesenheit in Gremien, denen
Lebens-Inhalte fremd sind, wo nur bürokratische oder
machtbezogene Interessen wirksam bleiben.
Ich bitte Dich deshalb – und auch Peter (Wittmann) –, mich
offiziell wieder aus dem ORF-Kuratorium und dem Auf-
sichtsrat des Burgtheaters zu entlassen. Diese Nominierungen
haben wohl meiner Eitelkeit ein wenig geschmeichelt, und
ich dachte wohl auch, dort am Rande, aber doch, etwas bewirken zu können. Jetzt weiß ich, daß genau dort mein Platz
nicht ist. Wenn, dann muß ich an anderer Stelle das vertreten,
was für mich der Würde und der Mit-Menschlichkeit des
Menschen gemäß ist. Dann muß ich an anderer Stelle das
bekämpfen, was an Barbarismus uns bedroht. Ich muß dort
wirken, wo ich auf meine Weise, direkt und macht-los, wirksam sein kann.
Ich hoffe, daß Du und Peter das versteht und Ihr mich regulär
von meinen Funktionen befreit.
Ich hoffe auch, daß Du letztlich eine Regierung zustande
bringst, mit der wir leben können, ohne unser Land für lange
Zeit in einer Art Widerstandskampf mühsam zurückerobern
zu müssen. Ich hoffe das sehr und grüße Dich herzlich –

Fotonachweis

Burgtheater/Österreichischer Bundestheaterverband: S. 24 (Foto: Karin Bergmann), 25 oben, 27 (Foto: Elisabeth Hausmann), 145 (Foto: Georg Soulek), 199 (Foto: Reinhard Werner), 251 (Foto: Reinhard Werner).
Evelin Frerk: S. 81, 116, 205.
Christine de Grancy: S. 61, 93.
Heidi Helde: S. 44.
Johann Klinger: S. 182.
Pedro Kramreiter: S. 162.
Inge Morath-Magnum: S. 28.
Palffy: S. 25 unten, 26, 30.
Erika Pluhar: S. 6, 20 oben (Foto: Ted Croner), 21 (Foto: Zsoka Duzar), 22 (Foto: Albin Skoda), 35, 55, 133 (Foto: Achim Benning), 169, 201, 244, 259, 290.
Fritz Schimke: S. 218.
Abisag Tüllmann: S. 143.
Nurith Wagner-Strauss: S. 224.

Die Herkunft der Abbildungen S. 20 unten, 23, 29, 63, 78, 85, 87 und 208 konnte trotz intensiver Bemühungen nicht geklärt werden. Wir bitten die Fotografen, sich wegen der Abdruckrechte mit dem Hoffmann und Campe Verlag in Verbindung zu setzen.

294

Inhalt

Erika Pluhar

Matildas Erfindungen

Roman

Eine wundervoll tiefsinnige Groteske über Wahn und
Wirklichkeit, über Vierecksgeschichten,
über weibliche und männliche Abhängigkeiten
und Aufbruchslust.

304 Seiten, gebunden

Weitere Bücher von Erika Pluhar bei
Hoffmann und Campe:

Marisa. Rückblenden auf eine Freundschaft
224 Seiten, gebunden
auch als Hörbuch erhältlich, 2 Kassetten im Schuber

Am Ende des Gartens · Erinnerungen an eine Jugend
320 Seiten, gebunden

HOFFMANN
UND CAMPE